银行业专业人员职业资格考试(初级)应试指导教材

风险管理

银行业专业人员职业资格考试应试指导教材编写组　编著

中国财富出版社有限公司

图书在版编目(CIP)数据

风险管理/银行业专业人员职业资格考试应试指导教材编写组编著.—北京：中国财富出版社有限公司,2021.6

(银行业专业人员职业资格考试(初级)应试指导教材)

ISBN 978 - 7 - 5047 - 7455 - 2

Ⅰ.①风… Ⅱ.①银… Ⅲ.①银行—风险管理—资格考试—自学参考资料 Ⅳ.①F830.2

中国版本图书馆 CIP 数据核字(2021)第 107000 号

策划编辑 李彩琴	**责任编辑** 张红燕　王才识		**版权编辑** 李　洋
责任印制 尚立业	**责任校对** 孙丽丽		**责任发行** 董　倩

出版发行	中国财富出版社有限公司		
社　　址	北京市丰台区南四环西路 188 号 5 区 20 楼	**邮政编码：**	100070
电　　话	010 - 52227588 转 2098(发行部)	010 - 52227588 转 321(总编室)	
	010 - 52227566(24 小时读者服务)	010 - 52227588 转 305(质检部)	
网　　址	http://www.cfpress.com.cn	**排　　版**	安徽佰通教育科技发展有限公司
经　　销	新华书店	**印　　刷**	三河市德利印刷有限公司
书　　号	ISBN 978 - 7 - 5047 - 7455 - 2/F · 3307		
开　　本	787mm × 1092mm　　1/16	**版　　次**	2022 年 4 月第 1 版
印　　张	16.5	**印　　次**	2022 年 4 月第 1 次印刷
字　　数	400 千字	**定　　价**	48.00 元

编 委 会

前　言

一、考试简介

银行业专业人员职业资格考试（初级）科目包括"银行业法律法规与综合能力"和"银行业专业实务"。其中，"银行业专业实务"下设"个人理财""公司信贷""个人贷款""风险管理""银行管理"五个专业类别。考生须在主办方举办的连续两次考试中通过"银行业法律法规与综合能力"与"银行业专业实务"科目下任意一个专业类别，方可取得银行业专业人员职业资格证书。

为了帮助广大考生更快、更好地熟悉考试内容，把握考试重点并及时进行巩固和自我检测，银行业专业人员职业资格考试应试指导教材编写组根据中国银行业协会 2021 年 4 月发布的《银行业专业人员职业资格考试专业实务科目〈风险管理〉初级考试大纲》，对真题考点进行细致分析，编写了本套教材。

二、学习指导

特色模块	学习指导
应试分析	通过应试分析把握整章的主要内容、所占分值、考试重点及学习方法等。
思维导图	通过思维导图建立整章的脉络框架，明确不同知识点的学习要求。
知识精讲	★结合学习要求和真考解读有侧重点地学习知识点。其中，标记蓝色及下划线的内容需要重点记忆（蓝色标记为考试重点，下划线标记为题眼）。 ★学完知识点做典型真题，了解知识点考查形式，做到灵活运用。
章节练习	学完一章知识点，进行章节真题练习，做到及时巩固和自我检测。

三、增值服务

（一）视频课程

本套教材随书赠送视频课程，为考生提供多元化学习方式。考生可通过以下两种方式观看视频课程：

（1）微信扫描每节节名右侧的二维码即可进入观看。

（2）微信扫描下页图中的二维码，根据提示激活课程之后在网校观看。

（二）智能题库

本套教材中章节练习题目数量有限，智能考试题库系统为大家提供更多章节练习题。此外，智能考试题库系统中有真题必练、模拟预测、错题训练、章节练习＆测评等功能。智能考试题库系统包括微信版、网页版及App，考生可根据自己的实际情况，在不同的环境下选择不同的练习方式，充分利用碎片时间。

更多增值服务请使用微信扫描下方图中二维码获取。

四、联系我们

尽管编写组成员本着精益求精的态度编写本套教材，但由于时间所限，书中难免有不足之处，恳请广大读者批评指正。联系邮箱：weilaijiaoyucaijing@foxmail.com。

预祝所有考生顺利通过考试！

银行业专业人员职业资格考试应试指导教材编写组

目　录

开 篇 考情分析

一、章节分值分布

为了更好地把握科目特点，熟悉考试重点，本书分析了近几次考试真题分值的分布情况。在考试真题数据分析基础上，编者整理了每一章在考试中涉及的大概分值，具体见表1。

表1 考试真题分值平均分布情况

所属章节	分值（分）
第一章 风险管理基础	9
第二章 风险管理体系	5
第三章 资本管理	7
第四章 信用风险管理	18
第五章 市场风险管理	16
第六章 操作风险管理	12
第七章 流动性风险管理	10
第八章 国别风险管理	4
第九章 声誉风险与战略风险管理	5
第十章 其他风险管理	3
第十一章 压力测试	4
第十二章 风险评估与资本评估	4
第十三章 银行监管与市场约束	3

银行业专业人员职业资格考试对知识点的考查角度多样，考查形式多变，因此，本数据仅供考生参考。

二、考试题型解读

"风险管理"科目考试共125道题目，题型包括单选题、多选题和判断题。

（一）单选题

单选题有80道，每道0.5分，共40分。此类题型较为简单，即在给出的四个选项中选出符合题目要求的唯一答案。通常是针对某个知识点进行考查，考查内容较为简单。

【例题·单选题】商业银行的灾难性损失由（ ）来弥补或应对。
A. 购买保险　　　　B. 计提资本金　　　　C. 计提损失准备金　　D. 变现资产
【答案】A【解析】对于规模巨大的灾难性损失如地震、火灾等，可以通过购买商业保险转移风险。故选A。

（二）多选题

多选题有 30 道，每道 1.5 分，共 45 分。此类题型在所给出的五个选项中，有两项或两项以上符合题目的要求，请选择相应选项，多选、少选、错选均不得分。相对于单选题有一定难度，要求考生对知识点有更准确的把握。

【例题·多选题】对于那些无法通过（　　）进行有效管理的风险，商业银行可以采取在交易价格上附加更高的风险溢价，即通过提高风险回报的方式，获得承担风险的价格补偿。

A. 风险分散　　　　　B. 风险对冲　　　　　C. 风险转移
D. 风险补偿　　　　　E. 风险规避

【答案】ABCE【解析】对于那些无法通过风险分散、风险对冲、风险转移或风险规避进行有效管理的风险，商业银行可以采取在交易价格上附加更高的风险溢价，即通过提高风险回报的方式，获得承担风险的价格补偿。故选项 A、选项 B、选项 C、选项 E 符合题意。

（三）判断题

判断题有 15 道，每道 1 分，共 15 分。此类题型较为简单，即对题干所作描述做出判断，正确的为 A，错误的为 B。

【例题·判断题】商业银行只能通过风险分散来进行风险管理。（　　）

A. 正确　　　　　　　　　　B. 错误

【答案】B【解析】商业银行风险管理的主要策略是风险分散、风险对冲、风险转移、风险规避、风险补偿。

三、命题规律分析

（一）直接考查

在考试中，部分题目是对知识点进行直接考查，此类题目主要考查考生对知识点的掌握程度，重点在于记忆。考生可以通过多做练习题进行巩固。

（二）考查对知识点的理解运用

在考试中，部分题目需要考生在记忆、理解知识点的基础上答题，通常以多选题的形式进行考查，题目略有难度。这主要考查考生对知识点的灵活运用能力。考生可以通过典型真题了解各知识点的考查形式，对于此类题目所涉及知识点进行深入理解，做到举一反三，在重复中加强记忆。

微信扫码关注
畅享在线做题

微信扫码关注
获取免费直播课

第一章　风险管理基础

🔍 **应试分析**

本章主要介绍与商业银行经营发展密切相关的风险管理的基础知识，包括商业银行风险、商业银行风险管理以及风险管理定量基础三个方面的内容。本章在考试中涉及的分值约为9分。本章考试重点是风险与收益、损失的关系，商业银行风险的主要类别以及风险分散的数理原理等内容。在考试中，难点在于对预期收益率以及对投资组合理论标准差的计算。考生应结合题目熟练掌握相应的计算公式。

🏠 **思维导图**

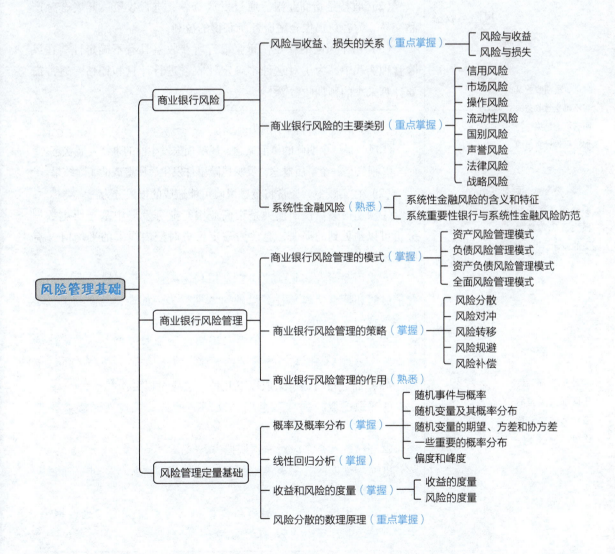

知识精讲

第一节　商业银行风险

一、风险与收益、损失的关系（重点掌握）

项目	内容
风险与收益	（1）风险（特指商业银行风险）是指商业银行在经营活动中，因不确定性因素的影响，而遭受经济损失或不能获取额外收益的可能性。 （2）收益是指商业银行通过发放贷款、进行投资、开展金融产品交易、为客户提供金融服务所获得的盈利。 （3）由于风险的存在，商业银行所获收益具有不确定性。在风险管理实践中，为了对这种不确定性收益进行计量和评估，通常需要计算未来的预期收益[解读1]。
风险与损失	（1）风险并不等同于损失本身。 ①风险是一个明确的事前概念，反映损失发生前的事物发展状态。 ②损失是一个事后概念，反映风险事件发生后所造成的实际结果。 （2）在实践中，通常将金融风险可能造成的损失分为三大类[解读2]： ①预期损失。预期损失是指商业银行业务发展中基于历史数据分析可以预见到的损失，通常为一定历史时期内损失的平均值（有时也采用中间值）。 ②非预期损失。非预期损失是指利用统计分析方法（在一定的置信区间和持有期内）计算出的对预期损失的偏离，是商业银行难以预见到的较大损失。 ③灾难性损失。灾难性损失是指超出非预期损失之外的可能威胁到商业银行安全性和流动性的重大损失。 （3）商业银行通常采取以下几种方法应对损失：[解读3] ①采取提取损失准备金和冲减利润的方式来应对和吸收预期损失。 ②利用资本金来应对非预期损失。 ③对于规模巨大的灾难性损失，如地震、火灾等，可以通过购买商业保险转移风险。 ④对于因衍生产品交易等过度投机行为所造成的灾难性损失，采取严格限制高风险业务/行为的做法加以规避。

典型真题

【单选题】商业银行的灾难性损失由（　　）来弥补或应对。

A. 购买保险　　　　　　　　　B. 计提资本金

C. 计提损失准备金　　　　　　D. 变现资产

【答案】A【解析】对于规模巨大的灾难性损失，如地震、火灾等，可以通过购买商业保险转移风险；对于因衍生产品交易等过度投机行为所造成的灾难性损失，则应当采取严格限制高风险业务/行为的做法加以规避。

【判断题】非预期损失与灾难性损失之间是包含与被包含的关系，即灾难性损失是非预期损失中的一个子项。（　　）

A. 正确　　　　　　　　　　B. 错误

【答案】B【解析】非预期损失是指利用统计分析方法（在一定的置信区间和持有期内）计算出的对预期损失的偏离，是商业银行难以预见的较大损失；灾难性损失是指超出非预期损失之外的可能威胁到商业银行安全性和流动性的重大损失，二者之间并不是包含与被包含的关系。

二、商业银行风险的主要类别（重点掌握）

（一）信用风险

项目	内容
含义	信用风险^{解读4}是指债务人或交易对手未能履行合同规定的义务或信用质量发生变化，影响金融产品价值，从而给债权人或金融产品持有人造成经济损失的风险。
特点	（1）信用风险观察数据少且不易获取，因此具有明显的非系统性风险特征。^{解读5} （2）信用风险虽然是商业银行面临的最重要的风险种类，但其在很大程度上由个案因素决定。 （3）信用风险既存在于传统的贷款、债券投资等表内业务中，又存在于信用担保、贷款承诺及衍生产品交易等表外业务中。
影响	信用风险对基础金融产品和衍生产品的影响不同。 （1）对基础金融产品而言，信用风险造成的损失最多是其债务的全部账面价值。 （2）对衍生产品而言，对手违约造成的损失虽然会小于衍生产品的名义价值，但由于衍生产品的名义价值通常十分巨大，因此潜在的风险损失不容忽视。

真考解读 属于必考点，一般会考2道题。

解读4 传统上，信用风险是债务人未能如期偿还债务而给经济主体造成损失的风险，因此又被称为违约风险。

解读5 必考点：信用风险的特点。

典型真题

【判断题】信用风险是商业银行面临的最主要的风险，因此该类风险具有明显的系统性风险特征。（　　）

A．正确　　　　　　　　　　　B．错误

【答案】B【解析】信用风险虽然是商业银行面临的最重要的风险种类，但其在很大程度上由个案因素决定。信用风险观察数据少且不易获取，因此具有明显的非系统性风险特征。

（二）市场风险

项目	内容
含义	市场风险是指金融资产价格和商品价格的波动给商业银行表内头寸、表外头寸造成损失的风险。市场风险包括利率风险、汇率风险、股票风险和商品风险。
特点	（1）市场风险主要来自所属经济体，因此具有明显的系统性风险特征，难以通过在自身经济体内分散化投资完全消除。 （2）相对于信用风险而言，市场风险具有数据充分且易于计量的特点，更适于采用量化技术加以控制。

（三）操作风险

项目	内容
含义	操作风险是指由不完善或有问题的内部程序、员工、信息科技系统以及外部事件所造成损失的风险，包括法律风险，但不包括声誉风险和战略风险。
特点 解读7	（1）市场风险和信用风险相比，解读6 操作风险广泛存在于商业银行业务和管理的各个领域，具有普遍性和非营利性，不能给商业银行带来盈利。 （2）商业银行承担操作风险是不可避免的，对其进行有效管理通常需要较大规模的投入，因此应控制好操作风险管理的成本收益率。 （3）操作风险可分为人员因素、内部流程、系统缺陷和外部事件四大类别。

解读6 市场风险主要存在于交易账户，信用风险主要存在于银行账户。

解读7 必考点：操作风险的特点普遍性和非营利性。

典型真题

【单选题】与市场风险和信用风险相比，商业银行的操作风险具有（　　）。

A．特殊性、非营利性　　　　　B．普遍性、非营利性

C．特殊性、营利性　　　　　　D．普遍性、营利性

【答案】B【解析】与市场风险和信用风险相比，操作风险存在于商业银行业务和管理的各个领域，具有普遍性和非营利性，不能给商业银行带来盈利。故选B。

（四）流动性风险

项目	内容
含义	流动性风险是指商业银行无法以合理成本及时获得充足资金，用于偿付到期债务、履行其他支付义务和满足正常业务开展的其他资金需求的风险。
特点	（1）流动性风险是银行所有风险中最具破坏力的风险。流动性风险堪称银行风险中的"终结者"。 （2）流动性风险与信用风险、市场风险、操作风险相比，形成的原因更加复杂，涉及的范围更广，通常被视为一种多维风险。 （3）流动性风险的产生除了因为商业银行的流动性计划不完善之外，信用、市场、操作等风险领域的管理缺陷同样会导致商业银行流动性不足，甚至引发风险扩散，造成整个金融系统出现流动性困难。

（五）国别风险

项目	内容
含义	国别风险是指由于某一国家或地区^{解读8}经济、政治、社会变化及事件，导致该国家或地区借款人或债务人没有能力或者拒绝偿付商业银行债务，或使商业银行在该国家或地区的商业存在遭受损失，或使商业银行遭受其他损失的风险。
原因	国别风险可能由一国或地区经济状况恶化、政治和社会动荡、资产被国有化或被征用、政府拒付对外债务、外汇管制或货币贬值等情况引发。

解读8 国别风险体系中的国家或地区，是指不同的司法管辖区或经济体。

（六）声誉风险

项目	内容
含义	声誉风险是指由商业银行经营、管理及其他行为或外部事件导致利益相关方对商业银行负面评价的风险。
特点	（1）声誉是商业银行所有利益持有者基于持久努力、长期信任建立起来的无形资产。 （2）商业银行所面临的风险，不论是好的还是坏的，都必须通过系统化方法来管理，因为几乎所有风险都可能影响商业银行声誉，因此声誉风险也被视为一种多维风险。^{解读9}
管理声誉风险的方法	（1）强化全面风险管理意识，改善公司治理和内部控制，并预先做好应对声誉危机准备。 （2）确保其他主要风险被正确识别和优先排序，进而得到有效管理。

解读9 商业银行通常将声誉风险看作是对其经济价值最大的威胁。

（七）法律风险

项目	内容
含义	法律风险指商业银行因日常经营和业务活动无法满足或违反法律规定，导致不能履行合同、发生争议/诉讼或其他法律纠纷而造成经济损失的风险。
特点	（1）法律风险是一种特殊类型的操作风险，包括但不限于因监管措施和解决民商事争议而支付的罚款、罚金或者惩罚性赔偿所导致的风险敞口。^{解读 10} （2）狭义上，法律风险主要关注商业银行所签署的各类合同、承诺等法律文件的有效性和可执行力。 （3）广义上，与法律风险密切相关的还有违规风险和监管风险。 ①违规风险是指商业银行由于违反监管规定和原则，而招致法律诉讼或遭到监管机构处罚，进而产生不利于商业银行实现商业目的的风险。 ②监管风险是指由于法律或监管规定的变化，可能影响商业银行正常运营，或削弱其竞争能力、生存能力的风险。

解读10 经济主体在金融活动中违反法律法规，受到法律的制裁，是法律风险的一种表现形式。

（八）战略风险

项目	内容
含义	战略风险指商业银行在追求短期商业目的和长期发展目标的过程中，因不适当的发展规划和战略决策给商业银行造成损失或不利影响的风险。
特点	（1）战略风险与其他主要风险密切联系且相互作用，同样是一种多维风险。 （2）如果缺乏结构化和系统化的风险识别和分析方法，深入理解并有效控制战略风险是相当困难的。 （3）战略风险主要体现在以下四个方面：①商业银行战略目标缺乏整体兼容性；②为实现战略目标而制定的经营策略存在缺陷；③为实现战略目标所需要的资源匮乏；④整个战略实施过程的质量难以保证。

三、系统性金融风险（熟悉）

（一）系统性金融风险的含义和特征

真考解读 考查相对较少，考生熟悉系统性金融风险的特征即可。

项目	内容
含义	系统性金融风险是指由于金融体系的内在相关性，单个金融机构或一部分金融机构的破产、倒闭或巨额损失，在金融机构和市场之间快速蔓延，导致整个金融系统崩溃的风险以及对实体经济产生严重负面效应的可能性。

续 表

项目	内容
特征	与单个金融机构风险或个体风险相比，系统性金融风险主要有以下四个方面的特征。 （1）复杂性。系统性金融风险初始积累的多样性和不确定性、传染渠道的多样性和关联性，以及金融体系结构的复杂性，使得系统性金融风险是一种复杂的风险类型。 （2）突发性。系统性金融风险的爆发通常会带来一场剧烈的短期风险，可能引发市场参与者恐慌性反应。 （3）交叉传染性强，波及范围广。 （4）负外部性强。负的外部性以及对整个实体经济的巨大溢出效应是系统性金融风险的最重要的特征。

（二）系统重要性银行与系统性金融风险防范

项目	内容
系统重要性银行	（1）系统重要性银行不仅会对本国金融体系产生影响，而且具有跨境效应，可能对全球金融体系产生潜在威胁。 （2）系统重要性银行往往会参与复杂的跨境业务，或在多个国家设立分支机构，一旦其所积累的风险爆发，对全球的影响不容小觑。
系统性金融风险防范	（1）通过增强全球系统重要性银行的持续经营能力和损失系统能力^{解读11}来降低风险。 （2）通过建立全球系统重要性银行的恢复和处置框架，来减少全球系统重要性银行破产的影响范围和影响程度。

解读11 巴塞尔委员会也采取上述两种措施来对系统重要性银行进行监管。

第二节 商业银行风险管理

真考解读 属于常考点，一般会考1道题。

一、商业银行风险管理的模式（掌握）

项目	内容
资产风险管理模式	（1）时间：20 世纪 60 年代以前。 （2）代表人物：哈瑞·马科维茨。 （3）贡献：哈瑞·马科维茨于 20 世纪 50 年代提出的不确定条件下的投资组合理论，成为现代风险管理的重要基石。^{解读1}

解读1 常考点：一般会对投资组合理论进行考查。

项目	内容
负债风险管理模式	（1）时间：20 世纪 60 年代。 （2）代表人物：威廉·夏普。 （3）贡献：威廉·夏普在 1964 年提出的资本资产定价模型（CAPM），揭示了在一定条件下资产的风险溢价、系统性风险和非系统性风险的定量关系，为现代风险管理提供了重要的理论基础。
资产负债风险管理模式	（1）时间：20 世纪 70 年代。 （2）代表人物：费雪·布莱克、麦隆·斯科尔斯以及罗伯特·默顿。 （3）贡献：1973 年，费雪·布莱克、麦隆·斯科尔斯、罗伯特·默顿提出的欧式期权定价模型，为金融衍生产品定价及广泛应用铺平了道路，开辟了风险管理的全新领域。
全面风险管理模式	（1）时间：20 世纪 80 年代以后。 （2）特点：全面风险管理模式具有如下特点。 ①全面风险管理体现在对商业银行所有层次的业务单位、全部种类的风险进行集中统筹管理。 ②全面风险管理贯穿于业务发展的每一个阶段。 ③重视定量分析，通过内部模型识别、计量、监测和控制风险，增强风险管理的客观性和科学性。 ④所有员工都应具有风险管理意识和自觉性。 【提示】全面风险管理代表了国际先进银行风险管理的最佳实践，符合巴塞尔协议和各国监管机构的监管要求，已成为现代商业银行谋求发展和保持竞争优势的重要基石。

典型真题

【单选题】哈瑞·马科维茨于 20 世纪 50 年代提出的不确定条件下的（   ），成为现代风险管理的重要基石。

A. 投资组合理论

B. 资本资产定价模型

C. 欧式期权定价模型

D. 套利定价模型

【答案】A 【解析】哈瑞·马科维茨于 20 世纪 50 年代提出的不确定条件下的投资组合理论，成为现代风险管理的重要基石。

二、商业银行风险管理的策略 （掌握）

真考解读 属于常考点，一般会考1道题。

项目	内容
风险分散	（1）含义：风险分散是指通过多样化投资分散并降低风险的策略性选择。 （2）作用：风险分散^{解读2}作用如下。 ①根据多样化投资分散风险原理，商业银行可通过信贷资产组合管理或与其他商业银行组成银团贷款的方式，使授信对象多样化，从而分散和降低风险。 ②一般而言，实现多样化授信后，借款人的违约风险可视为相互独立（除了共同的宏观经济因素影响，如经济危机引发的系统性风险），能明显降低商业银行面临的整体风险。 ③实践证明，多样化投资分散风险的风险管理策略是行之有效的，但前提条件是有足够多的相互独立的投资形式。
风险对冲	（1）含义：风险对冲是指通过投资或购买与标的资产收益波动负相关的某种资产或衍生产品，冲销标的资产潜在损失的一种策略性选择。 （2）作用：风险对冲对管理市场风险（利率风险、汇率风险、股票风险和商品风险）非常有效，可分为自我对冲和市场对冲两种情况。 ①自我对冲是指商业银行利用资产负债表或某些具有收益负相关性质的业务组合具有的对冲特性进行风险对冲。 ②市场对冲是指对于无法通过资产负债表和相关业务调整进行自我对冲的风险，通过衍生产品市场进行对冲。
风险转移	（1）含义：风险转移是指通过购买某种金融产品或采取其他合法的经济措施将风险转移给其他经济主体的一种策略性选择。 （2）风险转移可分为保险转移和非保险转移。^{解读3} ①保险转移。保险转移是指商业银行通过购买保险将风险转移给承保人。当商业银行发生风险损失时，承保人按照保险合同的约定责任给予商业银行一定经济补偿。 ②非保险转移。担保、备用信用证等能够将信用风险转移给第三方。 【提示】在金融市场中，某些衍生产品（期货合约）可看作是特殊形式的保单，为投资者提供了风险的工具。
风险规避	（1）含义：风险规避是指商业银行拒绝或退出某一业务或市场，以避免承担该业务或市场风险的策略性选择。 （2）风险规避策略^{解读4}制定的原则是"没有风险就没有收益"，即在规避风险的同时自然也失去了在这一业务领域获得收益的机会。

解读2 "不要将所有鸡蛋放在一个篮子里"的经典投资格言形象地说明了这一方法。

解读3 常考点：风险转移的分类及具体的转移方式，考生需掌握。

解读4 风险规避策略的实施成本主要在于风险分析和经济资本配置方面的支出。

续 表

项目	内容
风险规避	（3）风险规避策略的局限性在于其是一种消极的风险管理策略，不宜成为商业银行风险管理的主导策略。
风险补偿	（1）含义：风险补偿是指商业银行在从事的业务活动产生实质性损失之前，对所承担的风险进行价格补偿的策略性选择。 （2）对于无法通过风险分散、风险对冲、风险转移或风险规避进行有效管理的风险，商业银行可在交易价格上附加更高的风险溢价，获得承担风险的价格补偿。 （3）对商业银行而言，风险管理的重要内容是对所承担风险进行合理定价。如定价过低，自身所承担风险将难以获得合理补偿；定价过高又使自身业务失去竞争力，陷入业务萎缩困境。

典型真题

【单选题】某商业银行通过操作风险与控制自我评估（RCSA），发现网点 A 的效益不高、操作风险暴露较为严重，决定撤并该网点。这种风险管理方式属于（　　）。

A．风险分散　　　　　　　　　B．风险对冲

C．风险规避　　　　　　　　　D．风险转移

【答案】C【解析】风险规避是指商业银行拒绝或退出某一业务或市场，以避免承担该业务或市场风险的策略性选择。撤并银行网点则属于风险规避。

【多选题】商业银行进行风险转移的主要方式包括（　　）。

A．购买保险　　　　　　　　　B．承诺

C．担保　　　　　　　　　　　D．期权合约

E．备用信用证

【答案】ACDE【解析】风险转移可分为保险转移和非保险转移。保险转移的方式有购买保险，非保险转移是指担保、备用信用证等能够将信用风险转移给第三方。此外，在金融市场中，期权合约可看作是特殊形式的保单。

三、商业银行风险管理的作用（熟悉）

真考解读 考查相对较少，考生熟悉商业银行风险管理的作用即可。

（一）健全的风险管理体系能为商业银行创造价值

（1）健全的风险管理体系具有自觉管理、微观管理、系统管理、动态管理等功能，能够降低商业银行的破产可能性和财务成本，保护商业银行所有者利益，实现股东价值最大化。

（2）良好的风险管理体系也能有效降低各类风险水平，减少附加监管要求，降低法律监管成本。

（二）良好的风险理能力是商业银行业务发展的原动力

（1）商业银行作为经济社会各类参与者转嫁风险的主要平台，利用其专业化的风险管理技能，通过分散或对冲等方法对从客户方承担过来的风险进行管理。

（2）承担和管理风险是商业银行的基本职能，积极、主动承担和管理风险有助于商业银行改善资本结构，有效配置资本以及推进金融产品开发。

（三）风险管理可以改变商业银行的经营模式

（1）从传统上片面追求扩大规模、增加利润的粗放经营模式，向风险与收益相匹配的精细化管理模式转变。

（2）从以定性分析为主的传统风险管理方式，向以定量分析为主的风险管理模式转变。

（3）从侧重于对不同风险分散管理的模式，向集中进行全面风险管理的模式转变。

（四）风险管理能够为商业银行风险定价提供依据

商业银行在经营管理过程中，能否对金融产品和服务进行科学、合理定价，直接决定了商业银行的竞争能力和盈利能力。

（五）风险管理水平体现了商业银行的核心竞争力

在商业银行的经营管理过程中，有以下两个至关重要的因素决定其风险承担能力。

（1）资本充足率水平。资本充足率较高的商业银行有能力接受相对高风险、高收益的项目，比资本充足率低的商业银行具有更强的竞争力。

（2）商业银行的风险管理水平。资本充足率仅仅决定了商业银行承担风险的潜力，而其所承担的风险究竟能否带来实际收益，最终取决于商业银行的风险管理水平。

典型真题

【多选题】商业银行应当高度重视风险管理的原因是（　　　）。

A. 承担和管理风险是商业银行的基本职能

B. 风险管理改变了商业银行的经营模式

C. 风险管理能够为商业银行风险定价提供依据

D. 健全的风险管理体系能够为商业银行创造价值

E. 风险管理水平体现了商业银行的核心竞争力

【答案】ABCDE 【解析】选项中所述均为商业银行应高度重视风险管理的原因。以上选项均符合题意。

第三节　风险管理定量基础

视频讲解　微信扫描

真考解读 属于常考点，一般会考1道题。

一、概率及概率分布（掌握）

（一）随机事件与概率

项目	内容
随机事件	（1）含义：随机事件是指在每次随机试验中可能出现，也可能不出现的结果。 （2）随机事件由基本事件构成。基本事件是指在每次随机试验中至少发生一次，也仅发生一次的事件。
概率	（1）含义：概率是对不确定性事件进行描述的最有效的数学工具，是对不确定性事件发生可能性的一种度量。 （2）不确定性事件是指在相同的条件下重复一个行为或实验所出现的结果有多种，但具体是哪种结果事前不可预知。 （3）确定性事件的出现具有必然性，而不确定性事件的出现具有偶然性。

（二）随机变量及其概率分布

项目	内容
随机变量	（1）含义：随机变量就是用数值来表示随机事件的结果，对样本空间中的每一个或每一类所感兴趣的可能结果设定一个数值，即定义一个从样本空间到实数的函数。 （2）分类：随机变量分类如下。 ①离散型随机变量。随机变量 X 的所有可能值只有有限多个或可列多个。 ②连续型随机变量。随机变量 X 的所有可能值由一个或若干个（有限或无限）实数轴上的区间组成。
离散型随机变量的概率分布	（1）含义：离散型随机变量的一切可能值及与其取值相应的概率。 （2）表示方法：列举法[解读1]。假设离散型随机变量 X 的一切可能值为 x_1，x_2……其相应的概率为 p_1，p_2……则 X 的概率分布的表示形式如下。 $$P\{X=x_i\}=p_i,\ i=1,\ 2,\ \cdots$$ 通常称上式为离散型随机变量 X 的概率函数。 【提示】离散型随机变量的概率可以通过重复试验发生的频率来定义。在相同条件下，重复进行 n 次试验，事件 A 发生 m（$m \leqslant n$）次，则称比值 m/n 为事件 A 发生的频率。频率 m/n 的这个稳定值 p 称为事件 A 的概率，记作 $P(A)=p$。

解读1 离散型随机变量的概率分布还可用表格法来表示，它的假设条件与列举法相似，只是可以通过表格来展示。

续　表

项目	内容
连续型随机变量的概率分布	（1）含义：连续型随机变量的概率分布通常使用累积概率分布或概率密度来定义。 （2）表示方法：对于连续型随机变量 X，如果存在一个非负可积函数 $f(x)$，对任意实数 a 和 b（$a<b$），都有 $$P(a<x\leqslant b)=\int_a^b f(x)\,\mathrm{d}x$$ 连续型随机变量的概率分布则称 $f(x)$ 为随机变量 X 的概率密度函数，简称概率密度或密度函数。 【提示】无论是离散型随机变量还是连续型随机变量，都可以用一种统一的形式即分布函数来描述其概率特征。假设随机变量 X 和任意实数 x，随机变量 X 不超过 x 的累积概率为 $F(x)$，即 $F(x)=P(X\leqslant x)$，$-\infty<x<\infty$，则称 $F(x)$ 为 X 的累积概率分布函数，简称分布函数^{解读2}。

解读2 分布函数完整地描述了随机变量的变化和统计规律性。

（三）随机变量的期望、方差和协方差

项目	内容
期望	（1）含义：期望是随机变量的概率加权和。 （2）期望公式如下。 ①离散型随机变量公式为 $$E(x)=\sum_{i=1}^{N}x_i\cdot P_i$$ 其中，P_i 为随机变量取值为 X_i 的概率。 ②连续型随机变量公式为 $$E(x)=\int_{-\infty}^{+\infty}xf(x)\,\mathrm{d}x$$ 其中，$f(x)$ 为随机变量的分布密度函数。
方差	（1）含义：方差是随机变量取值偏离期望值的概率加权和。 （2）方差公式如下。 ①离散型随机变量公式为 $$D(X)=\sum_{i=1}^{N}\left[x_i-E(x)\right]^2 P_i$$ 其中，p_i 为随机变量取值为 x_i 的概率。 ②连续型随机变量公式为 $$D(X)=\sum_{-\infty}^{+\infty}\left[x_i-E(x)\right]^2 f(x)\,\mathrm{d}x$$ 其中，$f(x)$ 为随机变量的分布密度函数。

续 表

项目	内容
标准差	（1）含义：标准差[解读3]是对随机变量不确定性程度进行刻画的一种常用指标。标准差也称波动率，是指随机变量方差的算术平方根。 （2）公式：$\sigma(X) = \sqrt{D(X)}$。
协方差	（1）含义：协方差是用来度量不同随机变量之间的相关性，其取值范围是（$-\infty$，$+\infty$）。[解读4] （2）公式：$\mathrm{Cov}(X, Y) = E\{[X - E(X)][Y - E(Y)]\}$。

典 型 真 题

【判断题】协方差可以用来度量不同随机变量的相关性，其取值范围为负无穷到正无穷。（　　）

A．正确　　　　　　　　　　　B．错误

【答案】A【解析】协方差可以用来度量不同随机变量之间的相关性，取值范围为负无穷到正无穷。

（四）一些重要的概率分布

1．二项分布

项目	内容
含义	二项分布是描述只有两种可能结果的多次重复事件的离散型随机变量的概率分布。
公式	假定每一次试验的可能结果是成功或失败，用离散型随机变量 X 表示发生成功的次数，则在 n 次重复后发生 k 次成功的概率为 $$P\mid X = K\mid = C_n^k P^k(1-p)^{n-k}, k = 0,1,2,\cdots,n$$ 其中，$0 < p < 1$ 为在每一次试验时成功的概率；C_n^k 为从 n 个中取 k 个的组合次数，称随机变量 X 服从参数为 n、p 的二项分布，记作 $X \sim B(n, p)$。当 $n = 1$ 时，二项分布即为 0 - 1 分布或伯努利分布。 二项分布的数学期望和方差：$E(X) = np$，$D(X) = np(1-p)$。

2．泊松分布

项目	内容
含义	泊松分布是一种常见的离散分布，通常用来描述独立单位时间[解读5]内某一事件成功次数所对应的概率。

解读3 标准差是对随机变量不确定性程度进行刻画的一种常用指标。

解读4 常考点：协方差的含义及取值范围。

解读5 单位时间也可以是单位面积、单位产品。

续 表

项目	内容
公式	泊松分布的概率分布如下。 $$P(X = k) = \frac{\lambda^k e^{-\lambda}}{k!}, k = 0,1\cdots$$ 上式说明了单位时间内某一事件成功 k 次的概率,其中成功次数为随机变量 X。泊松分布式由唯一参数 λ 定义的,记为 $X \sim P(\lambda)$,λ 表示单位时间内平均成功的次数。泊松分布的数学期望和方差:$E(X) = D(X) = \lambda$。
度量范围	(1) 单位时间内某商业银行接待客户的数量。^{解读6} (2) 单位时间内客服接到的电话数量等。

解读6 常 考 点:泊松分布的度量范围。

典型真题

【单选题】某商业银行客户服务中心平均每小时接到 6 个电话,度量该中心 5 小时内接到 38 个电话的概率时适用的概率分布是( )。
A. 泊松分布　　B. 均匀分布　　C. 二项分布　　D. 正态分布
【答案】A【解析】泊松分布通常用来度量以下事件的概率,单位时间内某商业银行接待客户的数量、单位时间内客服接到的电话数量等。故选 A。

3. 均匀分布

项目	内容
含义	如果连续型随机变量 X 在一个区间 $[a,b]$ 里以相等的可能性取 $[a,b]$ 中的任何一个实数值,即分布密度函数在区间里是一个常数,则称 X 在区间 $[a,b]$ 上服从均匀分布^{解读7}。
公式	均匀分布的概率密度函数为 $$u(x;a,b) = \begin{cases} \dfrac{1}{b-a}, & \text{若 } a \leq x \leq b \\ 0, & \text{其他} \end{cases}$$ 其他均匀分布 $U(0,1)$ 在随机模型分析中起着特殊的作用,因为任何一个随机变量的分布函数都是严格单调取值为 $[0,1]$ 区间上的函数。

解读7 均匀分布的分布函数是一条斜线;从均匀分布中可以产生任意一个连续型随机变量的分布。

4. 正态分布

项目	内容
含义	若随机变量 x 的概率密度函数为 $$f(x) = \frac{1}{\sigma\sqrt{2\pi}} e^{-\frac{1}{2}\left(\frac{x-\mu}{\sigma}\right)^2}, \quad -\infty < x < +\infty$$ 其中,$\sigma > 0$,μ 与 σ 均为常数,则称 x 服从参数为 μ、σ 的正态分布^{解读8},记为 $N(\mu, \sigma^2)$;μ 是正态分布的均值;σ^2 是方差。

解读8 正态分布可以用来描述股票(或资产组合)每日收益率的分布。

项目	内容
性质	（1）关于 $x=\mu$ 对称，在 $x=\mu$ 处曲线最高，在 $x=\mu\pm\sigma$ 处各有一个拐点。 （2）若固定 σ，随 μ 值不同，曲线位置不同，故也称 μ 为位置参数。 （3）若固定 μ，σ 大时，曲线矮而胖，σ 小时，曲线瘦而高，故也称 σ 为形状参数。 （4）整个曲线下面积为1。 （5）正态随机变量 X 的观测值落在距均值的距离为1倍、2倍、2.5倍标准差范围内的概率分别为68%、95%、99%。

5. χ^2 分布

项目	内容
含义	假设 n 个随机变量 X_1，X_2，…，X_n 独立同分布且服从标准正态分布，则称统计量 $$X^2 = X_1^2 + X_2^2 + \cdots + X_n^2$$ 服从自由度为 n 的 χ^2 分布，记为 $X \sim \chi^2(n)$。
性质	χ^2 分布常用于假设检验和置信区间的计算。 （1）若 $X \sim \chi^2(n)$，则 $E(X)=n$，$D(X)=2n$。 （2）若 $Z_1 \sim \chi^2_{n1}$ 和 $Z_2 \sim \chi^2_{n2}$，且 Z_1，Z_2 相互独立，则 $Z_1+Z_2 \sim \chi^2_{n1+n2}$。

6. t 分布

项目	内容
含义	假设随机变量 X 服从标准正态分布 $N(0，1)$，Y 服从 χ^2 分布，且 X 和 Y 相互独立，则称统计量 $$t = \frac{X}{\sqrt{Y/n}}$$ 服从自由度为 n 的 t 分布，记为 $t \sim t(n)$。
性质	t 分布根据小样本来估计呈正态分布且方差未知的总体的均值。 （1）若 $t \sim t(n)$，则 $E(X)=0$，其中 $n>1$，$D(X)=n/(n-2)$。 （2）t 分布曲线是一条以0为中心，左右对称的单峰分布曲线。 （3）自由度 n 是确定 t 分布形状的参数，当 n 较小时，t 分布的概率密度函数呈现厚尾形状，随着 n 逐渐增大，t 分布越来越接近于标准正态分布。

7. F 分布

项目	内容
含义	假设随机变量 X 服从 χ^2（m）分布，Y 服从 χ^2（n），且 X 与 Y 独立，则称统计量 $$F(m,n) = \frac{X/m}{Y/n}$$ 服从自由度分别是 m 和 n 的 F 分布[解读9]，记为 $F \sim F$（m，n）。
性质	F 分布常用于方差分析、回归方程的显著性检验中。 （1）若 $Z \sim F$（m，n），则 $1/Z \sim F$（n，m）。 （2）若 $T \sim t$（n），则 $T^2 \sim F_{1,n}$。

解读9 F 分布是两个服从卡方分布的独立随机变量除以其自由度后的抽样分布，是一种非对称分布。

（五）偏度和峰度

项目	内容
偏度	（1）含义：偏度是用来度量随机变量概率分布的不对称性。 （2）公式：$S = E\left[\dfrac{X - E（X）}{\sigma（X）}\right]^3$。 （3）性质：偏度取值范围为（$-\infty$，$+\infty$），刻画了概率密度曲线尾部的相对长度。 ①当偏度 >0，先对而言 X 右边偏离均值的数据较多，数据分布呈现出右偏。 ②当偏度 <0，相对而言 X 左边偏离均值的数据较多，数据分布呈现出左偏。 ③当偏度 $=0$，说明是正态分布，表示数据分布左右对称。
峰度	（1）含义：峰度[解读10]是用来度量随机变量概率分布的陡峭程度。 （2）公式：$K = E\left[\dfrac{X - E（X）}{\sigma（X）}\right]^4$。 （3）性质：峰度取值范围为 $[1，+\infty)$，正态分布的峰度为3。 ①若峰度 <3，则称为低峰，图形上相比正态分布呈现出矮峰瘦尾。 ②若峰度 >3，则称为高峰，图形上相比正态分布呈现出尖峰肥尾。

解读10 峰度是样本的四阶标准化矩阵，刻画了概率密度曲线在平均值处峰值的相对高低。

二、线性回归分析（掌握）

真考解读 属于常考点，一般会考1道题。

项目	内容
回归方程	回归方程随机变量 Y 与其他随机变量 X_1，$\cdots$，X_n 之间的线性回归关系用如下方程表示：$$Y = \alpha + \beta_1 X_1 + \cdots + \beta_n X_n + \varepsilon$$ 其中，α 表示截距，β_i（$i = 1$，$\cdots$，n）是 Y 与对应随机变量 X_i 的偏回归系数，表示在其他变量不变的情况下，X_i 每变化一个单位，Y 的期望值 $E（Y）$ 的变化，ε 是误差项。

项目	内容
模型的假定	（1）Y 与解释变量 X_i 之间的关系是线性的。 （2）解释变量 X_i 之间互不相关，即不存在多重共线性。 （3）误差项 ε 的期望值为 0，即 $E(\varepsilon)=0$。 （4）对不同的观察值，ε 的方差不变，即不存在异方差。 （5）误差项 ε 满足正态分布。
建立模型	（1）通过逐步回归等方法，挑选适合的解释因素来建立模型。 （2）逐步回归是逐一增加解释变量个数，逐一进行显著性检验，直到既没有显著的解释变量选入回归方程，也没有不显著的解释变量从回归方程中剔除，保证得到的解释变量集是最优的。
评估模型的性能	一般来说，可以用残差图、均方误差、拟合优度、模型拟合优良性评价准则等来评价回归模型的拟合效果。

真考解读 属于常考点，一般会考 1 道题。

三、收益和风险的度量（掌握）

（一）收益的度量

项目	内容
绝对收益	（1）含义：绝对收益[解读11]是对投资成果的直接衡量，反映投资行为得到的增值部分的绝对量。 （2）公式：绝对收益 $= P - P_0$。 其中，P 为期末的资产价值总额；P_0 为期初投入的资金总额。
持有期收益率	（1）含义：持有期收益率是最常用的评价投资收益的方式，是当期资产总价值的变化及其现金收益占期初投资额的百分比。 （2）公式：$R = \dfrac{P_1 + D - P_0}{P_0} \times 100\%$。 其中，$R$ 为持有期收益率；P_0 为期初的投资额；P_1 为期末的资产价值；D 为资产持有期间的现金收益。
预期收益率	（1）含义：在风险管理实践中，为了对资产或投资组合不确定的收益进行计量和评估，通常需要计算资产或投资组合未来的预期收益率（或期望收益率），以便于比较和决策。 （2）公式：假定收益率 R 服从某种概率分布，资产的未来收益率有 n 种可能的取值 r_1，r_2，$\cdots$，r_n，每种收益率对应出现的概率为 p_i，则该资产的预期收益率 $E(R)$ 为 $$E(R) = P_1 r_1 + P_2 r_2 + \cdots + P_n r_n$$ 其中，$E(R)$ 代表收益率 R 取值平均集中的位置。

解读 11 绝对收益是实际生活中对投资收益最直接和直观的计量方式，是投资成果的直接反映，也是很多报表中记录的数据。

（二）风险的度量

项目	内容
方差	资产的方差公式： $$Var\ (R)\ =p_1\ [r_1-E\ (R)]^2+p_2\ [r_2-E\ (R)]^2+\cdots+$$ $$p_n\ [r_n-E\ (R)]^2$$ 其中，资产的未来收益率有 n 种可能的取值 r_1，r_2，$\cdots$，r_n，每种收益率对应出现的概率为 p_i，收益率 r 的第 i 个取值的偏离程度用 $[r_i-E\ (R)]^2$ 来计量。
标准差	（1）方差的平方根称为标准差，用 σ 表示。 （2）资产收益率标准差越大，表明资产收益率的波动性越大。当标准差很小或接近于 0 时，资产的收益率基本稳定在预期收益水平，出现的不确定性程度逐渐减小。

四、风险分散的数理原理（重点掌握）

真考解读 属于必考点，一般会考 1 道题。

项目	内容
含义	在风险管理实践中，商业银行可以利用资产组合分散风险的原理，将贷款分散到不同的行业、区域，来达到管理和降低风险、保持收益稳定的目的。
公式	以投资两种资产为例，假设两种资产的预期收益率分别为 R_1 和 R_2，每一种资产的投资权重分别为 W_1 和 $W_2=1-W_1$，则该资产组合的预期收益率为 $$R_p=W_1R_1+W_2R_2$$ 如果这两种资产的标准差分别为 σ_1 和 σ_2，两种资产之间的相关系数为 ρ（刻画了两种资产收益率变化的相关性），则该资产组合的标准差为 $$\sigma_P\ =\ \sqrt{W_1^2\sigma_1^2+W_2^2\sigma_2^2+2\rho W_1W_2\sigma_1\sigma_2}$$ 假设其他条件不变，当各资产间的相关系数为正时，风险分散效果较差；当相关系数为负时，风险分散效果较好。 因为相关系数 $-1\leqslant\rho\leqslant1$，因此根号下的式子有 $$W_1^2\sigma_1^2+W_2^2\sigma_2^2+2\rho W_1W_2\sigma_1\sigma_2\leqslant W_1^2\sigma_1^2+W_2^2\sigma_2^2+2W_1W_2\sigma_1\sigma_2$$ $$=\ (W_1\sigma_1+W_2\sigma_2)^2$$

续 表

项目	内容
结论	当两种资产之间的收益率变化不完全正相关（$\rho < 1$）时，该资产组合的整体风险小于各项资产风险的加权之和，揭示了资产组合降低和分散风险的数理原理。解读12
局限性	充分多样化的资产组合可以消除组合中不同资产的非系统性风险，但不能消除系统性风险。

解读12 必考点：资产组合的整体关系与各项资产风险之间的关系。

典型真题

【单选题】根据投资组合理论，当两种资产的收益率变化不完全正相关时，该资产组合的整体风险与各项资产风险之间的关系是（ ）。

A. 该资产组合的整体风险小于各项资产风险的加权之和

B. 该资产组合的整体风险与各项资产风险的加权之和无关

C. 该资产组合的整体风险大于各项资产风险的加权之和

D. 该资产组合的整体风险等于各项资产风险的加权之和

【答案】A 【解析】 当两种资产之间的收益率变化不完全正相关时，该资产组合的整体风险小于各项资产风险的加权之和，揭示了资产组合降低和分散风险的数理原理。

章节练习

一、单选题（以下各小题所给出的四个选项中，只有一项符合题目要求，请选择相应选项，不选、错选均不得分）

1. 根据《巴塞尔协议Ⅱ》，法律风险是一种特殊类型的（ ），它包括但不限于因监管措施和解决民商事争议而支付的罚款、罚金或者惩罚性赔偿所导致的风险敞口。

   A. 声誉风险 B. 操作风险 C. 信用风险 D. 战略风险

2. 在商业银行的经营过程中，（ ）决定其风险承担能力。

   A. 资产规模和商业银行的风险管理水平

   B. 资本充足率水平和商业银行的盈利水平

   C. 资产规模和商业银行的盈利水平

   D. 资本充足率水平和商业银行的风险管理水平

3. 商业银行的风险管理模式的四个发展阶段依次为（ ）。

   A. 资产风险管理模式阶段→负债风险管理模式阶段→资产负债风险管理模式阶段→全面风险管理模式阶段

   B. 负债风险管理模式阶段→资产风险管理模式阶段→资产负债风险管理模式阶段→全面风

险管理模式阶段

    C. 资产负债风险管理模式阶段→资产风险管理模式阶段→负债风险管理模式阶段→全面风险管理模式阶段

    D. 资产风险管理模式阶段→资产负债风险管理模式阶段→负债风险管理模式阶段→全面风险管理模式阶段

4. 商业银行在发放贷款时，通常要求借款人提供第三方信用担保作为还款保证，这种做法属于(   )。

    A. 风险对冲   B. 风险规避   C. 风险补偿   D. 风险转移

二、**多选题**（以下各小题所给出的五个选项中，有两项或两项以上符合题目的要求，请选择相应选项，多选、少选、错选均不得分）

1. 商业银行通常采用(   )的方式来应对和吸收预期损失。

    A. 风险规避   B. 风险补偿   C. 风险对冲

    D. 冲减   E. 提取损失准备金

2. 对于那些无法通过(   )进行有效管理的风险，商业银行可以采取在交易价格上附加更高的风险溢价，即通过提高风险回报的方式，获得承担风险的价格补偿。

    A. 风险分散   B. 风险对冲   C. 风险转移

    D. 风险补偿   E. 风险规避

三、**判断题**（请对以下各项描述做出判断，正确的为 A，错误的为 B）

1. 商业银行只能通过风险分散来进行风险管理。(   )

    A. 正确   B. 错误

2. 威廉·夏普提出的资产资本定价模型是在华尔街的第二次数学革命中提出的。(   )

    A. 正确   B. 错误

3. 马科维茨提出的均值方差模型描绘了资产组合选择的最基本、最完整的框架。(   )

    A. 正确   B. 错误

▶ 答案详解

一、单选题

1. B【解析】根据《巴塞尔协议Ⅱ》，法律风险是一种特殊类型的操作风险，它包括但不限于因监管措施和解决民商事争议而支付的罚款、罚金或者惩罚性赔偿所导致的风险敞口。

2. D【解析】在商业银行的经营管理过程中，有两个至关重要的因素决定其风险承担能力：①资本充足率水平；②商业银行的风险管理水平。

3. A【解析】商业银行的风险管理模式大体经历了四个阶段，资产风险管理模式阶段→负债风险管理模式阶段→资产负债风险管理模式阶段→全面风险管理模式阶段。

4. D【解析】商业银行风险管理的主要策略包括风险分散、风险对冲、风险转移、风险规避以及风险补偿。商业银行在发放贷款时，通常会要求借款人提供第三方信用担保作为还款保证，这种做法属于风险转移管理策略。

二、多选题

1. DE【解析】商业银行通常采取提取损失准备金和冲减利润的方式来应对和吸收预期损失。

2. ABCE【解析】对于那些无法通过风险分散、风险对冲、风险转移或风险规避进行有效管理的风险，商业银行可以采取在交易价格上附加更高的风险溢价，即通过提高风险回报的方式，获得承担风险的价格补偿。

三、判断题

1. B【解析】商业银行风险管理的主要策略是风险分散、风险对冲、风险转移、风险规避、风险补偿。

2. B【解析】威廉·夏普的资产资本定价模型于华尔街的第一次数学革命中提出。

3. A【解析】马科维茨提出的均值—方差模型描绘了资产组合选择的最基本、最完整的框架，是目前投资理论与投资实践的主流方法。

第二章　风险管理体系

应试分析

本章主要介绍了商业银行的风险管理体系，包括风险治理架构、风险文化、偏好和限额、风险管理政策和流程、风险数据与 IT 系统以及内部控制与内部审计。本章在考试中涉及的分值约为 5 分，常考点有风险管理各部门的定位职责、风险文化、风险偏好管理、风险限额管理、风险 IT 系统以及内部控制等相关知识。本章内容在考试中多为直接考查，难度不大，多以记忆为主。考生可以参考每个知识点的应试分析有侧重点地进行学习。

思维导图

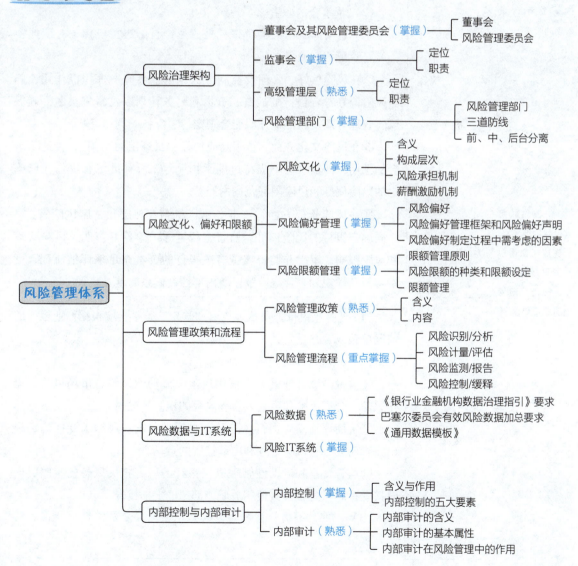

📖 知识精讲

第一节　风险治理架构

视频讲解　微信扫描

一、董事会及其风险管理委员会（掌握）

真考解读 属于常考点，一般会考1道题。

解读1 常考点：董事会的职责。

解读2 首席风险官也称风险总监，负责拟订集团风险管理战略、规划，提出风险管理的政策和程序。

项目	内容
董事会	（1）在现代公司治理机制下，企业所有权与经营权分离，董事会受托于公司股东，成为银行公司治理结构的重要组成部分。 （2）董事会的职责。**解读1** ①董事会向股东大会负责，是商业银行的决策机构，对商业银行风险管理承担最终责任。 ②在风险偏好、管理及控制方面，董事会应发挥积极作用，确保风险偏好符合银行的战略、资本和财务计划以及薪酬实践，确保风险管理合规及内部审计职能合理定位、配备人员和资源。 ③在风险文化方面，董事会应加强"最高层的基调"，传达董事会的预期，即董事会不支持过度承担风险，所有员工有责任在已确定的风险偏好和风险限额范围内经营。 ④在风险管理方面，董事会要与高级管理层和首席风险官**解读2**一同确定银行的风险偏好，监督银行遵守风险偏好声明、风险政策和风险限额，审批并监督实施有关银行的资本充足率评估流程、资本与流动性规划、合规政策以及内部控制体系的重要政策。
风险管理委员会	（1）《商业银行公司治理指引》规定，董事会应根据商业银行的情况单独或合并设立其专门委员会。 （2）风险管理委员会的职责。 ①监督高级管理层关于信用风险、流动性风险、市场风险、操作风险、合规风险和声誉风险等风险的控制情况。 ②定期评估商业银行风险政策、管理状况及风险承受能力，提出完善商业银行风险管理和内部控制的意见。 ③监督资本和流动性管理以及银行的所有相关风险的策略，同时接受首席风险官及其他相关职能部门的定期报告。 （3）巴塞尔委员会认为，风险管理委员会是系统性重要银行的必备委员会。

二、监事会 （掌握）

（1）在《商业银行公司治理指引》中，监事会是商业银行的内部监督机构，对股东大会负责。

（2）监事会的职责。^{解读3}

①监事会对董事会、高级管理层履职尽职情况进行监督并向股东大会报告。

②对银行承担的风险水平和风险管理体系的有效性进行独立监督、评价。

③全面了解商业银行的风险管理和内部控制状况，跟踪监督董事会和高级管理层为加强风险管理、完善内部控制所做的相关工作。

④检查和调研商业银行日常经营活动中是否存在违反既定风险管理政策和原则的行为。

【提示】《商业银行资本管理办法（试行）》规定，商业银行监事会应对董事会及高级管理层在资本管理和资本计量高级方法管理中的履职情况进行监督评价，并至少每年一次向股东大会报告董事会及高级管理层的履职情况。

典型真题

【单选题】下列不属于商业银行监事会监督评价职责事项的是（　　）。

A. 监督董事会和高级管理层在风险管理方面的履职尽责情况

B. 监督商业银行风险管理部门在风险管理中的工作情况

C. 监督董事会和高级管理层在资本管理和资本计量高级方法管理中的履职情况

D. 监督董事会和高级管理层加强风险管理、完善内部控制所做的工作

【答案】B【解析】《商业银行资本管理办法（试行）》规定，商业银行监事会应对董事会及高级管理层在资本管理和资本计量高级方法管理中的履职情况进行监督评价（选项C），并至少每年一次向股东大会报告董事会及高级管理层的履职情况；监事会对董事会、高级管理层在风险管理方面履职尽责情况进行监督并向股东大会报告（选项A）；另外，监事会还应跟踪监督董事会和高级管理层为加强风险管理、完善内部控制所做的相关工作（选项D）。

三、高级管理层 （熟悉）

（1）高级管理层向董事会负责，是商业银行的执行机构。

（2）高级管理层的职责。

①建立适应全面风险管理的经营管理架构，明确职能部门、业务部门以及其他部门在风险管理中的职责分工，建立部门之间相互协调、有效制衡的运行机制。

②制定清晰的执行和问责机制，确保风险管理策略、风险偏好和风险限额得到充分传达和有效实施。

真考解读 属于常考点，一般会考1道题。

解读3 常考点：监事会的职责。

真考解读 考查相对较少，考生熟悉高级管理层的性质及职责即可。

③制定并定期评估风险管理政策和程序，必要时予以调整。

④评估全面风险和各类重要风险管理状况并向董事会报告，根据董事会设定的风险偏好，制定风险限额。

⑤建立完备的管理信息系统和数据质量控制机制。

⑥对突破风险偏好、风险限额以及违反风险管理政策和程序的情况进行监督，并根据董事会的授权进行处理。

（3）高级管理层风险管理的相关委员会包括如下内容。

①负责对信用风险进行审议的信用风险委员会。

②负责对市场风险进行审议的市场风险委员会。

③负责对操作风险进行审议的操作风险委员会。

④负责对流动性风险进行审议的资产负债委员会。

⑤在各分支机构层面，一般也会根据风险管理工作需要，设立风险管理相关委员会。

四、风险管理部门（掌握）

（一）风险管理部门

项目	内容
含义	风险管理部门在高管层的领导下，建设完善风险管理体系，组织开展各项风险管理工作，对银行承担的风险进行识别、计量、监测、控制、缓释以及风险敞口的报告，促进银行稳健经营、持续发展。
职责	《商业银行公司治理指引》规定，商业银行风险管理部门应当承担但不限于以下职责。**解读 4** （1）对各项业务及各类风险进行持续、统一的监测、分析与报告。 （2）持续监控风险并测算与风险相关的资本需求，及时向高级管理层和董事会报告。 （3）了解银行股东特别是主要股东的风险状况、集团架构对商业银行风险状况的影响和传导，定期进行压力测试，并制定应急预案。 （4）评估业务和产品创新、进入新市场以及市场环境发生显著变化时，给商业银行带来的风险。

（二）三道防线

项目	内容
含义	三道防线是指在银行内部构造出三个对风险管理承担不同职责的团队或管理部门，相互之间协调配合，分工协作，并通过独立、有效的监控，提高主体的风险管理有效性。

真考解读 属于常考点，一般会考1道题。

解读 4 风险管理部门应具有一定的独立性，通过监控分析，以独立于业务部门的报告路线，直接向高管层和董事会报告业务的风险状况。

续 表

项目	内容
职责	（1）第一道风险防线是前台业务部门，也称业务条线部门，主要负责持续识别、评估和报告风险敞口。 （2）第二道风险防线是风险管理部门和合规部门。^{解读5} ①风险管理部门主要负责监督和评估业务部门承担风险的业务活动。 ②合规部门主要负责定期监控银行对法律、公司治理规则、监管规定、行为规范和政策的执行情况。 （3）第三道风险防线是内部审计。内部审计主要负责对银行风险治理框架的质量和有效性进行独立的审计。

解读5 常考点：第二道风险防线的具体内容及其职责。

（三）前、中、后台分离

项目	内容
含义	前、中、后台分离是与风险管理三道防线相呼应，体现了通过职责分工和流程安排形成的相互监督和制约的风险治理原则。
职责	（1）前台主要指市场营销部门，负责对公司、机构和个人类目标客户开展营销服务，推介金融服务方案。 （2）中台主要指财务管理和风险管理部门，负责信用分析、贷款审核、风险评价控制等。 （3）后台主要指人力资源管理、业务处理、稽核监督和信息技术等支持保障部门，负责后勤支援和中央化操作服务。

典型真题

【多选题】在商业银行风险管理"三道防线"中，属于第二道防线的部门有（ ）。

A. 风险管理部门 B. 合规部门

C. 个人金融业务部门 D. 内部审计部门

E. 公司业务部门

【答案】AB 【解析】商业银行风险管理的"三道防线"中，属于第二道防线的部门有风险管理部门和合规部门。内部审计部门是第三道防线，公司业务部门是第一道防线。

第二节　风险文化、偏好和限额

一、风险文化（掌握）

项目	内容
含义	风险文化是商业银行在经营管理活动中逐步形成的风险管理理念、哲学观和价值观，通过商业银行的风险管理战略、风险管理制度以及广大员工的风险管理行为表现出来的一种企业文化。
构成层次	风险文化的构成层次包括：风险管理理念；风险管理知识；风险管理制度。其中，风险管理理念是风险管理文化的精神核心，也是风险管理文化中最为重要和最高层次的因素。解读1
风险承担机制	风险承担机制的元素包括以下方面。 （1）"谁产生了风险"：从高管层到普通员工都应该意识到，不管他们的行为是否带来收益或损失，只要他们的行为与公司的风险偏好、核心价值和风险管理不一致，就都应该为他们的行为承担责任。 （2）"升级程序"：应建立一套机制，使员工能够表达对某些产品或业务操作的不同意见。 （3）"明确后果"：要让所有人明白，违反内部政策规定、程序或风险限额，或者不遵守内部的行为准则，可能会对个人的薪酬产生影响，影响个人职业发展，甚至被解雇。
薪酬激励机制	（1）薪酬机制应坚持"薪酬水平与风险成本调整后的经营业绩相适应""短期激励和长期激励相协调"的原则。 （2）商业银行应制定绩效薪酬延期追索、扣回规定，如在规定期限内高管人员和相关员工职责内的风险损失暴露，商业银行有权将相应期限内发放的绩效薪酬全部追回。

典型真题

【单选题】下列关于商业银行风险管理体系的描述，最恰当的是(　　)。

A. 风险管理是商业银行风险管理部门的责任，与其他部门无关

B. 风险管理水平时商业银行的核心竞争力，风险管理目标是消除风险实现高收益

C. 风险管理文化由风险管理理念、知识和制度三个层次构成

D. 制度是风险管理文化的精神核心，也是风险管理文化中最为重要和最高层次的因素

【答案】C【解析】风险管理文化一般由风险管理理念、风险管理知识、风险管理制度三个层次组成，其中风险管理理念是风险管理文化的精神核心，也是风险管理文化中最为重要和最高层次的因素。

二、风险偏好管理（掌握）

（一）风险偏好

（1）含义：风险偏好是商业银行在追求实现战略目标的过程中，愿意且能够承担的风险类型和风险总量。

（2）作用：①有助于商业银行更清楚地认识自身能够承担的风险，明确表达对待风险的态度；②也有助于在不同利益相关者之间形成一个共同交流的基础。解读2

典型真题

【多选题】制定明确的风险偏好，有助于商业银行(   )。

A. 清楚地认识自身能够承担的风险

B. 加大内部各管理层级、各业务条线对风险"胃口"迥异，各自为政

C. 追求财务利润、发展速度和经营规模

D. 在不同利益相关者之间形成一个共同交流的基础

E. 明确表达对待风险承担的态度

【答案】ADE【解析】制定明确的风险偏好，有助于商业银行更清楚地认识自身能够承担的风险，明确表达对待风险的态度，同时也有助于在不同利益相关者之间形成一个共同交流的基础。

（二）风险偏好管理框架和风险偏好声明

项目	内容
风险偏好管理框架	（1）含义：风险偏好框架是确定、沟通和监控风险偏好的总体方法，包括政策、流程、控制环节和制度。 （2）职责： ①有效的风险偏好框架应能够确保有效的传导和信息共享机制，确保风险偏好可以有效地传递到集团内各个业务条线和各法人机构。 ②董事会自上而下推动，各管理层级自下而上参与，能够被银行全体人员充分理解。 ③风险偏好应融入集团的风险文化。 ④在业务机会出现时，评估银行需要承担的风险，防止过度承担风险。 ⑤能够适应业务和市场条件变化，及时调整业务条线或法律实体风险限额，并且确保金融机构总体风险偏好不变。 ⑥涵盖子公司、第三方外包供应商等在风险地图内但不受银行直接控制的活动、运营和体系。

真考解读 属于常考点，一般会考1道题。

解读2 常考点：风险偏好的作用。

续　表

项目	内容
风险偏好声明	（1）含义：风险偏好声明是金融机构愿意接受或避免的风险总体水平和风险类型的书面说明，包括定性说明、定量措施以及阐明难以量化的风险。 （2）有效的风险偏好声明应该满足以下原则。 ①银行在制定战略和业务规划时所使用的关键背景信息和假设。 ②与银行长短期战略规划、资本规划、财务规划、薪酬机制相关联。 ③考虑客户的利益和对股东的受托义务、资本及其他监管要求，在完成战略目标和业务计划时，确定银行愿意接受的风险总量。 ④基于总体风险偏好、风险能力、风险轮廓，应为每类实质性风险和总体风险确定能够接受的最高风险水平。 ⑤定量指标。定量指标能够分解成业务条线和法律实体的风险限额。 ⑥定性地陈述。 ⑦具有前瞻性。 【提示】在《银行业金融机构全面风险管理指引》中，商业银行应根据业务规模、复杂程度、风险状况的变化，对风险偏好进行调整，制定风险管理政策。^{解读3}

解读3 常考点：风险偏好声明。

（三）风险偏好制定过程中需考虑的因素

（1）风险偏好与利益相关人的期望。

（2）银行需考虑该行愿意承担的风险以及承担风险的能力。

（3）监管要求。

（4）充分考虑压力测试。

典型真题

【判断题】根据《银行业金融机构全面风险管理指引》，商业银行可以在超出本行规模、复杂性和风险状况之外，对本行的风险识别、计量、缓释和监控等环节制定风险管理政策，以起到引领全行风险管理的作用。（　　）

A．正确　　　　　　　　　　B．错误

【答案】B【解析】在《银行业金融机构全面风险管理指引》中，商业银行应根据业务规模、复杂程度、风险状况的变化，对风险偏好进行调整，制定风险管理政策，题干表述错误。

三、风险限额管理 （掌握）

（一）限额管理原则

（1）限额种类要覆盖风险偏好范围内的各类风险。

（2）限额指标通常包括盈利、资本、流动性或其他相关指标。

（3）强调集中度风险，包括全集团、业务条线或相关法人实体层面的重大风险集中度。

（4）参考最佳市场实践，但不以同业标准或监管要求作为限额标准等。

（二）风险限额的种类和限额设定

项目	内容
限额种类	（1）按约束的风险类型划分，限额主要包括信用风险限额、市场风险限额、操作风险限额、流动性风险限额和国别风险限额。解读4 （2）按国际银行经验划分，限额主要包括集中度限额、VaR限额和止损限额。 ①集中度限额是直接设定于单个敞口的规模上限，其目的是保证投资组合的多样性，避免风险过度集中于某类敞口。 ②VaR限额是对业务敞口的风险价值进行额度限制，这是一种比较科学的限额设定方式，广泛应用于信贷业务、资金业务、国际业务等领域，并且在使用中具有较高的灵活性。 ③止损限额以实际损失而非可能损失为监测对象，它是集中度限额和VaR限额的重要补充，主要用于控制市场风险，多采取"盯市"方式。
限额设定	（1）在风险指标的选取上，很多是采用比率指标，但也有部分限额采用绝对额指标，如国别风险敞口限额、行业信贷敞口限额等。 （2）除了单个风险的分量限额外，一些银行在经营管理中还采用资本作为风险总量的限额进行控制，有的银行使用经济资本，有的银行使用监管资本。 ①经济资本解读5。经济资本是在给定置信水平下，银行用来抵御非预期损失的资本量，也称风险资本，它是一种虚拟的、与银行风险的非预期损失额相等的资本。 ②监管资本。监管资本是按监管当局的要求计算的资本，商业银行应满足监管的最低要求。

（三）限额管理

风险限额作为传导风险偏好的重要工具，在限额制定、实施、监控、预警、调整和超限额处理方面，必须有严格的制度保证。风险限额管理包括风险限额设定、风险限额监测和超限额处理三个环节。

限额管理环节	内容
风险限额设定	（1）限额设定是整个限额管理流程的基础。 （2）限额设定一般分如下四个阶段。 ①全面风险计量。 ②利用会计信息系统，对各业务敞口的收益和成本进行量化分析。 ③运用资产组合分析模型，对各业务敞口确定经济资本的增量和存量。 ④综合考虑政策要求和风险偏好，确定各业务敞口风险限额。
风险限额监测	限额监测是为了检查银行的经营活动是否存在突破限额的现象，是风险监测的一部分，由风险管理部门负责，定期发布监测报告。
超限额处理	由风险管理部门对超限额进行处理。

典型真题

【判断题】商业银行的信用风险经济资本主要用来抵御预期损失，预期损失越高，所需配置的经济资本越多。（　　）

A．正确　　　　　　　　　　　B．错误

【答案】B 【解析】商业银行的经济资本是在给定置信水平下用来抵御非预期损失的资本量，也称风险资本，它是一种虚拟的、与银行风险的非预期损失额相等的资本。

第三节　风险管理政策和流程

一、风险管理政策（熟悉）

真考解读 考查相对较少，考生熟悉即可。

项目	内容
含义	风险管理政策是一系列的风险管理制度规定，目的是确保银行的风险识别、计量、缓释和监控能力与银行的规模、复杂性及风险状况相匹配。
内容	在《银行业金融机构全面风险管理指引》中，明确规定风险管理政策应包括：全面风险管理的方法；风险定性管理和定量管理的方法；风险管理报告；压力测试安排；新产品、重大业务和机构变更的风险评估；资本和流动性充足情况评估；应急计划和恢复计划。

二、风险管理流程（重点掌握）

（一）风险识别/分析

项目	内容
含义	风险识别[解读1]是指对影响各类目标实现的潜在事项或因素予以全面识别，进行系统分类并查找出风险原因的过程。
目的	帮助银行了解自身面临的风险及风险的严重程度，为下一步的风险计量和防控打好基础。
两个环节	感知风险和分析风险。
一个关键点	关键在于对风险影响因素进行分析，不仅要分析容易通过信息系统捕捉的因素，还要分析难以捕捉或准确量化的国内生产总值、失业率等指标。 【提示】风险因素考虑越充分，风险管理的复杂程度和难度越大。

（二）风险计量/评估

项目	内容
含义	风险计量是在风险识别的基础上，对风险发生的可能性、风险将导致的后果及严重程度进行充分分析和评估，从而确定风险水平的过程。
计量方式	（1）定性；（2）定量；（3）定性与定量结合。
计量模型	（1）优点：提高了风险计量的科学性和准确性。[解读2] （2）局限性：对于我国的大多数商业银行而言，历史数据积累不足、数据真实性难以评估是目前模型开发遇到的最大难题。[解读3]
风险加总	（1）风险加总是指对组合层面、银行整体层面承担的风险水平进行评估。 （2）银行的组织架构和业务类型越复杂，风险加总的难度越大。 （3）风险加总的关键在于对相关性的考量，不同类型的风险之间、风险参数之间、不同机构之间都存在着相关性，对相关性假设的合理性成为风险加总可信度的关键。

真考解读 属于必考点，一般会考2道题。

解读1 风险识别必须采用科学的方法，避免简单化与主观臆断。

解读2 除了采用计量模型的方法，还可以采用敏感性分析、压力测试、情景分析等方法作为补充。

解读3 必考点：计量模型的局限性。

【单选题】 对于我国多数商业银行而言，开发风险计量模型遇到的最大难题是( )。

A. 计量模型运用数理知识较多，难以掌握

B. 计算机系统无法支持复杂的模型运算

C. 计量模型假设条件太多，与实践不符

D. 历史数据积累不足，数据真实性难以保障

【答案】 D **【解析】** 对于我国的大多数商业银行而言，历史数据积累不足、数据真实性难以评估是目前模型开发遇到的最大难题。

(三) 风险监测/报告^{解读4}

解读4 风险监测和报告过程看似简单，但实际上，满足不同风险层级和不同职能部门对于风险状况的多样化需求是一项极为艰巨的任务。

项目	内容
风险监测	(1) 含义：风险监测是一个动态、连续的过程，不但需要跟踪已识别风险的发展变化情况、风险产生的条件和导致的结果变化，而且还应当根据风险的变化情况及时调整风险应对计划，并对已发生的风险及其产生的遗留风险和新增风险进行及时识别、分析。 (2) 监测内容：监测各种风险水平的变化和发展趋势，在风险进一步恶化之前提交相关部门，以便其密切关注并采取恰当的控制措施，确保风险在银行设定的目标范围之内。
风险报告	(1) 含义：风险报告是将风险信息传递到内外部部门和机构，使其了解商业银行客体风险和商业银行风险管理状况的工具。 (2) 报告内容：报告商业银行所有风险的定性/定量评估结果，并随时关注所采取的风险管理/控制措施的实施质量/效果。 (3) 风险报告应满足的要求：准确性；综合性；清晰度和可用性；频率；分发。 (4) 风险报告要满足多样化的需求：①高级管理层需要的是高度概括的整体风险报告；②前台交易人员需要的是非常具体的头寸报告；③风险管理委员会需要的是最佳避险报告。

(四) 风险控制/缓释^{解读5}

解读5 必考点：一般会针对风险管理四个具体流程进行考查。

项目	内容
含义	风险控制/缓释是商业银行对已经识别和计量的风险，采取分散、对冲、转移、规避和补偿等策略以及合格的风险缓释工具进行有效管理和控制风险的过程。

续 表

项目	内容
要求	（1）风险控制/缓释策略应与商业银行的整体战略目标一致。 （2）所采取的具体控制措施与缓释工具符合成本/收益要求。 （3）能够发现风险管理中存在的问题，并重新完善风险管理程序。
分类	（1）事前控制。事前控制是指银行在介入某项业务活动之前制订一定的标准或方案，避免银行介入风险超过自身承受能力的业务领域或提前采取一定的风险补偿措施。常用的事前控制方法有限额管理、风险定价和制订应急预案等。 （2）事后控制。事后控制是银行在对风险持续监控的基础上，根据所承担的风险水平和风险变化趋势，采取一系列风险转移或缓释工具来降低风险水平。常用的事后控制方法有风险缓释或风险转移、风险资本的重新分配和提高风险资本水平。

第四节 风险数据与 IT 系统

视频讲解 微信扫描

一、风险数据（熟悉）

（一）《银行业金融机构数据治理指引》要求

真考解读 考查相对较少，考生熟悉即可。

项目	内容
数据治理架构方面	要求银行业金融机构应当建立组织架构健全、职责边界清晰的数据治理架构，明确董事会、监事会、高级管理层和相关部门的职责分工，建立多层次、相互衔接的运行机制。
数据管理方面	要求银行应当制定全面科学有效的数据管理制度，包括但不限于组织管理、部门职责、协调机制、安全管控、系统保障、监督检查和数据质量控制等方面。
数据质量控制方面	要求银行业金融机构应当确立数据质量管理目标，建立控制机制，确保数据的真实性、准确性、连续性、完整性和及时性。
数据应用方面	要求银行业金融机构应当在风险管理、业务经营与内部控制中加强数据应用，实现数据驱动，提高管理精细化程度，发挥数据价值。

（二）巴塞尔委员会有效风险数据加总要求

（1）2013 年 1 月，巴塞尔委员会发布的《有效风险数据加总和风险报告原则》中，"风险数据加总"是指按照银行的风险报告要求，定义、收集和处理风险数据，使银行能够衡量其风险容忍度/偏好下的业绩表现。

（2）《有效风险数据加总和风险报告原则》共包括 14 个原则，主要包括数据治理和 IT 基础设施，风险数据的准确性、完整性、及时性和灵活性、风险报告以及对监管部门的要求。

（三）《通用数据模板》

项目	内容
含义	2011 年，金融稳定理事会公布了《通用数据模板》，要求银行按周、按月、按季、按年等不同频率，提供金融机构之间（I-I）或金融机构对整个市场（I-A）的信用暴露和融资数据。
目的	《通用数据模板》的数据主要是解决下列风险识别和应对中出现的问题。 （1）集中度风险。主要是对结构性产品风险暴露产生的风险。 （2）市场风险。主要是指随着大银行采取相同的降低结构性产品风险暴露的措施，市场的流动性迅速蒸发，产品价格急速下跌，导致持有结构性产品的金融机构无法估计产品的价值。 （3）融资风险。主要指金融机构币种和期限错配带来的风险。 （4）传染/溢出风险。主要是由于金融机构风险暴露于相同的市场、产品以及相同交易对手，风险发生时两种途径产生的传染和溢出效应。

二、风险 IT 系统（掌握）

真考解读 属于常考点，一般会考 1 道题。

项目	内容
必要性	商业银行海量的风险数据必须依赖 IT 系统的支持进行控制。
特点	（1）多项交互式；（2）智能化。
数据来源	IT 系统需要收集的风险信息/数据通常来源于以下两个方面。 （1）内部数据，是从各个业务系统中抽取的、与风险管理相关的数据信息。 （2）外部数据，是通过专业数据供应商所获得的数据，或者从税务、海关、公共服务提供部门、征信系统等记录客户经营和消费活动的机构获得的数据。
要求	风险管理信息系统作为商业银行的重要"无形资产"，必须设置严格的安全保障，确保系统能够长期、不间断运行。风险管理信息系统应当符合以下要求。

解读 风险 IT 系统数据来源的分类是常考点，考生应熟悉内外部数据的具体内容。

续　表

项目	内容
要求	（1）针对风险管理组织体系、部门职能和岗位职责，设置不同的登录级别。 （2）为每个系统用户设置独特的识别标志，并定期更换登录密码或磁卡。 （3）对每次系统登录或使用提供详细记录，以便为意外事件提供证据。 （4）设置严格的网络安全/加密系统，防止外部非法入侵。 （5）随时进行数据信息备份和存档，定期进行检测并形成文件记录。 （6）设置灾难恢复以及应急操作程序。 （7）建立错误承受程序，以便发生技术困难时，仍然可以在一定时间内保持系统的完整性。

典型真题

【多选题】商业银行的风险管理信息系统需要从内外部多个来源获取数据和信息。下列可能成为银行风险管理信息系统数据来源的有(　　　)。

A．本行信贷管理系统数据　　　　B．本行资金业务系统数据

C．国际权威资讯组织数据　　　　D．中国人民银行征信系统

E．从互联网获取的授权不明数据

【答案】ABCD 【解析】选项E从互联网获取的授权不明数据不得作为银行风险管理信息系统数据来源。故选项A、选项B、选项C、选项D符合题意。

第五节　内部控制与内部审计

一、内部控制（掌握）

真考解读 属于常考点，一般会考1道题。

（一）含义与作用

项目	内容
含义	COSO委员会（全美反舞弊性财务报告委员会发起组织）对内部控制的定义：内部控制是由董事会、管理层和其他员工实施的，旨在为经营的有效性和效率、财务报告的可靠性、法律法规的遵循性等目标的实现提供合理保证的过程。

续　表

项目	内容
作用	(1) 内部控制是风险管理体系中的有机组成部分，通过制定和实施系统化的制度、程序和方法，实现风险控制目标的动态过程。 (2) 内部控制侧重于银行内部各层级、各部门和人员之间，合理构建相互联系和相互制约关系，达到控制风险的目的。 (3) 内部控制是银行有效实施其风险政策和程序的重要手段。
内部控制框架的核心要素	(1) 确定岗位职责、明确授权、决策制度和程序。 (2) 具备适当的制衡机制（或"四眼原则"），确保关键职能分离（如业务发起、支付、对账、风险管理、会计、审计和合规等）、交叉核对、双人控制资产、双人签字。 (3) 银行的后台、控制部门、运营管理部门和业务发起部门之间，在专业能力和资源方面保持适当平衡，并有充分的专业能力和内部授权，从而对业务发起部门形成有效制衡。

（二）内部控制的五大要素^{解读1}

解读 1 内部控制五大要素可能会考查，考生应熟悉内容。

项目	内容
内部环境	(1) 内部环境处于内部控制五大要素之首。 (2) 内部环境一般包括治理架构、机构设置及权责分配、内部审计、人力资源政策和企业文化等。
风险评估	(1) 辨认风险、经营风险是商业银行经营的基本特征。风险评估是辨认和分析与目标实现有关的风险的过程，为控制风险提供基础。 (2) 风险评估一般包括设置目标、风险识别、风险分析和风险应对。
控制活动	(1) 商业银行应当结合风险评估结果，通过手工控制与自动控制、预防性控制与发现性控制相结合的方法，运用相应的控制措施，将风险控制在可承受范围之内。 (2) 控制措施一般包括不相容职务分离控制、授权审批控制、会计系统控制、财产保护控制、预算控制、运营分析控制和绩效考评控制等。^{解读2}
内部监督	(1) 内部监督是商业银行对内部控制建立与实施情况进行监督检查，评价内部控制的有效性，发现内部控制缺陷的活动。 (2) 内部监督一般包括监督活动、缺陷认定和责任追究。
信息与沟通	(1) 信息与沟通是组织稳定的基础，对组织的发展具有重要作用。 (2) 信息与沟通一般包括信息收集、信息传递、信息共享和反舞弊机制。

解读 2 内部控制措施的内容是常考点，考生应掌握。

【单选题】商业银行内部控制措施不包括(　　)。

A. 授权审批控制　　　　　　B. 不相容职务分离控制

C. 会计系统控制　　　　　　D. 人员控制

【答案】D【解析】商业银行内部控制措施包括不相容职务分离控制、授权审批控制、会计系统控制、财产保护控制、预算控制、运营分析控制和绩效考评控制等。

二、内部审计（熟悉）

真考解读考查相对较少，考生熟悉即可。

（一）内部审计的含义

内部审计是一种独立、客观的确认和咨询活动，旨在增加价值和改善组织的运营。

（1）确认服务是指对组织的风险管理、控制和治理过程提供独立的评估和客观检查证据的活动。

（2）咨询服务是一种顾问及其相关的客户服务。

（二）内部审计的基本属性

项目	内容
独立性	（1）含义：独立性^{解读3}是指内部审计活动独立于其所审查的活动之外。 （2）独立性分为内部审计部门的独立性和内部审计人员的独立性。 ①内部审计部门的独立性是指在一个特定的组织中，审计部门享有经费、人事、内部管理和业务开展等方面的相对独立性，不受管理层和其他方面的干扰，独自开展内部审计活动。 ②内部审计人员的独立性是指审计人员在执行审计活动中不受任何来自外界的干扰，独立自主地开展审计工作。
客观性	（1）含义：客观性是指一种公正的、不偏不倚的态度，也是审计人员在进行审计工作时必须保持的一种精神状态。 （2）客观性的要求。 ①要求内部审计人员在执行审计工作时，对工作成果抱有诚实的信条，不与任何方面达成重大的质量妥协，不得将内部审计置于他们感觉无法做出客观的专业判断的处境中。 ②要求内部审计人员不能把对其他事物的判断凌驾于对审计事物的判断之上。

解读3独立性和客观性是审计服务内在价值的根本，独立性被看作审计职能的一种属性，而客观性则是内部审计师的属性。

典型真题

【单选题】下列关于商业银行内部审计独立性的表述，错误的是(　　)。

A. 审计人员在审计活动中不受任何来自外界的干扰，独立自主地开展审计工作

B. 独立性是指内部审计活动独立于他们所审查的活动之外

C. 独立性要求内部审计人员不能把对其他事物的判断凌驾于对审计事物的判断之上

D. 内部审计部门在一个特定组织中，享有经费、人事、内部管理、业务开展等方面的相对独立性

【答案】C【解析】选项C是客观性。故选C。

（三）内部审计在风险管理中的作用

（1）帮助组织识别、评价重要的风险暴露，促进风险管理和控制系统的改进。

（2）监控和评价组织风险管理系统的效果。

（3）评价与组织的治理、运营和信息系统有关的风险暴露。

（4）把在咨询业务中对风险的了解结合到发现和评价组织的重大风险暴露的过程中。

章节练习

一、**单选题**（以下各小题所给出的四个选项中，只有一项符合题目要求，请选择相应选项，不选、错选均不得分）

1. 董事会和高级管理层对战略风险管理的结果负有(　　)。

  A. 间接责任　　　　　　　　　　B. 最终责任

  C. 连带责任　　　　　　　　　　D. 保证责任

2. 关于风险管理的"三道防线"说法错误的是(　　)。

  A. 第一道防线——业务条线部门

  B. 第二道防线——风险管理部门和合规部门

  C. 第三道防线——内部审计

  D. 第二道防线——银保监会

3. (　　)是按监管当局的要求计算的资本，商业银行应满足监管的最低要求。

  A. 监管资本　　　　　　　　　　B. 经济资本

  C. 会计资本　　　　　　　　　　D. 账面资本

4. 商业银行的内部控制体系的要素不包括(　　)。

  A. 控制活动　　　　　　　　　　B. 风险计量

  C. 内部监督　　　　　　　　　　D. 信息与沟通

5. 巴塞尔委员会《有效银行核心监管原则（2012）》指出，（　　）是风险管理体系的有机组成部分。

    A. 内部控制　　　　　B. 合规管理　　　　　C. 有效隔离　　　　　D. 单独管理

二、多选题（以下各小题所给出的五个选项中，有两项或两项以上符合题目的要求，请选择相应选项，多选、少选、错选均不得分）

1. 关于商业银行公司董事会的说法正确的是（　　）。

    A. 董事会承担商业银行风险管理的最终责任

    B. 负责审批风险管理的战略、政策和程序

    C. 对商业银行的决策过程、经营活动进行监督和测评

    D. 制定风险管理的程序和操作规程

    E. 负责拟订具体的风险管理政策和指导原则

2. 商业银行风险控制/缓释策略应当符合的要求有（　　）。

    A. 建立各类风险计量模型

    B. 监测各种可量化的关键风险指标

    C. 风险控制/缓释策略应与商业银行的整体战略目标保持一致

    D. 所采取的具体控制措施与缓释工具符合成本/收益要求

    E. 通过对风险诱因的分析，能够发现风险管理中存在的问题，并重新完善风险管理程序

三、判断题（请对以下各项描述做出判断，正确的为A，错误的为B）

1. 监事会的职责为确保商业银行有效识别、计量、监测和控制各项业务所承担的各种风险，并承担商业银行风险管理的最终责任。（　　）

    A. 正确　　　　　　　　　　　B. 错误

2. 风险监测和报告过程看似简单，但实际上，满足不同风险层级和不同职能部门对于风险状况的多样化需求是一项极为艰巨的任务。（　　）

    A. 正确　　　　　　　　　　　B. 错误

3. 外部数据是从各个业务信息系统中抽取的，通过专业数据供应商所获得的数据。（　　）

    A. 正确　　　　　　　　　　　B. 错误

答案详解

一、单选题

1. B【解析】董事会和高级管理层对战略风险管理的结果负有最终责任。

2. D【解析】业务条线部门是第一道风险防线，它是风险的承担者。风险管理部门和合规部门是第二道风险防线。内部审计是第三道风险防线。

3. A【解析】监管资本是按监管当局的要求计算的资本，商业银行应满足监管的最低要求。

4. B【解析】企业应当建立起包括内部环境、风险评估、控制活动、内部监督、信息与沟通五个要素的内部控制体系。

5. A【解析】巴塞尔委员会《有效银行核心监管原则（2012）》指出，内部控制是风险管理体

系的有机组成部分，是银行董事会、高级管理层和全体员工共同参与的，通过制定和实施系统化的制度、程序和方法，实现风险控制目标的动态过程和机制。

二、多选题

1．AB【解析】董事会承担商业银行风险管理的最终责任，负责审批风险管理的战略、政策和程序；选项 C 应为对商业银行的决策过程、经营活动进行监督和测评的是监事会；选项 D 应为高级管理层的职责是负责执行风险管理政策，制定风险管理的程序和操作规程，及时了解风险水平及其管理水平。选项 E，董事会通常指派专门委员会拟订具体的风险管理政策和指导原则。

2．CDE【解析】风险控制与缓释流程应当符合以下要求：①风险控制/缓释策略应与商业银行的整体战略目标保持一致；②所采取的具体控制措施与缓释工具符合成本/收益要求；③能够发现风险管理中存在的问题，并重新完善风险管理程序。

三、判断题

1．B【解析】监事会对股东大会负责，从事商业银行内部尽职监督、财务监督、内部控制监督等监察工作。

2．A【解析】风险监测和报告过程看似简单，但实际上，满足不同风险层级和不同职能部门对于风险状况的多样化需求是一项极为艰巨的任务。

3．B【解析】商业银行数据中的内部数据是从各个业务信息系统中抽取的；外部数据是通过专业数据供应商所获得的。

第三章 资本管理

🔍 应试分析

　　本章主要介绍商业银行资本管理相关知识，包括资本定义及功能、资本分类和构成、资本充足率以及杠杆率四个方面的内容。本章在考试中涉及的分值约为 7 分，属于重点章节。考生应多加关注。常考点有资本的定义、资本的功能、资本管理和风险管理的关系、资本扣除项、储备资本要求和逆周期资本要求、杠杆率要求的提出以及杠杆率指标的计算等相关知识。本章内容在考试中多为直接考查，难度不大，多以记忆为主。考生可以参考每个知识点的应试分析有侧重点地进行学习。

🏠 思维导图

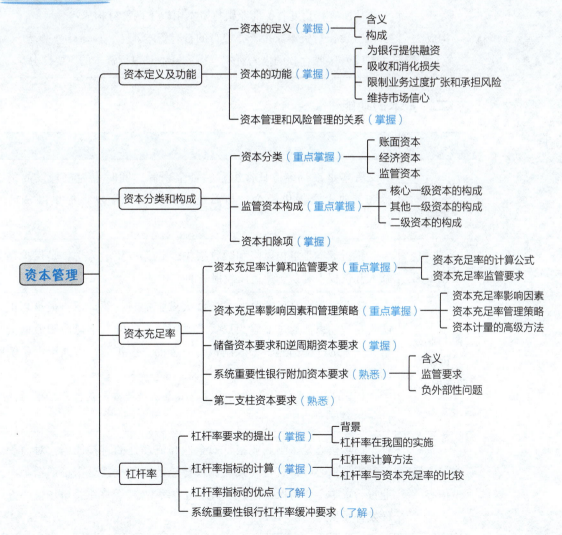

📖 知识精讲

第一节 资本定义及功能

一、资本的定义（掌握）

真考解读 考试大纲要求掌握，实际考查相对较少。

项目	内容
含义	资本是指银行从事经营活动必须注入的资金，可以用来吸收银行的经营亏损，缓冲意外损失，保护银行的正常经营，为银行的注册、组织营业以及存款进入前的经营提供启动资金等。
构成	从所有权角度看，商业银行资本由以下两部分构成： （1）银行资本家投资办银行的自有资本。 （2）吸收存款的借入资本。借入资本是银行资本的主要部分。

二、资本的功能（掌握）

真考解读 属于常考点，一般会考1道题。

解读 吸收损失被称为银行资本的核心功能。

功能	内容
为银行提供融资	资本是银行维持日常运营的资金来源，同时也为银行发放贷款和其他投资提供资金，与商业银行负债一样发挥提供融资的作用。
吸收和消化损失	银行资本是承担风险和吸收损失^{解读}的第一资金来源，是保护存款人和债权人利益，免遭风险损失的"缓冲器"。
限制业务过度扩张和承担风险	商业银行在高风险高收益、做大做强的目标驱动下，很难真正实现自我约束。通过监管当局要求银行持有的资本不得低于最低资本充足率的外部措施，来限制银行业务的过度扩张，增强银行系统的稳定性。 【提示】商业银行以负债经营为特色，其资本所占比重较低，因此承担着巨大的风险。
维持市场信心	市场信心是影响商业银行安全性和流动性的直接原因，对商业银行丧失信心，将直接导致商业银行流动性危机甚至市场崩溃。商业银行资本金作为保护存款人利益的"缓冲器"，在维持市场信心方面发挥重要作用。

典型真题

【多选题】 对于商业银行而言，资本发挥的作用比一般企业更为重要，主要体现在（　　）。

A. 吸收和消化损失

B. 为银行提供融资

C. 增强对公众的透明度

D. 限制业务过度扩张和承担风险

E. 维持市场信心

【答案】 ABDE **【解析】** 相对而言，商业银行资本发挥的作用比一般企业更为重要，主要体现在以下几个方面：①为银行提供融资；②吸收和消化损失；③限制业务过度扩张和承担风险，增强银行系统的稳定性；④维持市场信心。

三、资本管理和风险管理的关系（掌握）

（1）1988年发布的《巴塞尔协议Ⅰ》，强调了资本在保护债权人免遭损失时的"缓冲器"作用，即资本可以用于吸收银行的非预期损失，使得银行资本与风险建立了直接而明确的联系。

（2）资本是风险的最终承担者，也是风险管理最根本的动力来源。

（3）20世纪90年代以来，资本管理逐渐确立了在现代商业银行风险管理中的核心地位。

（4）建立以资本约束为核心的风险管理体系，充分认识资本管理和风险管理的内在联系，最终实现二者的有机融合。

第二节　资本分类和构成

视频讲解　微信扫描

一、资本分类（重点掌握）

分类	内容
账面资本	（1）含义：账面资本[解读1]是银行持股人的永久性资本投入，即资产负债表上的所有者权益。 （2）主要包括普通股股本/实收资本、资本公积、盈余公积、未分配利润、投资重估储备、一般风险准备等，即资产负债表上银行总资产减去总负债后的剩余部分。 （3）账面资本反映了银行实际拥有的资本水平，是银行资本金的静态反映。

真考解读 考试大纲要求掌握，实际考查相对较少。

真考解读 属于必考点，一般会考2道题。

解读1 账面资本属于会计学概念，又称会计资本。

分类	内容
经济资本	（1）含义：经济资本又称风险资本，是指在一定的置信度和期限下，为了覆盖和抵御银行超出预期的经济损失（非预期损失）所需要持有的资本数额，科学的经济资本配置有助于优化业务和资产结构。解读2 （2）经济资本是银行抵补风险所要求拥有的资本，并不必然等同于银行所持有的账面资本，可能大于账面资本，也可能小于账面资本。解读3 （3）经济资本本质上是一个风险概念，通过经济资本的计量，可以将银行不同的风险进行定量评估并转化为统一的衡量尺度，以便于银行分析风险、考核收益、配置资本和经营决策。
监管资本	（1）含义：监管资本是监管当局规定的银行必须持有的与其业务总体风险水平相匹配的资本，一般是指商业银行自身拥有的或者能长期支配使用的资金。 （2）监管资本主要用于反映银行风险和合规情况，以监管资本为基础计算的资本充足率，是监管部门限制银行过度承担风险、保证金融市场稳定运行的重要工具。解读4 （3）除资本充足率外，监管资本还多用来计算信用风险集中度、市场风险高低等指标。

解读2必考点：经济资本的含义。

解读3银行要稳健、审慎经营，持有的账面资本应该大于经济资本。

解读4必考点：监管资本的用途。

典型真题

【单选题】下列关于商业银行经济资本的描述，最恰当的是(　　)。

A．科学的经济资本配置有助于优化业务和资产结构

B．越多的经济资本配置越有助于实现股东收益率最大化

C．合理的经济资本的数量应当高于监管资本的要求

D．经济资本主要用于应对风险资产可能遭受的灾难性损失

【答案】A【解析】经济资本又称风险资本，是指在一定的置信度和期限下，为了覆盖和抵御银行超出预期的经济损失所需要持有的资本数额，科学的经济资本配置有助于优化业务和资产结构。故选A。

【判断题】以经济资本为基础计算的资本充足率，是监管当局限制银行过度承担风险，保证金融市场稳定运行的重要工具。(　　)

A．正确　　　　　　　　　　　　B．错误

【答案】B【解析】以监管资本为基础计算的资本充足率，是监管当局限制银行过度承担风险，保证金融市场稳定运行的重要工具。

二、监管资本构成（重点掌握）

（一）核心一级资本的构成

项目	内容
含义	核心一级资本指在银行持续经营条件下无条件用来吸收损失的资本工具，具有永久性、清偿顺序排在所有其他融资工具之后的特征。
构成	包括实收资本或普通股、资本公积、盈余公积、一般风险准备、未分配利润和少数股东资本可计入部分。^{解读5}
合格标准	（1）直接发行且实缴的。 （2）按照相关会计准则，实缴资本的数额被列为权益，并在资产负债表上单独列示和披露。 （3）发行银行或其关联机构不得提供抵押或保证，也不得通过其他安排使其在法律或经济上享有优先受偿权。 （4）没有到期日，且发行时不应造成该工具将被回购、赎回或取消的预期，法律和合同条款也不应包含产生此种预期的规定。 （5）在进入破产清算程序时，受偿顺序排在最后。所有其他债权偿付后，对剩余资产按所发行股本比例清偿。^{解读6} （6）该部分资本应首先并按比例承担绝大多数损失，在持续经营条件下，所有最高质量的资本工具都应按同一顺序等比例吸收损失。 （7）收益分配应当来自可分配项目。分配比例完全由银行自由裁量，不以任何形式与发行的数额挂钩，也不应设置上限，但不得超过可分配项目的数额。 （8）在任何情况下，收益分配都不是义务，且不分配不得被视为违约。 （9）不享有任何优先收益分配权，所有最高质量的资本工具的分配权都是平等的。 （10）发行银行不得直接或间接为购买该工具提供融资。 （11）发行必须得到发行银行的股东大会，或经股东大会授权的董事会或其他人员批准。

真考解读 属于必考点，一般会考3道题。

解读5 必考点：核心一级资本的构成。

解读6 必考点：核心一级资本的合格标准，考生应掌握。

典型真题

【单选题】核心一级资本工具的合格标准之一：商业银行进入破产清算程序时，核心一级资本的受偿顺序应该排在（　　）。

A. 普通股股东之前，一般债权人之后

B. 存款人之后，一般债权人之前

C. 优先股股东之前，一般债权人之后

D. 所有受偿人的最后

【答案】D【解析】在进入破产清算程序时，受偿顺序排在最后。所有其他债权偿付后，对剩余资产按所发行股本比例清偿。

【多选题】我国商业银行核心一级资本数量近年来一直处于上升态势，下列属于核心一级资本范畴的有（　　）。

A. 优先股及其溢价　　　　　　　B. 实收资本或普通股

C. 资本公积　　　　　　　　　　D. 一般风险准备

E. 未分配利润

【答案】BCDE【解析】核心一级资本包括实收资本或普通股、资本公积、盈余公积、一般风险准备、未分配利润、少数股东资本可计入部分。

（二）其他一级资本的构成

项目	内容
含义	其他一级资本指非累积性的、永久性的、不带有利率跳升及其他赎回条款，本金和收益都应在银行持续经营条件下参与吸收损失的资本工具。
构成	包括其他一级资本工具及其溢价（如优先股及其溢价）、少数股东资本可计入部分。
合格标准	（1）发行且实缴的。 （2）按照相关会计准则，若该工具被列为负债，必须具有本金吸收损失的能力。 （3）受偿顺序排在存款人、一般债权人和次级债务之后。 （4）发行银行或其关联机构不得提供抵押或保证，也不得通过其他安排使其相对于发行银行的债权人在法律或经济上享有优先受偿权。 （5）没有到期日，并且不得含有利率跳升机制及其他赎回激励。 （6）自发行之日起，至少5年后方可由发行银行赎回，但发行银行不得形成赎回权将被行使的预期，且行使赎回权应得到国务院银行业监督管理机构的事先批准。

续 表

项目	内容
合格标准	（7）发行银行赎回其他一级资本工具，应符合以下要求：使用同等或更高质量的资本工具替换被赎回的工具，并且只有在收入能力具备可持续性的条件下才能实施资本工具的替换；或者行使赎回权后的资本水平仍明显高于国务院银行业监督管理机构规定的监管资本要求。 （8）本金的偿付必须得到国务院银行业监督管理机构的事先批准，并且发行银行不得假设或形成本金偿付将得到国务院银行业监督管理机构批准的市场预期。 （9）任何情况下发行银行都有权取消资本工具的分红或派息，且不构成违约事件。发行银行可以自由支配取消的收益用于偿付其他到期债务。取消分红或派息除构成对普通股的收益分配限制以外，不得构成对发行银行的其他限制。解读7 （10）必须含有减记或转股的条款，当触发事件发生时，该资本工具能立即减记或者转为普通股。 （11）分红或派息必须来自可分配项目，且分红或派息不得与发行银行自身的评级挂钩，也不得随着评级变化而调整。 （12）不得包含妨碍发行银行补充资本的条款。 （13）发行银行及受其控制或有重要影响的关联方不得购买该工具，且发行银行不得直接或间接为购买该资本工具提供融资。 （14）某项资本工具不是由经营实体或控股公司发行的，发行所筹集的资金必须无条件立即转移给经营实体或控股公司，且转移的方式必须至少满足前述其他一级资本工具的合格标准。

解读7 必考点：其他一级资本的合格标准，考生应掌握。

典型真题

【判断题】其他一级资本工具的发行机构无权取消资本工具的分红或者派息，如果取消，将构成违约事件。（　　）

A．正确　　　　　　　　　B．错误

【答案】B【解析】任何情况下发行银行都有权取消资本工具的分红或派息，且不构成违约事件。

（三）二级资本的构成

项目	内容
含义	二级资本指在破产清算条件下可以用于吸收损失的资本工具，二级资本的受偿顺序列在普通股之前、在一般债权人之后，不带赎回机制，不允许设定利率跳升条款，收益不具有信用敏感性特征，必须含有减记或转股条款。
构成	包括二级资本工具及其溢价、超额贷款损失准备可计入部分、少数股东资本可计入部分。
合格标准	（1）发行且实缴的。 （2）受偿顺序排在存款人和一般债权人之后。 （3）不得由发行银行或其关联机构提供抵押或保证，也不得通过其他安排使其相对于发行银行的存款人和一般债权人在法律或经济上享有优先受偿权。 （4）原始期限不低于5年，并且不得含有利率跳升机制及其他赎回激励。 （5）自发行之日起，至少5年后方可由发行银行赎回，但发行银行不得形成赎回权将被行使的预期，且行使赎回权必须得到国务院银行业监督管理机构的事先批准。 （6）商业银行的二级资本工具，应符合以下要求：使用同等或更高质量的资本工具替换被赎回的工具，并且只有在收入能力具备可持续性的条件下才能实施资本工具的替换；或者，行使赎回权后的资本水平仍明显高于国务院银行业监督管理机构规定的监管资本要求。 （7）必须含有减记或转股的条款，当触发事件发生时，该工具能立即减记或者转为普通股。触发事件是指以下两者中的较早者：①国务院银行业监督管理机构认定若不进行减记该银行将无法生存；②国务院银行业监督管理机构认定若不进行公共部门注资或提供同等效力的支持该银行将无法生存。 （8）除非商业银行进入破产清算程序，否则投资者无权要求加快偿付未来到期债务（本金或利息）。 （9）分红或派息必须来自可分配项目，且分红或派息不得与发行银行自身的评级挂钩，也不得随着评级变化而调整。 （10）发行银行及受其控制或有重要影响的关联方不得购买该工具，且发行银行不得直接或间接为购买该工具提供融资。 （11）某项资本工具不是由经营实体或控股公司发行的，发行所筹集的资金必须无条件立即转移给经营实体或控股公司，且转移的方式必须至少满足前述二级资本工具的合格标准。

三、资本扣除项（掌握）

真考解读 属于常考点，一般会考 1 道题。

商业银行在计算资本充足率时，应从核心一级资本中全额扣除以下项目。

（1）商誉。反映适用《商业银行资本管理办法（试行）》的金融机构在企业合并中形成的商誉价值扣除其中已摊销部分、已提准备，以及与其相关的递延税负债后的净额。

（2）其他无形资产（土地使用权除外）。反映适用《商业银行资本管理办法（试行）》的金融机构除土地使用权之外的无形资产扣除已摊销部分、已提准备，以及与其相关的递延税负债后的净额。

（3）由经营亏损引起的净递延税资产。反映依赖未来盈利的由经营亏损引起的递延税资产扣减对应的递延税负债后的净额。

（4）贷款损失准备缺口。商业银行采用权重法计量信用风险加权资产的，贷款损失准备缺口是指商业银行实际计提的贷款损失准备低于贷款损失准备最低要求的部分。商业银行采用内部评级法计量信用风险加权资产的，贷款损失准备缺口是指商业银行实际计提的贷款损失准备低于预期损失的部分。解读8

解读8 贷款损失准备缺口是常考点。

（5）资产证券化销售利得。

（6）确定受益类的养老金资产净额。

（7）直接或间接持有本银行的股票。

（8）对资产负债表中未按公允价值计量的项目进行套期形成的现金流储备，若为正值，应予以扣除；若为负值，应予以加回。

（9）商业银行自身信用风险变化导致其负债公允价值变化带来的未实现损益。

典型真题

【单选题】商业银行采用（　　）计量信用风险加权资产的，贷款损失准备缺口是指商业银行实际计提的贷款损失准备低于预期损失的部分。

A. 高级计量法　　　　　　　　B. 权重法

C. 内部模型法　　　　　　　　D. 内部评级法

【答案】D【解析】商业银行采用内部评级法计量信用风险加权资产的，贷款损失准备缺口是指商业银行实际计提的贷款损失准备低于预期损失的部分。故选 D。

第三节　资本充足率

真考解读 属于必考点，一般会考3道题。

一、资本充足率计算和监管要求（重点掌握）

（一）资本充足率的计算公式

项目	内容
含义	资本充足率是指商业银行持有的符合规定的资本（监管资本）与风险加权资产之间的比率。资本充足率是以监管资本为基础计算的，是监管部门限制银行过度承担风险、保证金融市场稳定运行的重要工具。
公式	资本充足率 =（总资本 - 对应资本扣除项）/风险加权资产×100% 一级资本充足率 =（一级资本 - 对应资本扣除项）/风险加权资产×100% 核心一级资本充足率 =（核心一级资本 - 对应资本扣除项）/风险加权资产×100% 【提示】（1）银行在计算资本充足率时，应对总资本进行适当扣除，并保证所有表内资产项目和表外资产项目都包含在资本充足率的计量范围中。 （2）商业银行计算资本充足率时，应从资本中扣除以下项目：商誉应全部从核心资本中扣除；对未并表金融机构资本投资应分别从核心资本和附属资本中各扣除50%；对向非自用不动产投资和企业投资，分别从核心资本和附属资本中各扣除50%。

（二）资本充足率监管要求 解读1

解读1 必考点：资本充足率的四个层次及对应监管要求。

解读2 我国对于核心一级资本充足率的要求为5%，高于《巴塞尔资本协议Ⅲ》中4.5%的规定。

层次	内容	监管要求
第一层次	最低资本要求	核心一级资本充足率、一级资本充足率和资本充足率分别为5%、6%和8%。解读2
第二层次	储备资本要求和逆周期资本要求	储备资本要求为2.5%，逆周期资本要求为0%~2.5%，均由核心一级资本来满足。
第三层次	系统重要性银行附加资本要求	我国国内系统重要性银行附加资本要求为风险加权资产的1%，由核心一级资本满足。如果国内银行被认定为全球系统重要性银行，其适用的附加资本要求不得低于巴塞尔委员会的统一规定。 【提示】我国系统重要性银行和非系统重要性银行的资本充足率分别不得低于11.5%和10.5%。

续 表

层次	内容	监管要求
第四层次	第二支柱资本要求	第二支柱资本要求[解读3]针对的是特殊资产组合的特别资本要求和单家银行的特定资本要求。

解读3 第二支柱资本要求要确保资本充分覆盖所有实质性风险。

典型真题

【单选题】某商业银行风险加权资产为 20000 亿元，在不考虑扣减项因素的情况下，根据我国《商业银行资本管理办法（试行）》，其核心一级资本不得（ ）亿元，一级资本不得（ ）亿元，总资本要求不得（ ）亿元。

A. 高于 900，高于 1600，高于 2100

B. 低于 1000，低于 1200，低于 1600

C. 低于 900，低于 1200，低于 1600

D. 高于 1000，高于 1600，高于 2100

【答案】B 【解析】根据我国 2012 年颁布的《商业银行资本管理办法（试行）》的要求，其中，最低资本要求核心一级资本充足率、一级资本充足率和资本充足率分别为 5%、6% 和 8%，通过计算可知核心一级资本不低于 1000 亿元、一级资本不低于 1200 亿元、总资本不低于 1600 亿元。故选 B。

【单选题】根据监管要求，我国系统重要性银行资本充足率不得低于（ ）。

A. 11.5%　　　B. 10.5%　　　C. 8%　　　D. 11%

【答案】A 【解析】2013 年 1 月 1 日，《商业银行资本管理办法（试行）》正式施行后，我国系统重要性银行和非系统重要性银行的资本充足率分别不得低于 11.5% 和 10.5%。故选 A。

二、资本充足率影响因素和管理策略（重点掌握）

真考解读 属于必考点，一般会考 2 道题。

（一）资本充足率影响因素

影响因素	内容
分子因素	（1）分子因素代表的是资本充足率计算公式中的分子，是指持有资本的数量。 （2）一般情况下，若银行的财务状况优良，盈利能力较强，可以通过利润留存增加资本数量，进而提高该行的资本充足率水平。 （3）银行可以通过资本市场直接发行资本工具补充资本数量，对改善资本充足状况起到立竿见影的效果。
分母因素	（1）分母因素代表的是资本充足率计算公式中的分母，是指面临的实际风险水平（风险加权资产的总量）。 （2）银行的规模、资产的质量和资产结构与银行面临的实际风险水平密切相关。

（二）资本充足率管理策略

管理策略	内容
分子对策	商业银行提高资本充足率的分子对策，即增加资本，包括增加一级资本和二级资本。 　　（1）增加一级资本最常用的方式是发行普通股解读4和提高留存利润。除此之外，银行还可以采取发行优先股补充一级资本，但应符合监管规定的一级资本工具合格标准。 　　（2）增加二级资本主要通过超额贷款损失准备、次级债券、可转换债券等。
分母对策	商业银行提高资本充足率的分母对策，即降低风险加权资产的总量，包括降低规模和调整资产结构。 　　（1）降低规模虽然对提高资本充足率能起到立竿见影的效果，但对一家正常经营的商业银行来说，需要保持适度的规模增长来保持市场份额。 　　（2）调整资产结构是降低总的风险加权资产的主要方法。减少风险权重较高的资产，增加风险权重较低的资产。

解读4 发行普通股成本通常较高，不能经常采用；一般情况下，银行均会规定一定比例的净利润用于补充资本。

（三）资本计量的高级方法解读5

（1）与权重法相比，资本计量的高级方法能更加敏感、准确地反映风险。

（2）对风险管理水平高、资产结构合理的商业银行而言，采用资本计量的高级方法后能够适度降低风险加权资产、节约资本。

因此，有条件的商业银行可以积极建立资本计量高级方法体系，切实提高风险管理水平，在获得监管当局核准的情况下，采用资本计量的高级方法计量资本要求。

解读5 必考点：资本计量方法相对权重法更加适用于结构合理的商业银行。

典 型 真 题

【单选题】商业银行持有的资本是否能够充分覆盖风险，取决于资本充足率计算公式的分子与分母两个部分。下列属于商业银行提高资本充足率"分子对策"的是（　　）。

A．增加资本　　　　　　　　　　B．银行并购和重组

C．增加风险权重低的资产　　　　D．降低总的风险加权资产

【答案】A【解析】商业银行要提高资本充足率，主要有两个途径：一是增加资本；二是降低总的风险加权资产。前者被称为分子对策，后者被称为分母对策。故选A。

【多选题】经过多年的努力，某股份制商业银行风险管理水平得以提高、资产结构更加合理，该商业银行管理层决定由权重法转为采用资本计量高级方法来计量资本，下列表述正确的有（　　）。

A. 对中小规模银行而言，采用高级方法可以节约资本

B. 商业银行采用高级方法的事实成本相对较高

C. 高级方法的实施不需要事先获得监管核准

D. 该商业银行采用高级方法可能适度降低风险加权资产

E. 高级方法能够更加敏感、准确地反映该行的风险水平

【答案】ADE【解析】与权重法相比，采用资本计量的高级方法后能够适度降低风险加权资产、节约资本。因此，有条件的商业银行可积极建立资本计量高级方法体系，切实提高风险管理水平，在获得监管当局核准的情况下，采用资本计量的高级方法计量资本要求。故选项A、选项D、选项E符合题意。

三、储备资本要求和逆周期资本要求 （掌握）

真考解读 属于常考点，一般会考1道题。

（一）储备资本要求

项目	内容
含义	监管当局提出在最低资本要求基础上的储备资本要求，由核心一级资本来满足，比例为2.5%。
作用	（1）确保银行在非压力时期建立超额资本用于发生损失时吸收损失。 （2）可以增强银行吸收损失的能力，在一定程度上降低资本监管的顺周期性。 （3）保证危机时期银行资本充足率仍能达到最低标准。

（二）逆周期资本要求

项目	内容
含义	商业银行应在最低资本要求和储备资本要求之上计提逆周期资本，由普通股一级资本或其他具有完全损失吸收能力的资本来满足，逆周期资本要求为风险加权资产的0%~2.5%。
作用	（1）确保银行业资本要求充分考虑银行运营所面临的宏观金融环境。 （2）在经济上行期，商业银行计提逆周期超额资本，抑制信贷高速扩张。 （3）在经济下行期，商业银行可以利用逆周期资本吸收损失，维护经济周期内信贷供给的平衡。

真考解读 考查相对较少，考生熟悉即可。

四、系统重要性银行附加资本要求（熟悉）

项目	内容
含义	《商业银行资本管理办法（试行）》规定在最低资本要求、储备资本要求和逆周期资本要求外，系统重要性银行应计提附加资本。
监管要求	我国国内系统重要性银行附加资本要求为风险加权资产的1%，由核心一级资本满足。
负外部性问题	针对全球系统重要性银行的负外部性问题，各国政府主要采取两种措施来解决。 （1）通过增强全球系统重要性银行的持续经营能力和损失系统能力来降低风险。 （2）通过建立全球系统重要性银行的恢复和处置框架，来减少全球系统重要性银行破产的影响范围和影响程度。

典 型 真 题

【单选题】《商业银行资本管理办法（试行）》对国内系统重要性银行计提（　　）的附加资本要求。

A. 0.5%　　　　　B. 1.5%　　　　　C. 1%　　　　　D. 2%

【答案】C【解析】《商业银行资本管理办法（试行）》规定我国国内系统重要性银行附加资本要求为风险加权资产的1%，由核心一级资本满足。故选C。

真考解读 考查相对较少，可能会考1道题。

五、第二支柱资本要求（熟悉）

解读6 考试中通常通过现象判断特定资本要求，选择覆盖范围。

项目	内容
含义	第二支柱资本要求是指监管机构在最低资本要求的基础上提出的各类特定资本要求的总和。
分类	（1）根据风险判断，针对部分资产组合提出特定资本要求^{解读6}。 （2）根据监督检查结果，针对单家银行提出特定资本要求。
范围	第二支柱资本要求覆盖集中度风险、银行账簿利率风险、流动性风险以及其他实质性风险。

典 型 真 题

【单选题】我国银行业监督管理机构在对商业银行进行监督检查过程中，发现A银行信贷投入的行业集中度较高，存在风险隐患，于是决定对A银行提出特定的集中度风险资本要求，该项资本要求属于(　　)。

A. 第二支柱资本要求 B. 储备资本要求

C. 逆周期资本要求 D. 系统重要性银行附加资本要求

【答案】A【解析】第二支柱资本要求覆盖集中度风险、银行账簿利率风险、流动性风险以及其他实质性风险。故选A。

第四节 杠杆率

一、杠杆率要求的提出（掌握）

真考解读 属于常考点，一般会考1道题。

项目	内容
背景	（1）国际金融危机前，实行《巴塞尔协议Ⅱ》框架，资本充足率保持较高水平，却未能表现出良好的风险抵御能力。 （2）国际金融危机中暴露了杠杆率指标不足的问题，国际社会对《巴塞尔协议Ⅱ》资本监管框架进行反思。 （3）2010年12月，《巴塞尔协议Ⅲ》引入了杠杆率指标。
杠杆率在我国的实施	（1）2011年6月，我国《商业银行杠杆率管理办法》首次提出对商业银行杠杆率的监管要求。该办法规定，商业银行并表和未并表的杠杆率均不得低于4%，比巴塞尔委员会的要求高1个百分点。^{解读1} （2）2015年正式发布《商业银行杠杆率管理办法（修订）》，调整了表内外资产余额的计量方法，吸收了杠杆率框架的最新要求。

解读1 杠杆率的比率要求是出题的考点。

典型真题

【单选题】我国监管规定商业银行未并表的杠杆率均不得（　　），比巴塞尔委员会的要求（　　）个百分点。

A. 低于3%，高于1 B. 高于3%，低0.5

C. 高于4%，低0.5 D. 低于4%，高1

【答案】D【解析】2011年6月，银监会发布了《商业银行杠杆率管理办法》，首次提出对商业银行的杠杆率监管要求。该办法规定，商业银行并表和未并表的杠杆率均不得低于4%，比巴塞尔委员会的要求高1个百分点。故选D。

二、杠杆率指标的计算（掌握）

真考解读 属于常考点，一般会考1道题。

（一）杠杆率计算方法

计算公式：杠杆率 =（一级资本 – 一级资本扣减项）/调整后的表内外资产余额×100%。

解读2 一级资本扣减项具体内容在前文已经介绍，在此不再赘述。

（1）一级资本与一级资本扣减项^{解读2}的统计口径与银行业监督管理机构有关计算资本充足率所采用的一级资本及其扣减项保持一致。

（2）一级资本扣减项包括核心一级资本扣减项和其他一级资本扣减项。

（3）调整后的表内外资产总额包括以下两项。

①调整后的表内资产总额。

②调整后的表外资产总额。

（二）杠杆率与资本充足率的比较

项目	内容
相同点	杠杆率与一级资本充足率分子相同，均是一级资本净额。
不同点	分母方面，杠杆率为调整后表内外资产余额，而一级资本充足率的分母为风险加权资产。
二者关系	（1）资本充足率指标能防范银行背离审慎经营原则过度积聚高风险资产，弥补了杠杆率忽视资产风险水平的缺点，但无法限制银行进行规模扩张并加大杠杆水平。 （2）杠杆率可以反映总资产规模带来的风险，避免了粗放式经营下规模过度扩张，较好地补充了资本充足率监管可能存在的顺周期和监管套利问题。 （3）两个指标相互配合，在监测商业银行资本方面相辅相成。

三、杠杆率指标的优点 （了解）

真考解读 较少考查，针对杠杆率指标的优点可能会考1道题。

（1）杠杆率是简单、透明、不具有风险敏感性的监管工具。

（2）杠杆率兼具宏观审慎和微观审慎功效。

（3）杠杆率具备逆周期调节作用，能维护金融体系稳定和实体经济发展。

（4）杠杆率避免了资本套利和监管套利。

（5）杠杆率是风险中性的，相对简单易懂。

四、系统重要性银行杠杆率缓冲要求 （了解）

真考解读 较少考查，考生了解即可。

巴塞尔委员会于2017年发布的《巴塞尔Ⅲ：后危机改革的最终方案》，该方案对全球系统重要性银行提出了更高的杠杆率要求。其中，全球系统重要性银行的杠杆率最低要求＝一般银行杠杆率最低要求＋50%×系统重要性银行附加资本要求。

目前，巴塞尔委员会将全球系统重要性银行分为5个组别，资本附加要求分别为1%、1.5%、2%、2.5%、3.5%，一般银行的杠杆率国际标准最低为3%，因此要求的最高杠杆率为4.75%（3%＋3.5%/2）。

章节练习

一、单选题 （以下各小题所给出的四个选项中，只有一项符合题目要求，请选择相应选项，不选、错选均不得分）

1. 根据资本扣除的规定，商誉应从核心资本中扣除的比例是(   )。
   A. 0%   B. 25%   C. 50%   D. 100%

2. 具有永久性、清偿顺序排在所有其他融资工具之后的特征的资本是(   )。
   A. 二级资本   B. 其他一级资本   C. 核心一级资本   D. 股东资本

3. 根据《商业银行资本管理办法（试行）》，最低资本要求，核心一级资本充足率、一级资本充足率和资本充足率分别为(   )。
   A. 3%、4%和6%   B. 4%、5%和7%   C. 5%、6%和8%   D. 6%、7%和9%

4. (   )引入了杠杆率监管标准，以及流动性监管标准，还提出了关于流动性监管的四种检测工具。
   A.《巴塞尔协议Ⅰ》   B.《巴塞尔协议Ⅳ》   C.《巴塞尔协议Ⅲ》   D.《巴塞尔协议Ⅱ》

5. 下列关于我国商业银行杠杆率指标的计算，不正确的是(   )。
   A. 杠杆率采用的一级资本统计口径与计算资本充足率所采用的一级资本不一致
   B. 杠杆率指标的一级资本扣减项包括核心一级资本扣减项和其他一级资本扣减项
   C. 杠杆率指标计算公式的分母为调整后的表内外资产余额
   D. 杠杆率采用的一级资本扣减项统计口径与计算资本充足率所采用的一级资本扣减项一致

二、多选题 （以下各小题所给出的五个选项中，有两项或两项以上符合题目的要求，请选择相应选项，多选、少选、错选均不得分）

1. 根据不同的管理需要和本质特征，银行资本包括(   )。
   A. 账面资本   B. 内部资本   C. 监管资本
   D. 外部资本   E. 经济资本

2. 下列关于商业银行杠杆率监管指标的优点，表述正确的有(   )。
   A. 杠杆率指标相对简单、透明
   B. 杠杆率可以防止银行过度积聚高风险资产
   C. 杠杆率可以避免银行资本套利和监管套利
   D. 杠杆率具备逆周期调节作用
   E. 杠杆率指标不具有风险敏感性

三、判断题 （请对以下各项描述做出判断，正确的为A，错误的为B）

1. 商业银行以资产经营为特色，其资本所占比重较低，因此承担着巨大的风险。(   )
   A. 正确   B. 错误

2. 经济资本就是会计资本，经济资本的计量取决于置信水平。(   )
   A. 正确   B. 错误

⇨ **答案详解**

一、单选题

1. D【解析】商业银行计算资本充足率时，应从资本中扣除以下项目：商誉应全部从核心资本中扣除；对未并表金融机构资本投资应分别从核心资本和附属资本中各扣除50%；对向非自用不动产投资和企业投资，分别从核心资本和附属资本中各扣除50%。

2. C【解析】核心一级资本是指在银行持续经营条件下无条件用来吸收损失的资本工具，具有永久性、清偿顺序排在所有其他融资工具之后的特征。

3. C【解析】根据《商业银行资本管理办法（试行）》，最低资本要求，核心一级资本充足率、一级资本充足率和资本充足率分别为5%、6%和8%。

4. C【解析】《巴塞尔协议Ⅲ》框架引入了杠杆率监管标准和流动性监管标准。

5. A【解析】商业银行杠杆率指标中的一级资本与一级资本扣减项的统计口径与银行业监督管理机构有关计算资本充足率所采用的一级资本及其扣减项保持一致。故选A。

二、多选题

1. ACE【解析】根据不同的管理需求和本质特征，银行资本有账面资本、经济资本和监管资本三个概念。

2. ACDE【解析】首先，杠杆率具备逆周期调节作用，能维护金融体系稳定和实体经济发展；其次，杠杆率避免了资本套利和监管套利，作为简单、透明、不具有风险敏感性的监管工具，杠杆率兼具宏观审慎和微观审慎功效；最后，杠杆率是风险中性的，相对简单易懂。

三、判断题

1. B【解析】商业银行以负债经营为特色，其资本所占比重较低，因此承担着巨大的风险。

2. B【解析】经济资本又称为风险资本，是指在一定的置信度和期限下，为了覆盖和抵御银行超出预期的经济损失所需要持有的资本数额。

第四章　信用风险管理

应试分析

　　本章主要介绍信用风险管理的相关知识，包括信用风险识别、信用风险评估与计量、信用风险监测与报告、信用风险控制与缓释、信用风险资本计量、集中度风险管理以及贷款损失准备与不良资产处置相关内容。本章在考试中涉及的分值约为 18 分，考生应多加关注。本章考试重点有单一法人客户信用风险识别、个人客户信用风险识别、贷款组合的信用风险识别、信用风险评估与计量的发展、基于内部评级的方法、信用风险监测、关键业务环节控制和缓释以及不良资产处置等知识。本章内容在考试中多为直接考查，难度不大，但也有少量的计算公式，考生应在理解的基础上多做题，巩固记忆。

思维导图

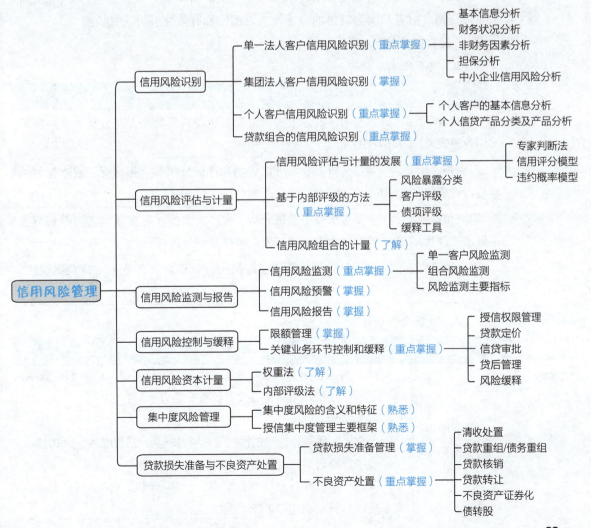

📖 知识精讲

第一节 信用风险识别

真考解读 属于必考点，一般会考3道题。

一、单一法人客户信用风险识别（重点掌握）

（一）基本信息分析

（1）商业银行在对单一法人客户进行信用风险识别和分析时，必须对客户的基本情况和与商业银行业务相关的信息进行全面了解，以判断客户的类型（企业法人客户还是机构法人客户）、基本经营情况（业务范围、盈利情况）、信用状况（有无违约记录）等。

（2）商业银行应当要求客户提供基本资料，并对客户提供的身份证明、授信主体资格、财务状况等资料的合法性、真实性和有效性进行认真核实。

（二）财务状况分析

1．财务报表分析

项目	内容
识别和评价财务报表风险	主要关注财务报表的编制方法及其质量能否充分反映客户实际和潜在的风险。
识别和评价经营管理状况	通过分析损益表可以识别和评价公司的销售情况、成本控制情况以及盈利能力。
识别和评价资产管理状况	主要包括资产质量分析、资产流动性（可变现程度）分析以及资产组合（库存、固定资产等投资）分析。
识别和评价负债管理状况	主要分析资产负债期限结构，如长期融资是否支持长期资产，短期资产是否恰当地与短期融资或长期融资匹配等。

2．财务比率分析 解读1

解读1 财务比率分析的公式可能会出题，考生应注意掌握。

项目	内容
盈利能力比率	（1）含义：用来衡量管理层将销售收入转换成实际利润的效率，体现管理层控制费用并获得投资收益的能力。 （2）公式。 ①销售毛利率 = ［（销售收入 – 销售成本）/销售收入］×100%。 ②销售净利率 = （净利润/销售收入）×100%。 ③资产净利率（总资产报酬率）= 净利润/［（期初资产总额 + 期末资产总额）/2］×100%。

续 表

项目	内容
盈利能力比率	④净资产收益率（权益报酬率）＝净利润/［（期初所有者权益合计＋期末所有者权益合计)/2］×100%。 ⑤总资产收益率＝净利润/平均总资产×100%＝（净利润/销售收入）×（销售收入/平均总资产）×100%。
效率比率	（1）含义：又称营运能力比率，体现管理层管理和控制资产的能力。 （2）公式。 ①存货周转率＝产品销售成本/［（期初存货＋期末存货)/2］。 ②存货周转天数＝360/存货周转率。 ③流动资产周转率＝销售收入/［（期初流动资产＋期末流动资产)/2］。 ④总资产周转率＝销售收入/［（期初资产总额＋期末资产总额)/2］。 ⑤资产回报率（ROA）＝［税后损益＋利息费用×（1－税率)］/平均资产总额。
杠杆比率	（1）含义：用来衡量企业所有者利用自有资金获得融资的能力，也用于判断企业的偿债资格和能力。 （2）公式。 ①资产负债率＝（负债总额/资产总额）×100%。 ②有形净值债务率＝［负债总额/（股东权益－无形资产净值)］×100%。
流动比率	（1）含义：用来判断企业归还短期债务的能力，即分析企业当前的现金支付能力和应付突发事件和困境的能力。 （2）公式。 ①流动比率＝流动资产合计/流动负债合计。 ②速动比率＝速动资产/流动负债合计。 其中，速动资产＝流动资产－存货。

3. 现金流量分析

项目	内容
经营活动的现金流	（1）含义：指企业投资活动和筹资活动以外的所有交易和事项。 （2）现金流入：销售商品或提供劳务、经营租赁等所收到的现金。 （3）现金流出：购买货物、接受劳务、制造产品、广告宣传、推销产品、缴纳税款等所支付的现金。

续　表

项目	内容
投资活动的现金流	（1）含义：指企业长期资产的购建和不包括在现金等价物范围内的投资及其处置活动。 （2）现金流入：收回投资；分得股利、利润或取得债券利息收入；处置固定资产、无形资产和其他长期资产收到的现金等。 （3）现金流出：购建固定资产、无形资产和其他长期资产所支付的现金；进行权益性或债权性投资等所支付的现金。
融资活动的现金流	（1）含义：指导致企业资本及债务规模和构成发生变化的活动。 （2）现金流入：吸收权益性投资所收到的现金；发行债券或借款所收到的现金。 （3）现金流出：偿还债务或减少注册资本所支付的现金；发生筹资费用所支付的现金；分配股利、利润或偿付利息所支付的现金等。

4. 贷款分析

项目	内容
短期贷款	应当考虑正常经营活动的现金流量是否能够及时而且足额偿还贷款。解读2
中长期贷款	（1）应当主要分析未来的经营活动是否能够产生足够的现金流量以偿还贷款本息。 （2）在贷款初期，应当考察借款人是否有足够的融资能力和投资能力来获得所需的现金流量以偿还贷款利息。 【提示】此外，由于企业发展可能处于开发期、成长期、成熟期或衰退期，进行现金流量分析时需要考虑不同发展时期的现金流特性。

解读2 必考点：不同期限的贷款侧重点不同，应注意区分。

典型真题

【单选题】针对企业申请短期贷款，商业银行对企业现金流量的分析应侧重于（　　）。

A. 企业当期利润是否足够偿还贷款本息

B. 企业未来长期的经营活动是否能产生足够的现金流量以偿还贷款本息

C. 企业是否具有足够的融资能力和投资能力

D. 企业正常经营活动产生的现金流量是否能够及时且足额偿还贷款

【答案】D　【解析】企业申请短期贷款，应当考虑正常经营活动的现金流量是否能够及时而且足额偿还贷款；申请中长期贷款，应当主要分析未来的经营活动是否能够产生足够的现金流量以偿还贷款本息。故选D。

（三）非财务因素分析

项目	内容
管理层风险分析	内容：①历史经营记录及其经验；②经营者相对于所有者的独立性；③品德与诚信度；④影响其决策的相关人员的情况；⑤决策过程；⑥所有者关系、内控机制是否完备及运行是否正常；⑦领导后备力量和中层主管人员的素质；⑧管理的政策、计划、实施和控制等。
行业风险分析	内容：①行业特征及定位；②行业成熟期分析；③行业周期性分析；④行业的成本及盈利性分析；⑤行业依赖性分析；⑥行业竞争力及替代性分析；⑦行业成功的关键因素分析；⑧行业监管政策和有关环境分析。
生产与经营风险分析	（1）帮助商业银行对行业整体的系统性风险有所认识。 （2）就国内企业而言，存在的最突出问题是经营管理不善，主要表现为总体经营风险、产品风险、原料供应风险、生产风险以及销售风险。
宏观经济、社会及自然环境分析	经济/法律环境、技术进步、环保意识增强、人口老龄化、自然灾害等外部因素的发展变化，均可能对借款人的还款能力产生不同程度的影响。

（四）担保分析

项目	内容
保证	（1）含义：保证是指保证人和债权人约定，当债务人不履行债务时，保证人按照约定履行债务或者承担责任的行为。 （2）目的：通过第三方为借款人按约、足额偿还贷款提供支持。 （3）商业银行对保证担保应重点关注以下事项。 ①保证人的资格。具有代为清偿能力的法人、其他组织或者公民可以作为保证人。国家机关（除经国务院批准外）、学校、幼儿园、医院等以公益为目的的事业单位、社会团体，企业法人的分支机构和职能部门，均不得作为保证人。^{解读3} ②保证人的财务实力。保证人的财务状况、现金流量，或有负债、信用评级以及保证人目前所提供保证的数量、金额，都会影响保证人的偿债能力。 ③保证人的保证意愿。保证人是否愿意履行责任以及保证人是否完全意识到由此可能产生的一系列风险和责任。 ④保证人履约的经济动机及其与借款人之间的关系。 ⑤保证的法律责任。保证分为连带责任保证和一般保证两种。

解读3 不得作为保证人的主体，考生应熟悉。

项目	内容
抵押	（1）含义：抵押是指债务人或第三方不转移对财产的占有，将该财产作为债权的担保。 （2）债务人不履行债务时，债权人有权依照法律规定以该财产折价或者以拍卖、变卖该财产的价款优先受偿。 （3）商业银行对抵押担保应重点关注以下事项。 ①可以作为抵押品的财产范围及种类。 ②抵押合同应详细记载：被担保的主债权种类、数额，债务的期限，抵押品的名称、数量、质量、状况、所在地、所有权权属或者使用权权属，抵押担保的范围，当事人认为需要约定的其他事项等。 ③抵押物的所有权转移。 ④抵押物登记。 ⑤抵押权的实现。
质押	（1）含义：质押又称动产质押，是指债务人或第三方将其动产移交债权人占有，将该动产作为债权的担保。 （2）在动产质押中，债务人或第三方为出质人，债权人为质权人，移交的动产为质物。 （3）商业银行对质押担保应重点关注以下事项。 ①可以作为质物的动产/权利范围及种类。 ②质押合同应详细记载：被担保的主债权种类、数额，债务的期限，质物的名称、数量、质量、状况，质押担保的范围，质物移交的时间，当事人认为需要约定的其他事项等。 ③质权人对质物承担的权利、义务和责任。 ④权利质押的生效及转让。 ⑤债务履行期届满时质物的处理等。
留置	（1）含义：留置是指债权人按照合同约定占有债务人的动产，债务人不按照合同约定的期限履行债务的，债权人有权依照法律规定留置该财产，以该财产折价或者以拍卖、变卖财产的价款优先受偿。 （2）担保范围：主债权及利息、违约金和损害赔偿金。 （3）应用：主要应用于保管合同、运输合同、加工承揽合同等主合同。
定金	（1）含义：定金是指当事人可以约定一方向对方给付定金作为债权的担保。 （2）债务人履行债务后，定金应当抵作价款或者收回。给付定金的一方不履行约定债务的，无权要求返还定金；收受定金的一方不履行约定的债务的，应当双倍返还定金。

（五）中小企业信用风险分析

（1）中小企业普遍存在经营风险大、户数分散、注册资金较少、财务管理不规范、流动资金贷款用于固定资产项目建设等问题。

（2）对中小企业进行信用风险识别和分析时，除了关注与单一法人客户信用风险的相似之处，商业银行还应重点关注以下风险点。^{解读4}

①中小企业普遍<u>自有资金匮乏、产品结构单一</u>，<u>更容易受到市场波动、原材料价格和劳动力成本上涨等因素的影响</u>，因此一般会存在相对较高的经营风险，直接影响其偿债能力。

②中小企业在经营过程中大多采用现金交易，而且很少开具发票。因此，商业银行进行贷前调查时，通常很难深入了解其真实情况，给贷款审批和贷后管理带来很大难度。

③当中小企业面临效益下降、资金周转困难等经营问题时，容易出现逃废债现象，直接影响其偿债意愿。

典型真题

【单选题】商业银行对小企业进行信用风险分析时，下列一般不属于小企业特征的是（　　）。

A．公司治理受股东影响较大　　B．生产经营活动相对平稳

C．财务真实性比较难以把握　　D．生产经营受市场的影响较大

【答案】B【解析】中小企业普遍自有资金匮乏、产品结构单一，更容易受到市场波动、原材料价格和劳动力成本上涨等因素的影响，故生产经营活动不平稳。故选B。

二、集团法人客户信用风险识别（掌握）

（一）集团法人客户的整体状况分析

1．集团法人客户

项目	内容
含义	集团法人客户是指存在控制关系的一组企事业法人客户或同业单一客户。
商业银行识别集团客户应考虑的特征	（1）一方在股权上或者经营决策上直接或间接控制另一方或被另一方控制。 （2）两方共同被第三方企事业法人所控制的。 （3）一方主要投资者^{解读5}个人、关键管理人员或与其近亲属（包括三代以内直系亲属关系和两代以内旁系亲属关系）共同直接控制或间接控制另一方。 （4）存在其他关联关系，可能不按公允价格原则转移资产和利润，商业银行认为应视同集团客户进行授信管理的。

解读4 必考点：商业银行应重点关注中小企业信用风险。

真考解读 属于常考点，一般会考1道题。

解读5 主要投资者指直接或间接控制一个企业10%或10%以上表决权的个人投资者。

2. 关联交易

项目	内容
含义	关联交易是指发生在集团内关联方之间的有关转移权利或义务的事项安排。解读6
企业集团的关联交易	（1）纵向一体化企业集团。关联交易主要集中在上游企业为下游企业提供半成品作为原材料，以及下游企业再将产成品提供给销售公司销售。 （2）横向多元化企业集团。关联交易主要是集团内部企业之间存在的大量资产重组、并购、资金往来以及债务重组。

（二）集团法人客户的信用风险特征解读7

项目	内容
内部关联交易频繁	（1）内部关联的动机。 ①实现整个集团公司的统一管理和控制。 ②通过关联交易来规避政策障碍和粉饰财务报表。 （2）内部关联的局限性。关联交易的复杂性和隐蔽性使得商业银行很难及时发现风险隐患并采取有效控制措施。
连环担保十分普遍	关联方通常采用连环担保的形式申请银行贷款。 （1）企业集团频繁的关联交易孕育着经营风险。 （2）信用风险通过贷款担保链条在企业集团内部循环传递、放大，贷款实质上是处于担保不足或无担保状态。
真实财务状况难以掌握	现实中，企业集团往往根据需要随意调节合并报表的关键数据，导致商业银行很难准确掌握客户的真实财务状况。
系统性风险较高	（1）企业集团为追求规模效应，往往利用其控股地位调动关联方资金，过度负债，盲目投资自己不熟悉的行业和区域。 （2）巨额资本形成很长的资金链条在各关联方之间流转，一旦资金链条断裂，就可能引发系统性风险并造成严重的信用风险损失。
风险识别和贷后管理难度大	（1）集团法人客户经营规模大、结构复杂，商业银行很难在短时间对其作出准确评价。 （2）跨行业经营客观上增加了银行信贷资产所承担的行业风险。 （3）跨区域、跨国经营进一步增加了商业银行贷后管理的难度。

解读6 关联方指在财务和经营决策中，与他方之间存在控制关系或重大影响关系的企事业法人。

解读7 集团法人客户的信用风险特征常常综合考查，考生应注意区分。

典型真题

【多选题】已知某企业集团在 A、B、C 公司的股份表决权分别为 35%、55%、20%。2018 年，A 公司向 L 银行申请一笔 1 亿元的贷款，由 B 公司担保，B 公司向 L 银行申请一笔 2 亿元的贷款，由 C 公司担保，C 公司向 L 银行申请一笔 3 亿元的贷款，由该企业集团担保。则下列分析恰当的有(　　)。

A. 该企业集团对 A、B、C 三家公司均形成控制关系

B. 银行 L 需要特别关注该企业集团所提供财务报表的真实性

C. A、B、C 公司之间构成连环担保

D. 银行 L 应根据 A、B、C 三家公司自身风险状况分别授信

E. 银行 L 对 A、B、C 三家公司贷款容易出现担保不足状态

【答案】BCDE【解析】根据题意可知：该企业集团对 B 公司形成控制关系，对 A、C 两家公司有重大影响。A、B、C 三家公司之间形成了连环担保，其信用风险通过担保链条在企业集团内部不断传递、放大，贷款实际上处于担保不足状态。银行 L 除了需要对三家公司自身的风险状况分别授信，另外还需要特别关注该企业集团所提供财务报表的真实性。

三、个人客户信用风险识别（重点掌握）

（一）个人客户的基本信息分析

项目	内容
客户	一般是自然人。
特点	单笔业务资金规模小但数量巨大。
分析方式	面谈、电话访谈或实地考察等。
分析要素	（1）借款人的资信情况调查。分析借款人的信用记录作为是否贷款的依据。 （2）借款人的资产与负债情况调查。分析借款人及其家庭收入的稳定性，在预期收益相等的情况下，收入稳定不容易出现违约。 （3）贷款用途及还款来源调查。 （4）对担保方式的调查。

（二）个人信贷产品分类及产品分析

项目	内容
个人住房按揭贷款	（1）"假按揭"风险。表现形式有以下几种。 解读8

真考解读 属于必考点，一般会考 2 道题。

解读8 "假按揭"风险的几种表现形式，考生应注意区分。

项目	内容
个人住房按揭贷款	①开发商不具备按揭合作主体资格，或者未与商业银行签订按揭贷款业务合作协议，未有任何承诺，与某些不法之徒相互勾结，以虚假销售方式套取商业银行按揭贷款。 ②以个人住房按揭贷款名义套取企业生产经营用的贷款。 ③以个人住房贷款方式参与不具真实、合法交易基础的商业银行债权置换或企业重组。 ④信贷人员与企业串谋，向虚拟借款人或不具备真实购房行为的借款人发放高成数的个人住房按揭贷款。 ⑤所有借款人均为虚假购房，有些身份或住址不明。 ⑥开发商与购房人串通，规避不允许零首付的政策限制。 【提示】采取这种"假按揭"的方式，购房人事实上未向开发商支付首付款，而商业银行要向购房人提供售房总价100%的借款。 （2）由于房产价值下跌导致超额押值不足的风险。 （3）借款人的经济状况变动风险。 【提示】未核实第一还款来源或在第一还款来源不充足的情况下，向客户发放个人住房贷款属于个人住房按揭贷款主要操作风险点。
其他个人零售贷款	（1）其他个人零售贷款包括个人消费贷款（含个人汽车消费贷款）、个人经营贷款、信用卡消费贷款、助学贷款等多种方式。^{解读9} （2）风险表现形式：①借款人的真实收入状况难以掌握，尤其是无固定职业者和自由职业者；②借款人的偿债能力有可能不稳定；③贷款购买的商品质量有问题或价格下跌导致消费者不愿履约；④抵押权益实现困难；⑤个人生产或者销售活动失败，资金周转发生困难。

解读9 对于助学贷款，除了分析个人客户基本信息以外，应当要求学校、家长或有担保能力的第三方对此类贷款进行担保。

典型真题

【单选题】下列关于商业银行对借款人的信用风险因素的分析与判断，明显错误的是（　　）。

A. 通常收益波动性大的企业在获得银行贷款方面比较困难

B. 在预期收益相等的条件下，收益波动性较低的企业更容易出现违约

C. 资产负债比率是判断借款人违约概率的重要指标之一

D. 如果借款人过去还款记录良好，则其易于以较低的利率再融资

【答案】B　【解析】商业银行在对借款人进行信用风险因素的分析中，会考虑借款人的收益是否稳定，在预期收益相等的情况下，收益稳定不容易出现违约。

四、贷款组合的信用风险识别 （重点掌握）

项目	内容
特点	贷款组合内的各单笔贷款之间通常存在一定程度的相关性。 （1）贷款组合的整体风险通常小于单笔贷款信用风险的简单加总。 （2）将信贷资产分散于相关性较小或负相关的不同行业、地区、贷款种类的借款人，有助于降低商业银行贷款组合的整体风险。解读10
影响贷款组合的系统性风险因素	（1）宏观经济因素。当宏观经济因素发生不利变动时，有可能导致贷款组合中所有借款人的履约能力下降并造成信用风险损失。 （2）行业风险。当某些行业出现产业结构调整或原材料价格上升或竞争加剧等不利变化时，贷款组合中处于这些行业的借款人可能因履约能力整体下降而给商业银行造成系统性的信用风险损失。 （3）区域风险。当某个特定区域的政治、经济、社会等方面出现不利变化时，贷款组合中处于该区域的借款人可能因履约能力整体下降而给商业银行造成系统性的信用风险损失。对于区域风险应特别关注以下几个方面。解读11 ①银行客户是否过度集中于某个地区。 ②银行业务及客户集中地区的经济状况及其变动趋势。例如，区域的开放度，区域主导产业的扩张、持平或衰退，区域经济整体的上升或下滑等。 ③银行业务及客户集中地区的地方政府相关政策及其适用性。 ④银行客户集中地区的信用环境和法律环境出现改善或恶化。 ⑤政府及金融监管部门对本行客户集中地区的发展政策、措施是否发生变化，如果变化是否造成地方优惠政策难以执行，及其变化对商业银行业务的影响。

真考解读 属于必考点，一般会考2道题。

解读10 贷款组合内的各笔贷款之间的关系，考生务必掌握。

解读11 区域风险应关注的重要事项，考生务必掌握。

典型真题

【单选题】如果商业银行信贷资产分散于负相关或弱相关的多种行业、地区和信用等级的客户，其资产组合的总体风险一般会(　　)。

A. 增加　　　　　　　　　　　B. 负相关

C. 降低　　　　　　　　　　　D. 不变

【答案】C【解析】将信贷资产分散于相关性较小或负相关的不同行业、地区、贷款种类的借款人，有助于降低商业银行贷款组合的整体风险。故选C。

【多选题】在商业银行信用风险贷款组合层面的区域风险识别中应关注(　　)。

A. 银行客户所在区域的开放度

B. 银行业务及客户集中地区的地方政府相关政策和适用性

C. 银行客户集中地区的信用环境和法律环境

D. 主要客户所在行业的发展趋势

E. 银行客户的地区集中度

【答案】ABCE【解析】选项D主要客户所在行业的发展趋势属于系统性风险中的行业风险。其余选项均属于区域风险。故选项A、选项B、选项C、选项E符合题意。

第二节　信用风险评估与计量

一、信用风险评估与计量的发展（重点掌握）

（一）专家判断法

真考解读 属于必考点，一般会考2道题。

解读1 通常最适合采用专家判断法进行信用评级的是财务制度健全的小型企业。

项目	内容
含义	专家判断法即专家系统，是商业银行在长期经营信贷业务、承担信用风险过程中逐步发展并完善起来的传统信用分析方法。解读1
原理	专家系统是依赖高级信贷人员和信贷专家自身的专业知识、技能和丰富经验，运用各种专业性分析工具，在分析评价各种关键要素基础上依据主观判断来综合评定信用风险的分析系统。
影响因素	(1) 与借款人有关的因素：①声誉；②杠杆；③收益波动性。 (2) 与市场有关的因素：①经济周期；②宏观经济政策；③利率水平。

续　表

项目	内容
常用的专家系统	（1）目前所使用的专家系统中，对企业信用分析的5Cs系统使用最为广泛，包括品德（Character）、资本（Capital）、还款能力（Capacity）、抵押（Collateral）、经营环境（Condition）。 （2）除5Cs系统外，使用较为广泛的专家系统还有针对企业信用分析的5Ps系统，包括个人因素（Personal Factor）、资金用途因素（Purpose Factor）、还款来源因素（Payment Factor）、保障因素（Protection Factor）、企业前景因素（Perspective Factor）。
局限性	（1）将信贷专家的经验和判断作为信用分析和决策的主要基础，这种主观性很强的方法/体系带来的一个突出问题是对信用风险的评估缺乏一致性。 （2）这一局限性对于大型商业银行而言尤为突出，使得商业银行统一的信贷政策在实际操作过程中因为专家意见不一致而失去意义。

典型真题

【单选题】下列商业银行客户中，最合适采用专家判断法进行信用评级的是（　　）。

A. 已上市的中型企业

B. 刚由事业单位改制而成的企业

C. 财务制度健全的小型企业

D. 即将上市的大型企业集团

【答案】C　【解析】专家判断法即专家系统，是商业银行在长期经营信贷业务、承担信用风险过程中逐步发展并完善起来的传统信用分析方法。通常最适合采用专家判断法进行信用评级的是财务制度健全的小型企业。故选C。

（二）信用评分模型

项目	内容
含义	信用评分模型是一种传统的信用风险量化模型，利用可观察到的借款人特征变量计算出一个数值（得分）来代表债务人的信用风险，并将借款人归类于不同的风险等级。
特征变量	（1）对个人客户而言，包括收入、资产、年龄、职业以及居住地等。 （2）对法人客户而言，包括现金流量、各种财务比率等。

续 表

项目	内容
关键点	特征变量的选择和各自权重的确定。
评分卡	一些商业银行会采用评分卡的方式进行中小企业客户的准入与核定。 　（1）评分卡模型的指标：①企业履约能力；②企业基本情况；③对外合作关系；④企业经营情况；⑤企业主个人信用；⑥企业主资产状况等。^{解读2} 　（2）评分卡模型的特点：①提高贷款审批的客观性；②提高贷款审批的效率；③优化信贷风险管控。
局限性	（1）信用评分模型是建立在对历史数据（而非当前市场数据）模拟的基础上，回归方程中各特征变量的权重在一定时间内保持不变。 　（2）信用评分模型对借款人历史数据的要求较高，商业银行需要建立起一个包括大多数企业历史数据的数据库。

（侧栏）**解读2** 必考点：评分卡模型的指标。

典型真题

【多选题】一般来说，商业银行的打分卡模型中包含下列（　　　）指标。

A. 企业经营情况　　　　　　　　B. 企业对外合作关系

C. 企业基本情况　　　　　　　　D. 企业主资产状况

E. 企业主个人信用

【答案】ABCDE　【解析】商业银行打分卡模型中包含的指标有：①企业履约能力；②企业基本情况；③对外合作关系；④企业经营情况；⑤企业主个人信用；⑥企业主资产状况等。故所有选项均符合题意。

（三）违约概率模型^{解读3}

（侧栏）**解读3** 违约概率模型主要应用于信用风险内部评级法，具有能够直接估计客户违约概率的特点。

项目	内容
Risk Calc 模型	（1）适用于非上市公司的违约概率模型。 　（2）核心是通过严格的步骤从客户信息中选择出最能预测违约的一组变量，经过适当变换后运用 Logit/Probit 回归技术预测客户的违约概率。
Credit Monitor 模型	（1）适用于上市公司的违约概率模型。 　（2）核心在于把企业与银行的借贷关系视为期权买卖关系，借贷关系中的信用风险信息因此隐含在这种期权交易之中，从而通过应用期权定价理论求解出信用风险溢价和相应的违约率。

续 表

项目	内容
KPMG 风险中性 定价模型	（1）核心思想是假设金融市场中的每个参与者都是风险中立者，不论资产风险级别，只要资产的期望收益是相等的，市场参与者对其接受态度就是一致的，这样的市场环境被称为风险中性范式。 （2）根据风险中性定价原理，无风险资产的预期收益与不同等级风险资产的预期收益是相等的，即 $$P_1(1+K_1)+(1-P_1)\times(1+K_1)\times\theta=1+i_1$$ 其中，P_1 为期限 1 年的风险资产的非违约概率；$1-P_1$ 即其违约概率；K_1 为风险资产的承诺利息；θ 为风险资产的回收率，等于"1 - 违约损失率"；i_1 为期限 1 年的无风险资产的收益率。
死亡率模型	（1）含义：死亡率模型是根据风险资产的历史违约数据，计算在未来一定持有期内不同信用等级的客户/债项的违约概率（死亡率）。 （2）分类：边际死亡率和累计死亡率。
逻辑回归 模型	（1）原理：客户违约发生或不发生，模型的因变量是取值为 0 和 1 的二值变量，不要求样本数据满足正态分布，自变量和因变量之间不为线性关系。 （2）优势：逻辑回归模型输出结果可以直接解释为违约概率，直观且易于理解。 （3）劣势：对数据依赖程度高，要求足够的财务数据和违约样本。

二、基于内部评级的方法（重点掌握）

（一）风险暴露分类

真考解读 属于必考点，一般会考 3 道题。

项目	内容
主权风险 暴露	主权风险暴露是指对主权国家或经济实体区域及其中央银行、公共部门实体，以及多边开发银行、国际清算银行和国际货币基金组织等的债权。
金融机构 风险暴露	（1）含义：指商业银行对金融机构的债权。 （2）分类：银行类金融机构风险暴露和非银行类金融机构风险暴露。
公司风险 暴露	（1）含义：指商业银行对公司、合伙制企业和独资企业及其他非自然人的债权，但不包括对主权、金融机构和纳入零售风险暴露的企业的债权。

项目	内容
公司风险暴露	（2）分类：中小企业风险暴露、专业贷款风险暴露和一般公司风险暴露。 ①中小企业风险暴露是指商业银行对年营业收入（近3年营业收入的算术平均值）不超过3亿元企业的债权。 ②专业贷款具体可划分为项目融资、物品融资、商品融资和产生收入的房地产贷款四类。 ③一般公司风险暴露是指中小企业风险暴露和专业贷款风险暴露之外的其他公司风险暴露。
零售风险暴露	（1）特征：①债务人是一个或几个自然人；②笔数多，单笔金额小；③按照组合方式进行管理。 （2）分类：个人住房抵押贷款、合格循环零售风险暴露、其他零售风险暴露。 ①个人住房抵押贷款是指以购买个人住房为目的并以所购房产为抵押的贷款。 ②合格循环零售风险暴露是指各类无担保的个人循环贷款。 ③其他零售风险暴露是指除个人住房抵押贷款和合格循环零售风险暴露之外的其他对自然人的债权。
股权风险暴露	（1）含义：指商业银行直接或间接持有的股东权益。 （2）条件：①持有该项金融工具获取收益的主要来源是未来资本利得，而不是随时间所产生的收益；②该项金融工具不可赎回，不属于发行方的债务；③发行方资产或收入具有剩余索取权。
其他风险暴露	其他风险暴露主要包括购入应收账款和资产证券化风险暴露。

（二）客户评级

项目	内容
含义	客户评级是商业银行对客户偿债能力和偿债意愿的计量和评价，反映客户违约风险的大小。
评价主体	商业银行。
评价目标和结果	（1）评价目标是客户违约风险。 （2）评价结果是信用等级和违约概率。

续 表

项目	内容
功能	（1）能够有效区分违约客户，即不同信用等级的客户违约风险随信用等级的下降而呈加速上升的趋势。 （2）能够准确量化客户违约风险，即能够估计各信用等级的违约概率，并将估计的违约概率与实际违约频率的误差控制在一定范围内。
违约	（1）违约是估计违约概率、违约损失率和违约风险暴露等信用风险数据的基础。 （2）违约概率是指借款人在未来一段时间内发生违约的可能性，一般被具体定义为借款人内部评级1年期违约概率与0.03%中的较高者。解读4 ①违约概率是实施内部评级法的商业银行需要准确估计的重要风险要素，无论商业银行是采用内部评级法初级法还是内部评级法高级法，都必须按照监管要求估计违约概率。 ②两个层面：单一借款人的违约概率和某一信用等级所有借款人的违约概率。 ③违约概率与违约频率的区别如下。 ◆违约概率是分析模型做出的事前预测。 ◆违约频率是事后检验的结果。 【提示】商业银行必须在违约频率持续高于违约概率的情况下，上调违约频率。

解读4 设定0.03%的下限是为了给风险权重设定下限，也是考虑到商业银行在检验小概率事件时所面临的困难。

典型真题

【单选题】下列关于商业银行信用风险内部评级法初级法表述正确的是(　　)。

A. 银行必须自行计量违约概率

B. 银行自行计量违约损失率的数额

C. 违约损失率可由监管设定，也可自行计量

D. 与权重法的要求相同

【答案】A【解析】违约概率是实施内部评级法的商业银行需要准确估计的重要风险要素，无论商业银行是采用内部评级法初级法还是内部评级法高级法，都必须按照监管要求估计违约概率。故选A。

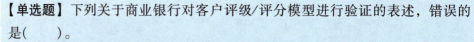

【单选题】下列关于商业银行对客户评级/评分模型进行验证的表述，错误的是(　　)。

A. 商业银行必须定期进行模型的验证

B. 商业银行必须定期比较每个信用等级的违约频率和违约概率

C. 商业银行必须在违约频率持续高于违约概率的情况下，下调违约频率

D. 商业银行必须建立一个健全的体系，用来检验评级体系、过程和风险因素评估的准确性和一致性

【答案】C【解析】商业银行必须在违约频率持续高于违约概率的情况下，上调违约频率。故选 C。

（三）债项评级

项目	内容
含义	债项评级是对交易本身的特定风险进行计量和评价，反映客户违约后估计的债项损失大小。^{解读5}
影响因素	（1）违约风险暴露。 ①含义：债务人违约时预期表内项目和表外项目的风险暴露总额。 ②内容：包括已使用的授信余额、应收未收利息、未使用授信额度的预期提取数量以及可能发生的相关费用等。 （2）违约损失率。 ①含义：估计的某一债项违约后损失的金额占该违约债项风险暴露的比例，即损失占风险暴露总额的百分比（损失的严重程度，$LGD = 1 - 回收率$）。 ②影响因素：包括项目因素、公司因素、行业因素、地区因素和宏观经济周期因素等。 ③计算方法：包括市场价值法和回收现金流法。 ◆市场价值法是通过市场上类似资产的信用价差和违约概率推算违约损失率。 ◆回收现金流法是根据违约历史清收情况，预测违约贷款在清收过程中的现金流。公式：违约损失率 = 1 - 回收率 = 1 - ［（回收金额 - 回收成本）/违约风险暴露］×100%。 （3）有效期限。 ①商业银行采用内部评级法初级法的，除回购类交易有效期限是 0.5 年外，其他非零售风险暴露的有效期限为 2.5 年。 ②商业银行采用内部评级法高级法的，应将有效期限视为独立的风险因素。

解读5 特定风险因素包括抵押、优先性、产品类别、地区、行业等。

（四）缓释工具

1. 合格抵（质）押品解读6

解读6 必考点：合格信用风险缓释工具具体内容。

项目	内容
金融质押品	（1）以特户、封金或保证金等形式特定化后的现金、黄金。 （2）银行存单，我国财政部发行的国债，中国人民银行发行的票据，我国政策性银行、商业银行发行的债券、票据和承兑的汇票，我国中央政府投资的公用企业发行的企业债券、票据和承兑的汇票。 （3）其他国家或地区主权以及由该国或地区监管当局认定为主权的公共企业所发行的BB-级及以上级别的债券，其他机构发行的BBB-级及以上级别的债券，评级在A-3/P-3级及以上的短期债务工具。 （4）同时满足以下条件的金融债券：银行发行；交易所交易；具有优先债务的性质；具有充分的流动性；虽没有外部评级，但发行人发行的同级别债券外部评级为BBB-级或A-3/P-3级及以上的债券。 （5）公开上市交易股票及可转换债券。 （6）依法可以质押的具有现金价值的人寿保险单或类似理财产品。 （7）投资于以上股票或债券的可转让基金份额，且基金应每天公开报价。
应收账款	原始期限不超过一年的财务应收账款销售、出租、提供服务产生的债权，不包括与证券化、从属参与或与信用衍生工具相关的应收账款。
商用房地产和居住用房地产	（1）依法有权处分的国有土地使用权及地上商用房、居民住房，不含工业用房。 （2）以出让方式取得的用于建设商用房或居民住房的土地使用权。
其他抵（质）押品	除金融质押品、应收账款、商用房地产、居住用房地产外，经监管机构认可的符合信用风险缓释工具认定和管理要求的抵（质）押品。

2. 合格净额结算

项目	内容
分类	包括表内净额结算、回购交易净额结算、场外衍生工具和交易账户信用衍生工具净额结算。

续 表

项目	内容
认定要求	可执行性、法律确定性和风险监控。
作用	交易主体只需承担净额支付的风险。

3. 合格保证和信用衍生工具

项目	内容
合格保证	在内部评级法初级法下，商业银行不同时考虑多个保证人的信用风险缓释作用，而是选择信用等级最好、信用风险缓释效果最优的保证人进行缓释处理。
信用衍生工具	（1）信用衍生工具的范围包括信用违约互换和总收益互换等。 （2）当信用违约互换和总收益互换提供的信用保护与保证相同时，可以作为合格信用衍生工具。

4. 信用风险缓释工具池

（1）内部评级法下预期损失的计算：预期损失（EL）＝违约概率（PD）×违约风险暴露（EAD）×违约损失率（LGD）解读7

解读7 必考点：内部评级法下预期损失的计算。

（2）预期损失属于贷款成本的部分，可以通过合理的贷款定价和提取准备金等方式进行有效管理。

典型真题

【单选题】某商业银行当期信用评级为 B 级的借款人的违约概率（PD）为 10%，违约损失率（LGD）为 40%。假设该银行当期所有 B 级借款人的表内外信贷总额为 100 亿元人民币，违约风险暴露（EAD）为 80 亿元人民币，则该银行此类借款人当期的信贷预期损失为（ ）亿元。

A. 4　　　　　B. 1　　　　　C. 0.8　　　　　D. 3.2

【答案】D 【解析】预期损失（EL）＝违约概率（PD）×违约风险暴露（EAD）×违约损失率（LGD）＝10%×80×40%＝3.2。

【多选题】商业银行实施内部评级法初级法时，可以作为合格信用风险缓释工具的有（ ）。

A. 银行承兑汇票

B. 公开上市交易股票

C. 依法有权处分的商业房地产

D. 原始期限不超过一年的应收账款

E. 限制流通的法人股

【答案】ABCD 【解析】内部评级法初级法下，合格信用风险缓释工具有：①金融质押品；②应收账款；③商用房地产和居住用房地产；④其他抵（质）押品。

三、信用风险组合的计量（了解）

真考解读 较少考查，了解即可。

（一）违约相关性

（1）违约发生的原因：①债务人自身因素；②债务人所在行业或区域因素；③宏观经济因素。其中，行业或区域因素将同时影响同行业或地区所有债务人违约的可能性，而宏观经济因素将导致不同行业之间的违约相关性。

（2）在计量单个债务人的违约概率和违约损失率之后，还应当在组合层面计量不同债务人或不同债项之间的相关性。

（二）信用风险组合计量模型

类别	内容
Credit Metrics 模型	（1）本质：是一个 VaR 模型。 （2）目的：为了计算出在一定的置信水平下，一个信用资产组合在持有期限内可能发生的最大损失。 （3）创新：解决了计算非交易性资产组合 VaR 这一难题。
Credit Portfolio View 模型	（1）原理：将转移概率与宏观因素的关系模型化，然后通过不断加入宏观因素冲击来模拟转移概率的变化，得出模型中的一系列参数值。 （2）该模型适用于投机类型的借款人。
Credit Risk + 模型	（1）原理：根据针对火灾险的财险精算原理，对贷款组合违约率进行分析，并假设在组合中，每笔贷款只有违约和不违约两种状态。^{解读8} （2）在计算过程中，模型假设每一组的平均违约率都是固定不变的，实际上平均违约率会受宏观经济状况等因素影响而发生变化。在这种情况下，贷款组合的损失分布会出现更加严重的"肥尾"现象。

解读8 火灾险财险精算原理认为，投保火灾险的众多家庭同时发生火灾的概率是很小的，而且是相互独立的。

第三节　信用风险监测与报告

视频讲解！微信扫描

一、信用风险监测（重点掌握）

真考解读 属于必考点，一般会考 3 道题。

（一）单一客户风险监测

1. 客户风险的内生变量^{解读1}

解读1 必考点：基本面指标与财务指标的具体分类。

项目	内容
基本面指标	（1）品质类指标，包括融资主体的合规性、公司治理结构、经营组织架构、管理层素质、还款意愿、信用记录等。 （2）实力类指标，包括资金实力、技术及设备的先进性、人力资源、资质等级、运营效率、成本管理、重大投资影响、对外担保因素影响等。 （3）环境类指标，包括市场竞争环境、政策法规环境、外部重大事件、信用环境等。

项目	内容
财务指标	（1）偿债能力指标，包括短期偿债能力指标和长期偿债能力指标。 ①短期偿债能力指标：营运资金、流动比率、速动比率、现金比率。 ②长期偿债能力指标：利息保障倍数、债务本息偿还保障倍数、资产负债率、净资产负债率、有息负债的息税前盈利（EBITDA）、现金支付能力。 （2）盈利能力指标，包括总资产收益率、净资产收益率、产品销售利润率、营业收入利润率、总收入利润率、销售净利润率、销售息税前利润率、资本收益率、销售成本利润率、营业成本费用利润率、总成本费用净利润率，以及上市公司的每股收益率、普通股权益报酬率、股利发放率、价格与收益比率等指标。 （3）营运能力指标，包括总资产周转率、流动资产周转率、存货周转率、应收账款周转率、固定资产周转率等指标。 （4）增长能力指标，包括资产增长率、销售收入增长率、利润增长率、权益增长率等指标。

2．客户风险的外生变量

（1）借款人的生产经营活动不是孤立的，而是与其主要股东、上下游客户、市场竞争者等"风险域"企业持续交互影响。

（2）相关群体的变化，均可能对借款人的生产经营和信用状况造成影响。因此，对单一客户风险的监测，需要从个体延伸到"风险域"企业。

3．贷款五级分类 解读2

类别	内容
正常类贷款	借款人能履行合同，没有足够理由怀疑贷款本息不能按时足额偿还的贷款。
关注类贷款	尽管借款人目前有能力偿还贷款本息，但存在一些可能对偿还产生不利影响因素的贷款。
次级类贷款	借款人的还款能力出现明显问题，完全依靠其正常经营收入无法足额偿还贷款本息，即使执行担保，也可能会造成一定损失的贷款。
可疑类贷款	借款人无法足额偿还贷款本息，即使执行担保，也肯定要造成较大损失的贷款。
损失类贷款	在采取所有可能的措施或一切必要的法律程序之后，本息仍然无法收回，或只能收回极少部分的贷款。

解读2 正常、关注类贷款称为正常贷款或优良贷款；次级、可疑、损失类贷款称为不良贷款。

（二）组合风险监测

项目	内容
传统的组合监测方法	传统的组合监测方法主要是对信贷资产组合的授信集中度和结构进行分析监测。 （1）授信集中是指相对于商业银行资本金、总资产或总体风险水平而言，存在较大潜在风险的授信。 （2）结构分析包括行业、客户、产品、区域等的资产质量、收益（利润贡献度）等维度。
资产组合模型	（1）估计各暴露之间的相关性，从而得到整体价值的概率分布。 （2）不处理各暴露之间的相关性，而把投资组合看作一个整体，直接估计该组合资产的未来价值概率分布。

（三）风险监测主要指标

指标	内容
不良贷款率[解读3]	（1）含义：不良贷款率为不良贷款与贷款总额之比。 （2）公式：不良贷款率＝（次级类贷款＋可疑类贷款＋损失类贷款）/各项贷款余额×100%。
关注类贷款占比	（1）含义：关注类贷款占比为关注类贷款与各项贷款余额之比。 （2）公式：关注类贷款占比＝关注类贷款/各项贷款余额×100%。
逾期贷款率	（1）含义：逾期贷款指借款合同约定到期（含展期后到期）未归还的贷款（不含呆滞贷款和呆账贷款）。 （2）公式：逾期贷款率＝逾期贷款余额/各项贷款余额×100%。
贷款风险迁徙率	（1）正常贷款迁徙率。[解读4] 公式：正常贷款迁徙率＝［（期初正常类贷款中转为不良贷款的金额＋期初关注类贷款中转为不良贷款的金额）/（期初正常类贷款余额－期初正常类贷款期间减少金额＋期初关注类贷款余额－期初关注类贷款期间减少金额）］×100%。 （2）正常类贷款迁徙率。 公式：正常类贷款迁徙率＝［期初正常类贷款向下迁徙金额/（期初正常类贷款余额－期初正常类贷款期间减少金额）］×100%。 （3）关注类贷款迁徙率。 公式：关注类贷款迁徙率＝［期初关注类贷款向下迁徙金额/（期初关注类贷款余额－期初关注类贷款期间减少金额）］×100%。 （4）次级类贷款迁徙率。

解读3 不良贷款率是衡量银行资产质量最重要的指标。

解读4 贷款风险迁徙率是衡量商业银行信用风险变化的程度，属于动态监测指标。

续　表

指标	内容
贷款风险迁徙率	公式：次级类贷款迁徙率＝［期初次级类贷款向下迁徙金额/（期初次级类贷款余额－期初次级类贷款期间减少金额）］×100%。 （5）可疑类贷款迁徙率。 公式：可疑类贷款迁徙率＝［期初可疑类贷款向下迁徙金额/（期初可疑类贷款余额－期初可疑类贷款期间减少金额）］×100%。
预期损失率	（1）含义：预期损失是指信用风险损失分布的数学期望，代表大量贷款或交易组合在整个经济周期内的平均损失，是商业银行已经预计到将会发生的损失。 （2）公式：预期损失率＝预期损失/资产风险暴露×100%。
不良贷款拨备覆盖率	（1）含义：不良贷款拨备覆盖率是指贷款损失准备与不良贷款余额之比。 （2）公式：不良贷款拨备覆盖率＝［（一般准备＋专项准备＋特种准备）/（次级类贷款＋可疑类贷款＋损失类贷款）］×100%。
贷款拨备率	（1）含义：贷款拨备率是指贷款损失准备与各项贷款余额之比。 （2）公式：贷款拨备率＝（一般准备＋专项准备＋特种准备）/各项贷款余额×100%。
贷款损失准备充足率	贷款损失准备充足率＝贷款实际计提准备/贷款应提准备×100%。其中，贷款实际计提准备指商业银行根据贷款预计损失而实际计提的准备。
单一客户授信集中度	（1）含义：单一客户授信集中度又称单一客户贷款集中度，是指其中最大一家客户授信总额与资本净额之比。 （2）公式：单一客户授信集中度＝最大一家客户授信总额/资本净额×100%。
关联授信比例	（1）公式：关联授信比例＝全部关联方授信总额/资本净额×100%。 （2）关联方包括关联自然人、法人或其他组织。

解读5 贷款拨备率是巴塞尔委员会为应对贷款分类的周期性，引入的一个没有风险敏感性的指标。

典型真题

【单选题】 过去 3 年,某企业集团的经营重点逐步从机械制造转向房地产开发。商业银行在审核该集团法人客户的贷款申请时发现,其整体投资现金流连年为负,经营现金流显著减少,融资现金流需求急剧放大。根据上述信息,下列分析恰当的是( )。

A. 多元化经营有助于提升该企业集团的盈利能力

B. 该企业集团的短期偿债能力较弱

C. 投资房地产行业的收益确保该企业集团的偿债能力很强

D. 该企业集团投资房地产已经造成损失

【答案】 B **【解析】** 企业短期偿债能力的衡量指标包括流动比率、速动比率、现金比率、保守的速动比率。根据该企业集团整体投资现金流连年为负,经营现金流显著减少,可以推断其短期偿债能力较弱。故选 B。

【单选题】 假设某银行当期贷款按五级分类标准分别是:正常类贷款 800 亿元,关注类贷款 200 亿元,次级类贷款 35 亿元,可疑类贷款 10 亿元,损失类贷款 5 亿元,一般准备、专项准备、特种准备分别为 40 亿元、15 亿元、5 亿元,则该银行当期的不良贷款拨备覆盖率为( )。

A. 20%   B. 80%   C. 100%   D. 120%

【答案】 D **【解析】** 不良贷款拨备覆盖率 = [(一般准备 + 专项准备 + 特种准备)/(次级类贷款 + 可疑类贷款 + 损失类贷款)] ×100% = (40 + 15 + 5)/(35 + 10 + 5)×100% = 120%。故选 D。

二、信用风险预警 (掌握)

(一)风险预警的程序和主要方法

项目	内容
程序	(1)信用信息的收集和传递。 (2)风险分析。 (3)风险处置。风险处置可以分为预控性处置和全面性处置。 (4)后评价。后评价是指对风险预警的结果进行科学的评价。
方法	(1)适应监管底线的风险预警管理。 (2)适应本行内部信用风险执行效果的预警管理。 (3)适应有关客户信用风险监测的预警管理。

真考解读 考试大纲要求掌握,实际考查相对较少。

解读6 行业风险预警目的是预测目标行业的发展前景及该行业中企业所面临的共同风险。

（二）行业风险预警^{解读6}

行业因素	内容
行业环境	主要包括经济周期因素、财政货币政策、国家产业政策、法律法规等方面。
行业经营	主要包括市场供求、产业成熟度、行业垄断程度、产业依赖度、产品替代性、行业竞争主体的经营状况、行业整体财务状况。
行业财务	主要包括净资产收益率、行业盈亏系数、资本积累率、销售利润率、产品产销率以及全员劳动生产率6项关键指标。
行业重大突发事件	行业发生重大突发事件后，一般都会对行业中的企业以及相关行业中的企业正常生产经营造成影响，从而给商业银行正常的本息回收工作带来不利影响。

（三）区域风险预警

项目	内容
政策法规发生重大变化	某些政策法规发生重大变化，可能会直接影响地方经济的发展方向、发展速度、竞争格局等，同时对区域内的企业也可能会产生不同程度的影响，从而引发区域风险。
区域经营环境出现恶化	在对区域风险监测的过程中要关注区域的经济发展状况及发展趋势，如地区生产总值增长率、地区生产总值占比等。
区域商业银行内部出现风险因素	关注分支机构信贷规模、资产质量、管理班子、基层人员结构等异常变动和经营管理恶化情况，以及内外部审计、检查发现的违规、违纪、违法等现象。

（四）客户风险预警

（1）银行贷款一般不会一夜之间变成问题贷款或损失，在信贷资产质量逐渐恶化之前，借款人往往会出现许多预警信息。

（2）法人客户风险预警可分为财务风险预警和非财务风险预警两大类。

三、信用风险报告（掌握）

真考解读属于常考点，一般会考1道题。

（一）风险报告的职责和路径

项目	内容
职责	（1）保证对有效全面风险管理的重要性和相关性的清醒认识。 （2）传递商业银行的风险偏好和风险容忍度。 （3）实施并支持一致的风险语言/术语。 （4）使员工在业务部门、流程和职能单元之间分享风险信息。 （5）告诉员工在实施和支持全面风险管理中的角色和职责。 （6）利用内部数据和外部事件、活动、状况的信息，为商业银行风险管理和目标实施提供支持。 （7）保障风险管理信息及时、准确地向上级或者同级的风险管理部门、外部监管部门、投资者报告。
路径	（1）采取纵向报送与横向传送相结合的矩阵式结构。 （2）与传统的书面报告方式相比，风险管理信息系统真正实现了风险管理信息/报告的多向化、交互式传递，在保证风险管理部门独立性的同时，确保管理层对业务部门主要风险的实时监控。

（二）风险报告的主要内容

分类	内容
按报告的使用者划分	（1）内部报告，包括评价整体风险状况、识别当期风险特征、分析重点风险因素、总结专项风险工作以及配合内部审计检查。 （2）外部报告，包括提供监管数据、反映管理情况以及提出风险管理的措施建议等。
按报告的类型划分	（1）综合报告。 ①含义：指各报告单位针对管理范围内、报告期内各类风险与内控状况撰写的综合性风险报告。 ②内容：辖内各类风险总体状况及变化趋势、分类风险状况及变化原因分析、风险应对策略及具体措施以及加强风险管理的建议。 （2）专题报告。 ①含义：指各报告单位针对管理范围内发生（或潜在）的重大风险事项与内控隐患所做出的专题性风险分析报告。 ②内容：重大风险事项描述（事由、时间、状况等）、发展趋势及风险因素分析以及已采取和拟采取的应对措施。

解读7 商业银行应报告的重大风险事项，考生应掌握。

（三）商业银行应报告的重大风险事项 解读7

商业银行的重大风险事项：①重大信贷风险事项；②重大市场风险事项；③重大利率风险事项；④重大突发性事件；⑤重大法律风险事项；⑥各报告单位认为应报告的其他重大风险事项。

典 型 真 题

【多选题】商业银行应报告的重大风险事项包括（　　）。

A. 重大信贷风险事项　　　　　B. 重大利率风险事项

C. 重大法律风险事项　　　　　D. 重大市场风险事项

E. 重大突发性事项

【答案】ABCDE 【解析】选项中所列事项均为商业银行应报告的重大风险事项。

第四节　信用风险控制与缓释

真考解读 属于常考点，一般会考1道题。

一、限额管理（掌握）

（一）单一客户授信限额管理

限额因素	内容
客户的债务承受能力	（1）根据客户的最高债务承受额提供授信。 （2）客户在其他商业银行的原有授信、在本行的原有授信和准备发放的新授信业务。
银行的损失承受能力	银行对某一客户的损失承受能力用客户损失限额表示，代表了商业银行愿意为某一具体客户所承担的损失限额。 【提示】当客户的授信总额超过上述两个限额中的任一限额时，商业银行都不能再向该客户提供任何形式的授信业务。

（二）集团客户授信限额管理

项目	内容
"三步走"	（1）根据总行关于行业的总体指导方针和集团客户与授信行的密切关系，初步确定对该集团整体的授信限额。 （2）根据单一客户的授信限额，初步测算关联企业各成员单位（含集团公司本部）最高授信限额的参考值。 （3）分析各授信单位的具体情况，调整各成员单位的授信限额。同时，使每个成员单位的授信限额之和控制在集团公司整体的授信限额以内，并最终核定各成员单位的授信限额。

续 表

项目	内容
关键点	（1）统一识别标准，实施总量控制。 （2）掌握充分信息，避免过度授信。 （3）主办银行牵头，协调信贷业务。

（三）国家风险与区域风险限额管理

项目	内容
国家风险	（1）国家风险限额是用来对某一国家的信用风险暴露进行管理的额度框架。国家风险限额管理基于对一个国家的综合评级，至少一年重新检查一次。^{解读1} （2）国家风险暴露包括：①一个国家的信用风险暴露；②跨境转移风险；③高压力风险事件情景。
区域风险	（1）国外银行一般只对较大的跨国区域设置区域风险限额。 （2）我国幅员辽阔、各地经济发展水平相差较多，在一定时期内实施区域风险管理是很有必要的。

（四）组合限额管理^{解读2}

项目	内容
授信集中度限额	（1）授信集中是指商业银行资本金、总资产或总体风险水平过于集中在下列某一类组合中：①单一的交易对象；②关联的交易对象团体；③特定的产业或经济部门；④某一区域；⑤某一国家或经济联系紧密的一组国家；⑥某一类产品；⑦某一类交易对方类型（如商业银行、教育机构或政府部门）；⑧同一类（高）风险/低信用质量级别的客户；⑨同一类授信安排；⑩同一类抵押担保；相同的授信期限。 （2）行业、产品、风险等级和担保是最常用的组合限额设定维度。^{解读3}
总体组合限额	（1）总体组合限额是在分别计量贷款、投资、交易和表外风险等不同大类组合限额的基础上计算得出的。 （2）设定组合限额主要可分为以下五步。 ①按某组合维度确定资本分配权重。 ②根据资本分配权重，对预期的组合进行压力测试，估算组合的损失。 ③将压力测试估算出的预计组合损失与商业银行的资本相对比。 ④根据资本分配权重，确定各组合（按行业、按产品等）以资本表示的组合限额：以资本表示的组合限额＝资本×资本分配权重。 ⑤根据资本转换因子，将以资本表示的该组合的组合限额转换为以计划授信额表示的组合限额。

解读1 常考点：国家风险限额。

解读2 组合限额是信贷资产组合层面的限额，是组合信用风险控制的重要手段之一。

解读3 常考点：组合限额设定维度。

典型真题

【单选题】国家风险限额管理基于对一个国家的综合评级，至少（　　）重新检查一次。

A. 一个月　　　　B. 半年　　　　C. 一年　　　　D. 三年

【答案】C【解析】国家风险限额管理基于对一个国家的综合评级，至少一年重新检查一次。故选 C。

【多选题】授信集中度限额可以按不同维度进行设定，其中最常用的组合限额设定维度包括（　　）。

A. 行业　　　　B. 产品　　　　C. 风险等级　　　　D. 担保

E. 国家信用风险

【答案】ABCD【解析】行业、产品、风险等级和担保是最常用的组合限额设定维度。故选项 A、选项 B、选项 C、选项 D 符合题意。

真考解读属于必考点，一般会考 2 道题。

二、关键业务环节控制和缓释（重点掌握）

（一）授信权限管理

商业银行授信权限管理通常遵循以下原则。

（1）给予每一交易对方的信用须得到一定权力层次的批准。

（2）集团内所有机构在进行信用决策时应遵循一致的标准。

（3）债项的每一个重要改变（如主要条款、抵押结构及主要合同）应得到一定权力层次的批准。

（4）交易对方风险限额的确定和对单一信用风险暴露的管理应符合组合的统一指导及信用政策，每一决策都应建立在风险—收益分析基础之上。

（5）根据审批人的资历、经验和岗位培训，将信用审批授权分配给审批人并定期进行考核。

解读4必考点：贷款定价的公式及具体含义。

（二）贷款定价 解读4

项目	内容
含义	贷款定价的形成机制比较复杂，主要包括市场、银行和监管机构三方面。
公式	贷款最低定价 =（资金成本＋经营成本＋风险成本＋资本成本）/贷款额 （1）资金成本包括债务成本和股权/其他成本。 （2）经营成本包括日常管理成本和税收成本。 （3）风险成本指预期损失和非预期损失，预期损失 = 违约概率×违约损失率×违约风险暴露。 （4）资本成本主要是指用来覆盖该笔贷款的信用风险所需经济资本的成本，在数值上等于经济资本与股东最低资本回报率的乘积。

续　表

项目	内容
影响因素	（1）客户风险。 （2）商业银行当前资产组合结构。

（三）信贷审批^{解读5}

解读5必考点：信贷审批的原则。

项目	内容
含义	信贷审批是在贷前调查和分析的基础上，由获得授权的审批人在规定的限额内，结合交易对方或贷款申请人的风险评级，对其信用风险暴露进行详细的评估之后作出信贷决策的过程。
原则	（1）审贷分离原则。信贷审批应当完全独立于贷款的营销和贷款的发放。 （2）统一考虑原则。在进行信贷决策时，商业银行应当对可能引发信用风险的借款人的所有风险暴露和债项做统一考虑和计量，包括贷款、回购协议、再回购协议、信用证、承兑汇票、担保和衍生交易工具等。 （3）展期重审原则。原有贷款和其他信用风险暴露的任何展期都应作为一个新的信用决策，需要经过正常的审批程序。

（四）贷后管理

项目	内容
含义	贷后管理是指从贷款发放或其他信贷业务发生之日起到贷款本息收回或信用结束之时止信贷管理行为的总称，是信贷全过程管理的重要阶段。
分类	贷后管理包括贷后审核、信贷资金监控、贷后检查、担保管理、风险分类、到期管理、考核与激励及信贷档案管理等。
提升贷后管理的措施	（1）建立并完善贷后管理制度体系。 （2）优化岗位设置、明晰管理责任。 （3）强化贷后激励约束考核。 （4）加强贷后管理与贷款申报、授信审批环节的衔接。

（五）风险缓释

（1）商业银行应根据本机构业务特点，建立信用风险缓释制度、政策和程序，定期对风险缓释措施有效性进行评估。

（2）重点评估对象包括以下三个方面。

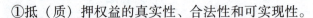

①抵（质）押权益的真实性、合法性和可实现性。

②抵（质）押物价值评估的审慎性。

③抵（质）押档案的完备性和合同条款的严密性。

典型真题

【单选题】下列关于信贷审批的说法中，不正确的是(　　)。

A. 信贷审批应当完全独立于贷款的营销和发放

B. 原有贷款的展期无须再次经过审批程序

C. 在进行信贷决策时，商业银行应当对可能引发信用风险的借款人的所有风险暴露和债项做统一考虑和计量

D. 在进行信贷决策时，应当考虑衍生交易工具的信用风险

【答案】B【解析】信贷审批应遵循展期重审原则，原有贷款和其他信用风险暴露的任何展期都应作为一个新的信用决策，需要经过正常的审批程序。

【判断题】贷款定价所包含的成本包括资金成本、经营成本、风险成本和资本成本。资本成本主要是指商业银行的股权成本，资金成本主要指商业银行负债的债务成本。(　　)

A. 正确　　　　　　　　　　B. 错误

【答案】B【解析】贷款定价所包含的成本包括资金成本、经营成本、风险成本和资本成本。资本成本主要是指用来覆盖该笔贷款的信用风险所需要的经济资本，资金成本主要指商业银行负债的债务成本。

第五节　信用风险资本计量

真考解读 较少考查，了解即可。

一、权重法（了解）

项目	内容
含义	（1）权重是银行将全部资产按监管规定的类别进行分类，并采用监管规定的风险权重计量信用风险加权资产。 （2）权重法下信用风险加权资产为银行账户表内资产信用风险加权资产与表外项目信用风险加权资产之和。 ①表内资产风险加权资产=（资产账面价值－减值准备）×各自的风险权重。 ②在计量表外项目风险加权资产时，先将表外项目名义金额乘以信用转换系数得到等值的表内资产，再按表内资产的处理方式。

续 表

项目	内容
表内资产风险权重	（1）现金及现金等价物的权重：0%。 （2）对我国中央政府和中央银行的债权的权重：0%。 （3）对我国公共部实体的债权的权重：20%。 （4）对我国政策性银行的债权（不含次级债）的权重：0%。 （5）对我国商业银行的次级债权的权重：100%。 （6）对我国其他金融机构的债权的权重：100%。 （7）对多边开发银行、国际清算银行和国际货币基金组织的债权的权重：0%。 （8）对一般企业的债权的权重：100%。 （9）对微型和小型企业的债权的权重：75%。其中，商业银行对单家企业（或企业集团）的风险暴露不超过 500 万元；商业银行对单家企业（或企业集团）的风险暴露占本行信用风险暴露总额的比例不高于 0.5%。 （10）个人住房抵押贷款的权重：50%。 （11）个人其他债权的权重：75%。

二、内部评级法（了解）

（1）内部评级法分为初级法和高级法。

①采用初级法的银行应自行估计违约概率，违约损失率、违约风险暴露和有效期限等由监管部门规定。

②采用高级法的银行都要估计违约概率、违约损失率、违约风险暴露和有效期限。

③对于零售类风险暴露，不区分初级法和高级法，银行都要自行估计违约概率、违约损失率和违约风险暴露。

（2）商业银行采用内部评级法的，应当按照主权、金融机构、公司和零售等不同的风险暴露分别计算其信用风险加权资产，在计算时按照未违约风险暴露和违约风险暴露进行区分。

真考解读 较少考查，了解即可。

第六节　集中度风险管理

一、集中度风险的含义和特征（熟悉）

真考解读 考查相对较少，考生熟悉集中度风险的特征即可。

项目	内容
集中度风险的含义	集中度风险是指银行对源于同一或同类风险的敞口过大，可能造成巨大损失，甚至直接威胁到银行的信誉、持续经营的能力乃至生存。
集中度风险的情形	交易对手或借款人集中风险、地区集中风险、行业集中风险、信用风险缓释工具集中风险、资产集中风险、表外项目集中风险和其他集中风险。
集中度风险的特征	（1）集中度风险与银行的风险偏好密切相关，属于战略层面的风险，既是一种潜在的、一旦爆发损失巨大的风险，又是一种派生性风险，通常依附于其他风险之中。 （2）集中度风险管理的最佳方式是限额管理。

二、授信集中度管理主要框架（熟悉）

真考解读 考查相对较少，考生熟悉大额风险暴露的监管指标要求即可。

（一）分类和要求

项目	内容
贷款集中度	商业银行对同一借款人的贷款余额与商业银行资本余额的比例不得超过10%。
集团客户授信集中度	商业银行对单一集团客户授信余额不得超过该商业银行资本净额的15%。
关联方授信集中度	商业银行对一个关联方的授信余额不得超过商业银行资本净额的10%；对一个关联法人或其他组织所在集团客户的授信余额总数不得超过商业银行资本净额的15%；对全部关联方的授信余额不得超过商业银行资本净额的50%。
同业客户授信集中度	单家商业银行对单一金融机构法人的不含结算性同业存款的同业融出资金，扣除风险权重为0%的资产后的净额，不得超过该银行一级资本的50%。

（二）大额风险暴露管理

项目	内容
含义	大额风险暴露是指商业银行对单一客户或一组关联客户超过其一级资本净额2.5%的风险暴露。
监管指标要求	（1）对非同业单一客户的贷款余额不得超过资本净额的10%，对非同业单一客户的风险暴露不得超过一级资本净额的15%。 （2）对一组非同业关联客户的风险暴露不得超过一级资本净额的20%。 （3）对同业单一客户或集团客户的风险暴露不得超过一级资本净额的25%。 （4）全球系统重要性银行对另一家全球系统重要性银行的风险暴露不得超过一级资本净额的15%。

第七节 贷款损失准备与不良资产处置

一、贷款损失准备管理（掌握）

（一）贷款损失准备

项目	内容
一般准备	（1）含义：一般准备是根据全部贷款余额的一定比例计提的用于弥补尚未识别的可能性损失的准备。 （2）特征：银行按季计提一般准备，一般准备年末余额应不低于年末贷款余额的1%。
专项准备	（1）含义：专项准备是指根据《贷款风险分类指导原则》对贷款进行风险分类后，按每笔贷款损失的程度计提的用于弥补专项损失的准备。解读1 （2）特征：①对于关注类贷款，计提比例为2%；②对于次级类贷款，计提比例为25%；③对于可疑类贷款，计提比例为50%；④对于损失类贷款，计提比例为100%。
特种准备	（1）含义：特种准备指针对某一国家、地区、行业或某一类贷款风险计提的准备。 （2）特征：银行根据不同类别（如国别、行业）贷款的特殊风险情况、风险损失概率及历史经验，自行确定按季计提比例。

真考解读 属于常考点，一般会考1道题。

解读1 次级类和可疑类贷款的损失准备，计提比例可以上下浮动20%。

解读2 银行贷款损失准备俗称拨备。

（二）贷款损失准备管理^{解读2}

项目	内容
建立贷款拨备率和拨备覆盖率监管标准	《商业银行贷款损失准备管理办法》设置两项重要监管指标，其中贷款拨备率基本标准为 2.5%，拨备覆盖率基本标准为 150%，该两项标准中的较高者为商业银行贷款损失准备的监管标准。
建立动态调整贷款损失准备制度	（1）监管部门对贷款损失准备监管要求进行动态化和差异化调整。 ①经济上行期适度提高贷款损失准备要求，经济下行期则根据贷款核销情况适度调低。 ②根据单家银行业金融机构的贷款质量和盈利能力，适度调整贷款损失准备要求。 （2）2018 年《关于调整商业银行贷款损失准备监管要求的通知》明确调整规定，拨备覆盖率监管要求由 150% 调整为 120% ~ 150%，贷款拨备率监管要求由 2.5% 调整为 1.5% ~ 2.5%。
建立同质同类、一行一策原则	（1）贷款分类准确性。 ①根据单家银行逾期 90 天以上贷款纳入不良贷款的比例，对风险分类结果准确性高的银行，可适度下调贷款损失准备监管要求。 ②结合风险排查、现场检查发现的不良贷款违规虚假出表等掩藏风险情况，可适度提高单家银行贷款损失准备监管要求。 （2）处置不良贷款主动性。 根据单家银行处置的不良贷款与新形成不良贷款的比例，对积极主动利用贷款损失准备处置不良贷款的银行，可适度下调贷款损失准备监管要求。 （3）资本充足性。 ①根据单家银行资本充足率情况，对资本充足率高的银行，可适度下调贷款损失准备监管要求。 ②对资本充足率不达标的银行，不得下调贷款损失准备监管要求。

二、不良资产处置（重点掌握）

真考解读 属于必考点，一般会考2道题。

（一）清收处置

项目	内容
含义	不良贷款清收是指不良贷款本息以货币资金净收回。
内容	不良贷款清收管理包括不良贷款的清收、盘活、保全和以资抵债。
分类	（1）按照是否采用法律手段，清收可以分为常规催收、依法收贷等。 （2）按照对于债务人资产等处置的方式，处置可分为处置抵（质）押物、以物抵债及抵债资产处置、破产清算等。

（二）贷款重组/债务重组

项目	内容
含义	贷款重组是当债务人因种种原因无法按原有合同履约时，商业银行为了降低客户违约风险引致的损失，而对原有贷款结构（期限、金额、利率、费用、担保等）进行调整、重新安排、重新组织的过程。
流程	（1）第一步，成本收益分析。 （2）第二步，准备重组方案。包括以下内容：①基本的重组方向；②重大的重组计划（业务计划和财务规划）；③重组的时间约束；④重组的财务约束；⑤重组流程每个阶段的评估目标。 （3）第三步，与债务人磋商和谈判，并就贷款重组的措施、条件、要求和实施期限达成共识。
措施	（1）调整信贷产品。 （2）调整贷款期限（贷款展期或缩短贷款期限）、贷款利率以及减少贷款额度。 （3）增加控制措施，限制企业经营活动。

（三）贷款核销 解读3

解读3 必考点：贷款核销的含义及特征。

项目	内容
含义	贷款核销是指对无法回收的、认定为损失的贷款进行减值准备核销。

续 表

项目	内容
特征	（1）贷款损失的核销要建立严格的审核、审批制度。 （2）核销是银行内部账务处理过程，核销后不再进行会计确认和计量，但债权关系仍然存在，需建立贷款核销档案，即"账销案存"，银行应继续保留对贷款的追索权。

典型真题

【单选题】下列关于商业银行贷款损失核销的表述，错误的是（　　）。

A. 核销后银行的债权关系仍然存在，需要建立贷款核销档案

B. 核销是银行内部财务处理过程，核销后不再进行会计确认和计量

C. 核销是指对无法回收的，认定为损失的贷款进行减值准备核销

D. 核销后银行应移交对贷款的追索权

【答案】D 【解析】商业银行贷款损失核销后不再进行会计确认和计量，但债权关系仍然存在，需建立贷款核销档案，即"账销案存"，银行应继续保留对贷款的追索权。故选D。

（四）贷款转让

项目	内容
含义	不良贷款转让（打包出售）是指银行对10户/项以上规模的不良贷款进行组包，通过协议转让、招标、拍卖等形式，将不良贷款及全部相关权利义务转让给资产管理公司的行为。^{解读4}
批量转让不良资产的范围	（1）金融企业在经营中形成的以下不良信贷资产和非信贷资产可批量转让。^{解读5} ①按规定程序和标准认定为次级、可疑、损失类的贷款。 ②已核销的账销案存资产。 ③抵债资产。 ④其他不良资产。 （2）下列不良资产不得进行批量转让。^{解读6} ①债务人或担保人为国家机关的资产。 ②经国务院批准列入全国企业政策性关闭破产计划的资产。 ③国防军工等涉及国家安全和敏感信息的资产。

解读4 "户"是指独立企业法人，"项"是指抵债资产。

解读5 必考点：不良信贷资产和非信贷资产批量转让。

解读6 从回收率角度来看，批量转让的本金回收率一般小于100%，即会存在处置损失。

续 表

项目	内容
批量转让不良资产的范围	④个人贷款（包括向个人发放的购房贷款、购车贷款、教育助学贷款、信用卡透支、其他消费贷款等以个人为借款主体的各类贷款）。 ⑤在借款合同或担保合同中有限制转让条款的资产。 ⑥国家法律法规限制转让的其他资产。

（五）不良资产证券化

（1）不良贷款证券化能够拓宽商业银行处置不良贷款的渠道，加快不良贷款处置速度，有利于提高商业银行资产质量。

（2）不良资产证券化能够更好地发现不良贷款价格，有利于提高银行对于不良贷款的回收率水平。

（六）债转股

1. 适用企业和债权范围

项目	内容
适用企业	各类所有制企业均可依据国家政策导向开展市场化债转股。
条件	（1）发展前景较好，具有可行的企业改革计划和脱困安排。 （2）主要生产装备、产品、能力符合国家产业发展方向，技术先进，产品有市场，环保和安全生产达标。 （3）信用状况较好，无故意违约、转移资产等不良信用记录。
目的	促进优胜劣汰。

2. 实施机构

（1）银行不得直接将债权转为股权（国家另有规定除外）。

（2）银行将债权转为股权，应通过向实施机构转让债权、由实施机构将债权转为对象企业股权的方式实现。

（3）鼓励金融资产管理公司、保险资产管理机构、国有资本投资运营公司等多种类型实施机构参与开展市场化债转股。

3. 市场化债转股价格和条件确定

（1）以市场化、法治化方式开展债转股。

（2）银行、实施机构和企业依据国家政策导向自主协商转股价格和条件，实施机构市场化筹集债转股所需资金。

①允许参考股票二级市场交易价格确定国有上市公司转股价格。

②允许参考竞争性市场报价或其他公允价格确定国有非上市公司转股价格。

章节练习

一、单选题（以下各小题所给出的四个选项中，只有一项符合题目要求，请选择相应选项，不选、错选均不得分）

1. 个人信贷业务是国内个人业务的主要组成部分。未核实第一还款来源或在第一还款来源不充足的情况下，向客户发放个人住房贷款属于（　　）主要操作风险点。

   A. 个人耐用消费品贷款　　　　　　　　　B. 个人生产经营贷款

   C. 个人住房按揭贷款　　　　　　　　　　D. 个人质押贷款

2. 信用评分模型对个人客户而言，可观察到的特征变量不包括（　　）。

   A. 现金流量　　　　　　B. 年龄　　　　　　C. 资产　　　　　　D. 收入

3. 以下说法中不正确的是（　　）。

   A. 违约频率是事后的检验结果

   B. 违约概率和违约频率不是同一个概念

   C. 违约概率和违约频率通常情况下是相等的

   D. 违约概率是分析模型作出的事前预测

4. 某商业银行 2014 年贷款总额 100 亿元，贷款应提准备 4 亿元，贷款实际计提准备 6 亿元，则该银行的贷款准备充足率是（　　）。

   A. 150%　　　　　　B. 67%　　　　　　C. 60%　　　　　　D. 40%

二、多选题（以下各小题所给出的五个选项中，有两项或两项以上符合题目的要求，请选择相应选项，多选、少选、错选均不得分）

1. 商业银行在对法人客户信用风险的财务分析中，若企业拟申请中长期贷款，但其当前正常经营活动的现金净流量是负值时，则以下做法恰当的有（　　）。

   A. 在贷款初期，应当考察借款人是否有足够的融资能力和投资能力来获得所需的现金流量以偿还贷款利息

   B. 主要分析该企业未来的经营活动是否能够产生足够的现金流量以偿还贷款本息

   C. 由于企业经营活动的现金净流量是负值，所以商业银行不应当批准这项贷款

   D. 商业银行在对该企业进行财务分析时，需要考虑企业的发展时期

   E. 进行现金流量分析分析时考虑不同发展时期的现金流特性

2. 根据财政部《金融企业不良资产批量转让管理办法》，下列不良资产不得进行批量转让的有（　　）。

   A. 已核销的账销案存资产

   B. 在借款合同或担保合同中有限制转让条款的资产

   C. 经国务院批准列入全国企业政策性关闭破产计划的资产

   D. 国防军工等涉及国家安全和敏感信息的资产

   E. 债务人或担保人为国家机关的资产

三、判断题（请对以下各项描述做出判断，正确的为 A，错误的为 B）

1. 个人住房贷款"假按揭"是指事业单位职工或者其他关系人冒充客户，通过虚假购买的方式套取银行贷款的行为。（　　）

   A. 正确　　　　　　　　　　　　B. 错误

2. 信用评分模型的突出特点在于将信贷专家的经验和判断作为信用分析和决策的主要基础，这种主观性很强的方法/体系带来的一个突出问题是对信用风险的评估缺乏一致性。（　　）

   A. 正确　　　　　　　　　　　　B. 错误

答案详解

一、单选题

1. C【解析】个人信贷业务是国内个人业务的主要组成部分。未核实第一还款来源或在第一还款来源不充足的情况下，向客户发放个人住房贷款属于个人住房按揭贷款主要操作风险点。

2. A【解析】信用评分模型是一种传统的信用风险量化模型，利用可观察到的借款人特征变量计算出一个数值（得分）来代表债务人的信用风险，并将借款人归类于不同的风险等级。对个人客户而言，可观察到的特征变量主要包括收入、资产、年龄、职业以及居住地等；对法人客户而言，包括现金流量、各种财务比率等。

3. C【解析】违约频率是事后的检验结果，违约概率是分析模型作出的事前预测，这是两者存在的本质区别。

4. A【解析】贷款损失准备充足率 = 贷款实际计提准备 ÷ 贷款应提准备 × 100% = 6 ÷ 4 × 100% = 150%。

二、多选题

1. ABDE【解析】选项 C 虽然企业当前经营活动的现金净流量是负值，并不表示不能贷款给他，可能企业刚好处于开发期和成长期，此时正常经营活动的现金净流量一般是负值。其余选项均正确。

2. BCDE【解析】根据《金融企业不良资产批量转让管理办法》第八条的规定，下列不良资产不得进行批量转让：①债务人或担保人为国家机关的资产。②经国务院批准列入全国企业政策性关闭破产计划的资产。③国防军工等涉及国家安全和敏感信息的资产。④个人贷款（包括向个人发放的购房贷款、购车贷款、教育助学贷款、信用卡透支、其他消费贷款等以个人为借款主体的各类贷款）。⑤在借款合同或担保合同中有限制转让条款的资产。⑥国家法律法规限制转让的其他资产。

三、判断题

1. B【解析】个人住房贷款"假按揭"是指开发商以单位职工或者其他关系人冒充客户，通过虚假购买的方式套取银行贷款的行为。

2. B【解析】专家系统的突出特点在于将信贷专家的经验和判断作为信用分析和决策的主要基础，这种主观性很强的方法/体系带来的一个突出问题是对信用风险的评估缺乏一致性。

第五章　市场风险管理

　　本章主要介绍市场风险识别、市场风险计量、市场风险监测与报告、市场风险资本计量以及银行账簿利率风险管理五个方面的内容。本章在考试中涉及的分值约为 16 分，所占分值相对较高，考生应多加关注。考查的重点在市场风险计量的基本概念、计量方法以及市场风险限额管理等内容。难点在于掌握市场风险计量方法的分析，理解市场风险控制的措施。

思维导图

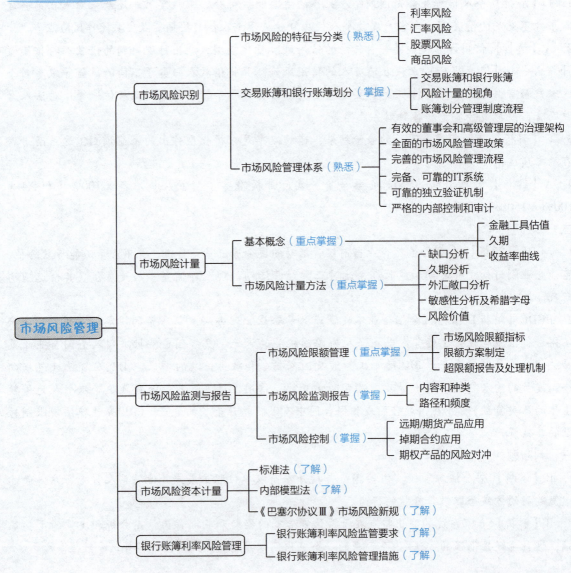

 知识精讲

第一节 市场风险识别

一、市场风险的特征与分类（熟悉）

真考解读 考查相对较少，考生熟悉即可。

项目	内容
利率风险	（1）含义：利率风险指市场利率变动的不确定性给商业银行造成损失的可能性。 （2）分类：重新定价风险、收益率曲线风险、基准风险和期权性风险。 【提示】重新定价风险也称期限错配风险，是最主要和最常见的利率风险形式，源于银行资产、负债和表外业务到期期限或重新定价期限之间所存在的差异。这种重新定价的不对称性使银行的收益或内在经济价值会随着利率的变动而发生变化。 （3）影响因素：经营成本、通货膨胀预期、中央银行货币政策、经济周期、国际利率水平、资本市场状况以及其他因素。 （4）重要性：大部分金融工具都是以利率为定价基础，汇率、股票和商品的价格皆离不开利率，利率风险对我国商业银行的影响日益显著[解读1]。
汇率风险	（1）含义：汇率风险指汇率的不利变动导致银行业务发生损失的风险。 （2）影响因素：国际收支、通货膨胀率、利率政策、汇率政策、市场预期以及投机冲击等多方面因素。 （3）来源：①商业银行为客户提供外汇交易服务或进行自营外汇交易，不仅包括外汇即期交易，还包括外汇远期、期货、互换和期权等交易；②银行账簿中的外币业务，如外币存款、贷款、债券投资、跨境投资等。
股票风险	（1）含义：股票风险指由于股票价格发生不利变动而给商业银行带来损失的风险。 （2）每个股票市场至少应包含一个用于反映股价变动的综合市场风险因素（如股指）。
商品风险	（1）含义：商品风险指商业银行所持有的各类商品及其衍生头寸由于商品价格发生不利变动而给商业银行造成经济损失的风险。 （2）这里所述的商品主要是指可以在场内自由交易的农产品、矿产品（包括石油）和贵金属等，尤其以商品期货的形式为主[解读2]。 （3）影响因素：国家的经济形势、商品市场的供求状况以及国际炒家的投机行为等。

解读1 利率风险是市场风险中最重要的一种风险。

解读2 值得注意的是，商品风险中所述的"商品"不包括黄金。

典型真题

【单选题】市场风险存在于银行的交易业务和非交易业务中，分为(   )。

A. 利率风险、汇率风险、股票风险和期权风险

B. 利率风险、汇率风险、波动率风险和商品风险

C. 利率风险、汇率风险、股票风险和商品风险

D. 利率风险、汇率风险、股票风险和波动率风险

【答案】C【解析】市场风险存在于银行的交易和非交易业务中，分为利率风险、汇率风险、股票风险和商品风险。故选C。

二、交易账簿和银行账簿划分（掌握）

（一）交易账簿和银行账簿

项目	内容
交易账簿	（1）交易账簿包括为交易目的或对冲交易账簿其他项目的风险而持有的金融工具和商品头寸^{解读3}。 （2）为交易目的而持有的头寸是指短期内有目的地持有以便出售，或从实际或预期的短期价格波动中获利，或锁定套利的头寸，包括自营业务、做市业务和为执行客户买卖委托的代客业务而持有的头寸。 （3）满足条件：①在交易方面不受任何限制，可以随时平盘；②能够完全对冲以规避风险；③能够准确估值；④能够进行积极地管理。
银行账簿	除交易账簿之外的其他表内外业务划入银行账簿。

（二）风险计量的视角

项目	内容
计价方式	（1）交易账簿业务主要受公允价值变动对盈利能力的影响，每日计量公允价值通常按市场价格计价（盯市），当缺乏可参考的市场价格时，可以按模型定价（盯模）。 （2）与交易账簿相对应，银行的其他业务归入银行账簿，对于国内商业银行而言最典型的是存贷款业务，通常采用摊余成本法计价^{解读4}，主要受净利息收入变动对当期盈利能力的影响。
计量视角	（1）交易账簿业务采用经济价值视角，即在综合考虑各类市场风险因素的变动情况下，计量交易账簿业务预期未来现金流量净现值以及净现值变动对盈利水平的影响。 （2）银行账簿业务采用收益视角，分析的重点是利率变动对报告期内的净利息收入和短期盈利能力的影响。

真考解读 属于常考点，一般会考1道题。

解读3 常考点：交易账簿的内容。

解读4 摊余成本法指按照票面利率或商定利率并考虑其买入时的溢价与折价，在其剩余期限内平均摊销，每日计提收益。

（三）账簿划分管理制度流程

流程	内容
初始化分	（1）开展新交易、新设交易组合或在现有交易组合中增加新产品前，前台业务部门可在限额申请或在调整流程同时提出账簿划分申请。 （2）明确交易策略，提出书面的账簿分类、系统簿记方案。 （3）提供会计核算部门出具的业务核算规则。 （4）风险管理部门审核后报高级管理层审批。
账簿调整	（1）在产品和业务存续期间，基于业务性质的改变，或会计核算方法出现改变，现行划分已无法满足划分标准，前台业务部门提出账簿调整申请。 （2）明确调整原因与事项、系统簿记、风险情况、调整政策依据及调整后业务核算规则解读5。 （3）风险管理部门审核后报高级管理层审批。

解读5 通常情况下，某类业务或产品确定账簿属性后不得更改。

典型真题

【单选题】下列不应被列入商业银行交易账簿的是（　　　）。

A. 营外汇交易头寸

B. 为对冲银行账簿风险而持有的衍生工具头寸

C. 代客买卖头寸

D. 做市交易形成的头寸

【答案】B 【解析】交易账簿包括为交易目的或对冲交易账簿其他项目的风险而持有的金融工具和商品头寸。选项B对冲银行账簿风险说法错误。

三、市场风险管理体系（熟悉）

真考解读 考查相对较少，考生熟悉即可。

（一）有效的董事会和高级管理层的治理架构

部门	内容
董事会	（1）承担对市场风险管理实施监控的最终责任。 （2）确保银行有效地识别、计量、监测和控制各项业务所承担的各类市场风险。
高级管理层	（1）制定、定期审查和监督执行市场风险管理的政策、程序以及具体的操作规程。 （2）及时了解市场风险水平及其管理状况。
监事会	监督董事会和高级管理层在市场风险管理方面的履职情况。

部门	内容
市场风险管理部门	（1）职责明确，与承担风险的业务经营部门保持相对独立^{解读6}。 （2）向董事会和高级管理层提供独立的市场风险报告。

解读6 市场风险管理部门相对于业务经营部门的独立性是建设市场风险管理体系的关键。

（二）全面的市场风险管理政策

项目	内容
含义	银行应当在有效管理风险的前提下，根据本行的业务性质、规模和复杂程度设计市场风险管理体系、制定市场风险管理的政策和流程、选择市场风险的计量和控制方法，以在风险管理的成本与收益（安全性）之间达到适当的平衡。
要求	（1）应当与银行的业务性质、规模、复杂程度和风险特征相适应。 （2）与其总体业务发展战略、管理能力、资本实力和能够承担的总体风险水平相一致。 （3）符合银保监会关于市场风险管理的有关要求。

（三）完善的市场风险管理流程

项目	内容
含义	商业银行应当建立完善的风险识别、计量、监测、分析、报告和控制流程。
流程	（1）在创新产品和开展新业务之前应当充分识别和评估其中包含的市场风险，建立相应的内部审批、操作和风险管理流程。 （2）获得董事会或其授权的专门委员会的批准。 （3）新产品、新业务的内部审批程序应当获得相关部门对其操作和风险管理程序的审核和认可。

（四）完备、可靠的 IT 系统

（1）具备支持详细数据分析的交易管理或中台计量管理功能。

（2）建立集中、统一的交易数据、计量参数和市场数据等基础数据库，构建定价/估值模型。

（3）建立统一的市场风险计量、监控及管理平台，实现全行层面市场风险识别、计量、监测与控制，为实施市场风险内部模型法、基于风险调整的绩效考核提供系统支持。

（五）可靠的独立验证机制

项目	内容
市场风险模型	（1）商业银行应当确保市场风险模型输入数据准确、完整、及时。 （2）模型输入数据可分为交易及头寸数据、市场数据、模型的假设和参数，以及相关参考数据。
市场风险报告	（1）商业银行应当对由市场风险内部模型产出的市场风险报告进行验证，以确保模型结果的准确传递及合理应用。 （2）市场风险报告应包括模型输出概要、模型运行结果、重要的模型假设和参数及模型局限性等关键要素^{解读7}。

（六）严格的内部控制和审计

项目	内容
内部控制	（1）商业银行应当建立完善的市场风险管理内部控制体系。董事会负责保证商业银行建立并实施充分而有效的内部控制体系。 （2）市场风险管理职能与业务经营职能应当保持相对独立。 （3）交易部门应当与中台、后台严格分离，前台交易人员不得参与交易的正式确认、对账、重新估值、交易结算和款项收付。
内部审计	（1）银行的审计部门应当定期（至少每年一次）对市场风险管理体系各个组成部分和环节的准确、可靠、充分和有效性进行独立的审查和评价。^{解读8} （2）审计应当既对业务经营部门，也对负责市场风险管理部门进行。 （3）审计报告应当直接提交给董事会，董事会应当督促高级管理层对审计所发现的问题提出改进方案并采取改进措施。 （4）审计部门应当跟踪检查改进措施的实施情况，并向董事会提交有关报告。

解读7 市场风险报告除了关键要素之外，还包括定期的敏感性分析、情景分析结果等补充信息。

解读8 常考点：内部审计的频率。

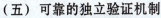 **典型真题**

【单选题】商业银行的审计部门应当定期对市场风险管理体系各个组成部分和环节的准确性、可靠性、充分性和有效性进行独立的审查和评价，审计的频率为（　　）。

A. 至少每两年一次　　　　B. 至少每年一次

C. 每两年一次　　　　　　D. 每三年一次

【答案】B【解析】银行的审计部门应当定期（至少每年一次）对市场风险管理体系各个组成部分和环节的准确、可靠、充分和有效性进行独立的审查和评价。故选B。

第二节　市场风险计量

真考解读 属于必考点，一般会考2道题。

一、基本概念（重点掌握）

（一）金融工具估值

项目	内容
名义价值	（1）含义：指金融资产根据历史成本所反映的账面价值。 （2）名义价值对风险管理的意义主要体现在以下两个方面：①在金融资产的买卖实现后，衡量交易方在该笔交易中的盈亏情况；②作为初始价格，通过模型从理论上计算金融资产的现值，为交易活动提供参考数据。 （3）实质意义：由于利率、汇率等市场因素的频繁变动，名义价值一般不具有实质性意义。
市场价值	（1）含义：在评估基准日，自愿的买卖双方在知情、谨慎、非强迫的情况下通过公平交易资产所获得的资产的预期价值[解读1]。 （2）在风险管理实践中，市场价值更多是来自独立经纪商的市场公开报价或权威机构发布的市场分析报告。
公允价值	（1）含义：指在计量日市场参与者之间的有序交易中，出售一项金融资产时所能收到或转移一项金融负债时将会支付的价格。 （2）计量基础：公允价值计量以市场交易价格为基础，如不存在主市场或最有利市场中有序交易的报价，应采用合理的估值技术。 （3）金融资产分类：①以摊余成本计量的金融资产；②以公允价值计量且其变动计入其他综合收益的金融资产；③以公允价值计量且其变动计入当期损益的金融资产。
市值重估	（1）含义：指对交易账簿头寸重新估算其市场价值。 （2）要求：①应当由与前台相独立的中台、后台部门负责；②用于重估的定价因素、估值模型应当从独立于前台的渠道获取或者经过独立的验证；③前台、中台、后台部门用于估值的方法和假设应当尽量保持一致，在不完全一致的情况下，应当制定并使用一定的校对、调整方法。 （3）方法：①盯市：按市场价格计值。按照市场价格对头寸的计值至少应逐日进行，其好处是收盘价往往有独立的信息来源，并且很容易得到；②盯模：按模型计值[解读2]。当按市场价格计值存在困难时，银行可以按照数理模型确定的价值计值。

解读1 在市场风险计量与检测的过程中，更具有实质意义的是市场价值与公允价值。

解读2 商业银行按模型计值时需要格外谨慎，而且必须符合外部监管机构的标准和要求。

（二）久期

1. 久期公式

项目	内容
含义	久期用于对固定收益产品的利率敏感程度或利率弹性的衡量。
常见的久期分类	（1）麦考利久期。 ①含义：麦考利久期是使用加权平均的形式计算债券的平均到期时间，是固定收益产品在未来产生现金流的时间的加权平均，其权重是各期现值在债券价格中所占的比重。 ②公式：$MacD = \dfrac{\sum\limits_{t=1}^{T} PV(c_t) \times t}{P} = \sum\limits_{t=1}^{T} \left[\dfrac{PV(c_t)}{P} \times t \right]$。 其中，$MacD$ 为麦考利久期；P 为债券当前的市场价格；$PV(c_t) = c_t \times \exp(-yt)$ 为债券未来第 t 期可现金流的现值；T 为债券的到期时间；n 为从当前到 t 时刻现金流发生的持续时间；y 为债券的风险程度相适应的收益率，且假设未来所有现金流的贴现率都固定为 y。 （2）修正久期。 ①含义：衡量利率变动引起的固定收益产品价格变动的相对值。 ②公式：$ModD = MacD \times \dfrac{1}{1 + y/m}$。 其中，$ModD$ 为修正久期；y 为债务工具的收益率；m 为每年发生现金流的次数。 ③在同等要素条件下，修正久期小的债券较修正久期大的债券抗利率上升风险能力强。

2. 久期缺口 ^{解读3}

项目	内容
含义	久期缺口通常用来分析利率变化对其整体利率风险敞口的影响。
公式	久期缺口 = 资产加权平均久期 −（总负债/总资产）× 负债加权平均久期 $= D_A - \left(\dfrac{V_L}{A_A} \right) D_L$。 其中，$D_A$ 表示总资产的加权平均久期，D_L 表示总负债的加权平均久期，V_A 表示总资产，V_L 表示总负债。
性质	（1）在绝大多数情况下，银行的久期缺口都为正值。^{解读4} ①如果市场利率下降，则资产与负债的价值都会增加，但资产价值增加的幅度比负债价值增加的幅度大，银行的市场价值将增加。

解读3 必考点：久期的含义及性质。

解读4 资产的久期大于负债的久期。

续　表

项目	内容
性质	②如果市场利率上升，则资产与负债的价值都将减少，但资产价值减少的幅度比负债价值减少的幅度大，银行的市场价值将减少。 （2）资产负债久期缺口的绝对值越大，银行整体市场价值对利率的敏感度就越高，因而整体的利率风险敞口也越大。

（三）收益率曲线

项目	内容
含义	收益率曲线用于描述收益率与到期期限之间的关系。
来源	通过分析对金融产品交易历史数据，可以找出其收益率与到期期限之间的数量关系，便形成了到期收益率曲线。
性质	（1）收益率曲线的形状反映了长短期收益率之间的关系，是市场对当前经济状况的判断，以及对未来经济走势预期的结果。 （2）投资者可以根据收益率曲线不同的预期变化趋势，采取相应的投资策略。 　　假设目前市场上的收益率曲线是正向的：①如果预期收益率曲线基本维持不变，则可以买入期限较长的金融产品；②如果预期收益率曲线变陡，则可以买入期限较短的金融产品，卖出期限较长的金融产品；③如果预期收益率曲线变得较为平坦，则可以买入期限较长的金融产品，卖出期限较短的金融产品。

典型真题

【单选题】通常在商业银行实际运营情况下，下列对资产负债期限结构的描述恰当的是（　　）。

A. 资产的久期大于负债的久期

B. 资产的久期小于负债的久期

C. 资产与负债的久期缺口为0

D. 资产与负债的久期相等

【答案】A【解析】在绝大多数情况下，银行的久期缺口都为正值，资产的久期大于负债的久期。故选A。

二、市场风险计量方法（重点掌握）

（一）缺口分析

项目	内容
含义	缺口分析用来衡量利率变动对银行当期收益的影响。具体而言，就是将银行的所有生息资产和付息负债按照重新定价的期限划分到不同的时间段。
性质	（1）当某一时段内的资产（包括表外业务头寸）大于负债时，就产生了正缺口，即资产敏感性缺口，此时，市场利率下降会导致银行的净利息收入下降。 （2）当某一时段内的负债大于资产（包括表外业务头寸）时，就产生了负缺口，即负债敏感性缺口，此时，市场利率上升会导致银行的净利息收入下降。
优点	计算简便，清晰易懂，目前仍广泛应用于利率风险管理领域。
局限性	（1）缺口分析假定同时间段内的所有头寸的到期时间或重新定价时间相同，因此，忽略了同一时段内不同头寸的到期时间或利率重新定价期限的差异。 （2）缺口分析只考虑了由于重新定价期限的不同而带来的利率风险（重新定价风险），而未考虑当利率水平变化时，各种金融产品因基准利率的调整幅度不同产生的利率风险（基准风险）。 （3）缺口分析也未考虑因利率环境改变而引起的支付时间的变化。 （4）非利息收入日益成为银行当期收益的重要来源，但大多数缺口分析未能反映利率变动对非利息收入的影响。 （5）缺口分析主要衡量利率变动对银行当期收益的影响，未考虑利率变动对银行整体经济价值的影响，所以只能反映利率变动的短期影响。

（二）久期分析

项目	内容
含义	久期分析是对银行资产负债利率敏感度进行分析的重要方法，主要用于衡量利率变动对银行整体经济价值的影响[解读5]。
性质	一般而言，金融工具的到期日或距下一次重新定价日的时间越长，并且在到期日之前支付的金额越小，则久期的绝对值越高，表明利率变动将会对银行的经济价值产生较大的影响。

真考解读 属于必考点，一般会考2道题。

解读5 久期分析也称持续期分析或期限弹性分析，是对银行资产负债利率敏感度进行分析的一种重要方法。

续　表

项目	内容
优点	（1）与缺口分析相比较，久期分析是一种更为先进的利率风险计量方法。 （2）久期分析可以计量利率风险对银行整体经济价值的影响，即估算利率变动对所有头寸的未来现金流现值的影响。 （3）久期分析可以对利率变动的长期影响进行评估，从而更为准确地计量利率风险敞口。
局限性	（1）如果在计算敏感性权重时对每一时段使用平均久期，即采用标准久期分析法，久期分析仍然只能反映重新定价风险，不能反映基准风险及因利率和支付时间的不同而导致的头寸的实际利率敏感性差异，也不能很好地反映期权性风险。 （2）对于利率的大幅变动（大于1%），由于头寸价格的变化与利率的变动无法近似为线性关系，久期分析的结果就不再准确，需要进行更为复杂的技术调整。

（三）外汇敞口分析

项目	内容
含义	外汇敞口分析是衡量汇率变动对银行当期收益的影响的一种方法。
来源	银行表内外业务中的货币金额和期限错配。
分类	根据业务活动，外汇敞口可以分为以下两类。 （1）交易性外汇敞口。 ①含义：交易性外汇敞口通常为银行自营、为执行客户买卖委托或做市，或为对冲以上交易而持有的外汇敞口。 ②风险来源：一是为客户提供外汇交易服务时未能立即进行对冲的外汇敞口头寸；二是银行对外币走势有某种预期而持有的外汇敞口头寸。 （2）非交易性外汇敞口[解读6]。 ①该类风险是因为银行资产、负债之间的币种不匹配而产生的。 ②结构性敞口和非结构性敞口。 根据敞口定义，外汇敞口可以分为以下两类。 （1）单币种敞口头寸[解读7]。 ①含义：单币种敞口头寸指每种货币的即期净敞口头寸、远期净敞口头寸、期权敞口头寸以及其他敞口头寸之和，反映单一货币的外汇风险。

解读6 非交易性外汇敞口包括商业银行在对资产负债表的会计处理中，将功能货币转换成记账货币时，因汇率变动产生的风险。

解读7 黄金交易通常看作是外汇交易的延伸，因此对黄金敞口头寸采用这种计量方法。

续 表

项目	内容
分类	②性质：如果某种外汇的单币种敞口头寸为正值，说明机构在该币种上处于多头；如果某种外汇的单币种敞口头寸为负值，则说明机构在该币种上处于空头。 （2）总敞口头寸。 ①含义：总敞口头寸反映整个货币组合的外汇风险。 ②总敞口头寸有以下三种计算方法。 ◆一是累计总敞口头寸法。累计总敞口头寸等于所有外币的多头与空头的总和。该方法认为，无论多头还是空头，都属于银行的敞口头寸，都应被纳入总敞口头寸的计量范围。因此，这种计量方法比较保守。 ◆二是净总敞口头寸法。净总敞口头寸等于所有外币多头总额与空头总额之差。该方法主要考虑不同货币汇率波动的相关性，认为多头与空头存在对冲效应。因此，这种计量方法较为激进。 ◆三是短边法[解读8]。短边法是一种为各国金融机构广泛运用的外汇风险敞口头寸的计量方法，首先分别加总每种外汇的多头和空头，其次比较这两个总数，最后选择绝对值较大的作为银行的总敞口头寸。

解读8 短边法的优点是既考虑到多头与空头同时存在风险，又考虑到它们之间的抵补效应。

（四）敏感性分析及希腊字母

项目	内容
敏感性分析	（1）含义：敏感性分析是指在保持其他条件不变的前提下，研究单个市场风险要素（利率、汇率、股票价格和商品价格）的微小变化可能会对金融工具或资产组合的收益或经济价值产生的影响。 （2）优点：计算简单且便于理解，在市场风险分析中得到了广泛应用。 （3）局限性：对于较复杂的金融工具或资产组合，无法计量其收益或经济价值相对市场风险要素的非线性变化。
希腊字母	（1）Delta。Delta 指的是外汇期权价格变化与即期汇率变化之间的比率，反映即期汇率变动对外汇期权价格的影响。 （2）Gamma。Gamma 指的是该期权 Delta 变化相对于期权标的价格变化的比率，反映现货价格变动对期权 Delta 的影响。 （3）Vega。Vega 指的是市场波动率变动一个单位[解读9]，期权价值变化的比率，反映波动率的变化对期权价格的影响。 （4）Theta。Theta 指的是剩余期限变动一个单位，期权价值的变化情况，也常被称为时间损耗。

解读9 Vega 市场波动率变动通常以天为单位。

解读10 必考点：风险价值的内容考生应重点掌握。

（五）风险价值^{解读10}

项目	内容
含义	风险价值（VaR）是指在一定的持有期和给定的置信水平下，利率、汇率、股票价格和商品价格等市场风险要素发生变化时可能对产品头寸或组合造成的潜在最大损失。 【提示】计算风险价值时，在其他条件都相同的情况下，置信水平越高，说明该资产组合发生损失的可能性越低。
优点	风险价值（VaR）是对未来损失风险的事前预测，考虑不同的风险因素、不同投资组合（产品）之间风险分散化效应，具有传统计量方法不具备的特性和优势，已经成为业界和监管部门计量监控市场风险的主要手段。
局限性	无法预测尾部极端损失情况、单边市场走势极端情况和市场非流动性因素。
计算方法	（1）方差—协方差法^{解读11}。 ①假定投资组合中各种风险因素的变化服从特定的分布（通常为正态分布）。 ②通过历史数据分析和估计该风险因素收益分布方差协方差、相关系数等。 ③在选定时间段里组合收益率的标准差将由每个风险因素的标准差、风险因素对组合的敏感度和风险因素间的相关系数通过矩阵运算求得。 （2）历史模拟法^{解读12}。 ①选择合适观察期的风险因素历史收益率时间序列。 ②给定第一步得到的时间序列，计算持有期内组合价值变动的时间序列。 ③把从历史数据归纳出的风险因素收益实际分布情况列表显示，选择某一置信水平下的对应损失分位数，即可得到相应的VaR值。 （3）蒙特卡洛模拟法。 ①蒙特卡洛模拟法通过产生一系列同模拟对象具有相同统计特性的随机数据来模拟未来风险因素的变动情况。 ②蒙特卡洛模型所生成的大量情景使得其在测算风险时比解析模型能得出更可靠、更综合的结论，同时体现了非线性资产的凸性，考虑到了波动性随时间变化的情形。但是该方法需要功能强大的计算设备，运算耗时过长。

解读11 方差—协方差法是所有计算VaR的方法中最简单的，只反映了风险因素对整个组合的一阶线性和二阶线性影响，无法反映高阶非线性特征。

解读12 历史模拟法的透明度高、直观，对系统要求相对较低。

典型真题

【单选题】在其他条件都相同的情况下，甲公司选择99%置信水平，乙公司选择95%置信水平，计算市场风险价值时，下列表述正确的是(　　)。

A. 乙公司风险回避程度低，更为保守

B. 甲公司愿意承担更大的风险

C. 甲公司风险回避程度高，更为保守

D. 甲乙两公司无法比较

【答案】C【解析】计算风险价值时，在其他条件都相同的情况下，置信水平越高，说明该资产组合发生损失的可能性越低，所以甲公司更为保守。故选C。

【单选题】下列关于风险价值计量的表述正确的是(　　)。

A. 风险价值计算的风险水平能反映资产组合的构成及其对价格波动的敏感性

B. 风险价值计量的是"在一定的概率下的最大损失"，但不能捕捉置信度以外的损失情况

C. 风险价值能直接指明市场风险的具体来源

D. 风险价值计量能涵盖极端市场变动可能带来的损失情况

【答案】B【解析】风险价值是对未来损失风险的税前预测，考虑的是风险分散化效应，不能直接指明市场风险的具体来源，风险价值无法预测极端市场带来的损失情况，这是它的局限性。故选B。

第三节　市场风险监测与报告

一、市场风险限额管理（重点掌握）

（一）市场风险限额指标^{解读1}

项目	内容
头寸限额	（1）含义：头寸限额指对总交易头寸或净交易头寸^{解读2}设定的限额。 （2）作用：①总头寸限额对特定交易工具的多头头寸或空头头寸分别加以限制；②净头寸限额对多头头寸和空头头寸相抵后的净额加以限制。
止损限额	（1）含义：止损限额指所允许的最大损失额。 （2）通常，当某个头寸的累计损失达到或接近止损限额时，就必须对该头寸进行对冲交易或立即变现。 （3）范围：止损限额适用于一日、一周或一个月等一段时间内的累计损失。

真考解读 属于必考点，一般会考2道题。

解读1 必考点：市场风险限额指标分类。

解读2 在实践中，商业银行通常将总交易头寸与净交易头寸结合使用。

续　表

项目	内容
风险价值限额	风险价值限额指对基于量化方法计算出的市场风险计量结果来设定限额。例如，对采用内部模型法计量出的风险价值设定限额。
敏感度限额	敏感度限额指保持其他条件不变的前提下，对单个市场风险要素的微小变化对金融工具或资产组合收益或经济价值影响程度所设定的限额。

（二）限额方案制定

（1）商业银行应当制定对各类和各级限额的内部审批程序和操作规程，根据业务的性质、规模、复杂程度和风险承受能力设定、定期审查和更新限额。

（2）商业银行在设计限额体系时，应综合考虑以下 9 个主要因素。

①自身业务性质、规模和复杂程度；②能够承担的市场风险水平；③业务经营部门的既往业绩；④工作人员的专业水平和经验；⑤定价、估值和市场风险计量系统；⑥压力测试结果；⑦内部控制水平；⑧资本实力；⑨外部市场的发展变化情况等。

解读3 必考点：压力测试。

（三）超限额报告及处理机制^{解读3}

项目	内容
超限类型	（1）主动超限：因交易员主动持有或提高风险敞口所导致的超限。 （2）被动超限：因市场大幅波动、流动性下降、长假休市等非银行交易行为原因导致的超限。 （3）非实质性超限：因技术性或操作性原因导致系统提示超限。包括但不限于以下可能：①系统程序原因造成的误算和误报；②误操作造成的短暂误算；③交易簿记时点晚于批量时点，造成的误算。
超限处理方式	（1）降低头寸/敞口。 （2）申请确定时限的临时调增限额。 （3）申请长期调整限额。
超限处理流程	（1）市场风险管理部门负责监控每日市场风险限额执行情况，确认超限后及时向前台发出超限提示。 （2）前台业务部门应在合理时限内反馈超限原因说明，提交超限处理方案，前、中台沟通一致后采取相应的超限处理方式。 （3）各类超限情况均须及时报告高级管理层，对于涉及限额调整的情况，须提交高级管理层专业风险委员会审批。

续　表

项目	内容
压力测试	（1）压力测试是一种定性与定量结合，以定量为主的风险分析与控制手段。 （2）商业银行通过测算面临市场风险的投资组合在特定小概率事件等极端不利情况下可能发生的损失，分析这些损失对盈利能力和资本金带来的负面影响，进而对所持投资组合的脆弱性做出评估和判断，并采取必要的控制措施。

典型真题

【单选题】压力测试是一种以（　　）为主的风险分析方法，测算商业银行在假定遇到极端不利的（　　）事件情况下可能发生的损失。

A. 定量分析，小概率　　　　　　　B. 定量分析，大概率

C. 定性分析，大概率　　　　　　　D. 定性分析，小概率

【答案】A【解析】商业银行需要定期对市场风险进行压力测试。压力测试是一种定性与定量结合，以定量为主的风险分析与控制手段。商业银行通过测算面临市场风险的投资组合在特定小概率事件等极端不利情况下可能发生的损失。故选A。

【多选题】下列属于市场风险限额指标的有（　　）。

A. 对黄金交易设置的净交易头寸限额

B. 对某交易台设置日、周、月的止损限额

C. 对采用内部模型法计量出的风险价值设定限额

D. 对利率的敏感度进行限额

E. 对单一发行人设置的集中度限额

【答案】ABCD【解析】市场风险限额指标主要包括头寸限额、风险价值限额、止损限额、敏感度限额等。故选项A、选项B、选项C、选项D符合题意。

二、市场风险监测报告（掌握）

（一）市场风险报告的内容和种类

真考解读 属于常考点，一般会考1道题。

项目	内容
市场风险计量管理报告	（1）含义：综合反映报告期内市场风险暴露及计量监测情况，提出相应的风险管理建议。 （2）内容：①按业务、部门、地区和风险类别分别统计/计量的市场风险头寸；②金融市场业务的盈亏情况；③交易账簿风险价值与返回检验；④压力测试开展情况；⑤限额执行情况；⑥全行汇率风险分析，银行账户利率风险分析以及市场风险管理建议等。

续　表

项目	内容
市场风险专题报告	（1）含义：重点反映某一领域的市场风险状况。 （2）内容：①反映专门市场风险因素或类型的报告；②反映市场风险计量与管理流程专项环节的报告；③反映具体业务组合风险状况的报告；④反映市场风险管理专门问题的报告；⑤董事会、高级管理层及其委员会确定的报告。
重大市场风险报告	（1）含义：及时报告重大突发市场风险事件。 （2）内容：①反映事件事实、分析事件成因、评估损失影响、总结吸取教训；②提出市场风险管理改进建议。
市场风险监测分析日报	（1）含义：及时反映交易账簿金融市场业务开展与风险计量监测情况。 （2）内容：①全行交易账簿金融市场业务头寸、风险、损益、压力测试、限额执行等情况；②各交易组合层面金融市场业务头寸、风险、损益、压力测试及限额执行等情况。

（二）市场风险报告的路径和频度

项目	内容
路径	（1）风险管理部门通过有效的报告路径，将必要信息报告给董事会、监事会、高级管理层和其他管理人员。 （2）先进的风险管理信息系统是提高市场风险管理效率和质量的基础工具。 （3）通常，市场风险计量管理报告分为季报、半年报和年报，定期报送高级管理层及市场风险管理委员会审阅，同时作为全面风险管理报告的内容，报送高级管理层、董事会及其委员会和监事会。
频度	（1）专题市场风险报告为不定期报告，根据董事会、高级管理层或其委员会要求，提交董事会、高级管理层或其委员会审议或审阅。 （2）重大市场风险报告为不定期报告，根据各层级管理要求及时报告高级管理层、董事会及其委员会的。 （3）市场风险监测分析日报，由风险管理部门独立编制，每日及时发送相关的高级管理层成员，以及风险管理部门和前台业务部门的相关人员。

三、市场风险控制（掌握）

（一）远期/期货产品应用

项目	内容
远期合约	（1）含义：远期合约是指<u>交易双方按事先约定价格</u>，<u>在未来某一日期交割一定数量的标的物的金融市场业务交易产品</u>，通常是<u>非标准化</u>的场外交易产品。 （2）合约标的物包括<u>外汇、利率、商品</u>等各类形式的基础金融产品。
期货合约	（1）含义：期货合约通常是在某一交易所内，<u>具有标准期限、标准单位</u>的远期合约产品。 （2）<u>期货合约流动性更强</u>，交易管理流程更加规范和严格。
风险规避	（1）在利率风险方面，通过可采用远期利率协议（FRA）、国债期货等产品规避未来利率不利变动带来的损失风险。 （2）在汇率风险方面，则通常可采用外汇远期、外汇期货，持有外汇多头或空头头寸，锁定汇率价差水平，避免汇率不利变动风险。 （3）在商品风险方面，通常采用各类商品期货对冲未来的商品价格波动风险。

（二）掉期合约应用

项目	内容
含义	掉期合约是指交易双方约定，在交易期初和期末分别交换一定数量的标的物，其间按照不同类型的合约标的物，可能存在利息等现金流交换。
分类	（1）外汇掉期[解读4]。通常只在合约期初、期末分别交换两个币种的本金，其间不发生现金流交换。 （2）利率掉期。通常是约定按照某币种的本金，在合约期间按一定频率交换利息现金流，一般是一方按固定利率支付利息，另一方按照浮动利率支付利息。通过利率掉期，可调整利率敏感的资产或负债的付息方式，从而调整资产负债或投资组合的久期和现金流利率敏感性特征，应对未来的利率不利变动风险。 （3）交叉货币掉期。交叉货币掉期是上述两类产品的结合。

真考解读 属于常考点，一般会考1道题。

解读4 外汇掉期产品满足了外币资金使用需求，同时也规避了持有外汇资产或负债带来的汇率变动风险。

解读 5 常考点：
产品价值特征。

（三）期权产品的风险对冲^{解读5}

项目	内容
含义	期权合约是指交易双方针对标的物，约定在未来日期或一定时间内，按照约定价格（执行价格）买入或者卖出一定数量标的物的选择权。
特点	（1）期权合约的持有者拥有的是权利而不是义务，可以自主决定是否执行合约所赋予的权利。 （2）最普遍的期权产品为欧式期权，即仅可在期权到期日一次交割标的物。
分类	期权合约按照未来买入、卖出的权利，分为以下两类。 （1）看涨期权（Call Option）。 （2）看跌期权（Put Option）。
产品价值特征	（1）由于期权产品的非线性收益特征，其产品价值特征通过希腊字母敏感度表示，主要包括 Delta、Gamma、Vega，分别是期权价值对标的物价格的一阶敏感度、二阶敏感度，以及对波动率的一阶敏感度。 （2）通过持有看涨期权或看跌期权，在支付少量费用的情况下，即能保持在标的物价格上涨或下跌时带来的潜在收益，也可以避免在价格下跌或上涨时的潜在损失。 （3）对期权产品的风险对冲，则需要按照 Delta、Gamma、Vega 敞口，开展动态组合对冲，才能在一定程度上降低风险敞口。

典型真题

【单选题】在市场风险敏感度指标中，下列指标不是一阶敏感度指标的是（   ）。

A. Gamma

B. Delta

C. Vega

D. Theta

【答案】A【解析】由于期权产品的非线性收益特征，其产品价值特征通过希腊字母敏感度表示，主要包括 Delta、Gamma、Vega，分别是期权价值对标的物价格的一阶敏感度、二阶敏感度，以及对波动率的一阶敏感度。可知 Gamma 是二阶敏感度。故选 A。

第四节 市场风险资本计量

一、标准法（了解）

真考解读较少考查，考生了解即可。

标准法是分别计算利率风险和股票风险、银行整体的汇率风险和商品风险及单独计算期权风险后，将这些风险类别计算获得的资本要求简单相加。

项目	内容
头寸拆分	（1）头寸拆分的原理是从现金流的角度来看待一个产品。 （2）相同的产品头寸纳入不同风险类别下的分别计量，并非重复计量。
利率风险	（1）利率风险一般风险：指由于每一计价货币利率水平或债券市场收益水平的变动对相关产品估值价格的不利影响。 （2）利率风险特定风险：指由于发行人个体特定因素导致交易账簿利率和权益相关产品的不利价格变动风险。
股票风险	（1）股票风险分为特定风险和一般风险，其资本计提比率都为8%。 （2）股票风险头寸应区分不同国家或地区市场，同一市场中完全相同的股票或指数（交割月份相同）的多、空头匹配头寸可完全予以抵销，不同市场中的股票头寸不能抵销。
汇率风险	汇率风险^{解读1}资本要求需覆盖机构全口径的外汇敞口，但可剔除结构性汇率风险暴露；剔除结构性汇率风险暴露后，商业银行需计量各币种净敞口，并使用"短边法"计算净风险暴露总额。
商品风险	商品是指可在二级市场买卖的实物产品，如贵金属（不包括黄金）、农产品和矿物（包括石油）等，也包括商品衍生工具头寸和资产负债表外头寸，包括远期、期货和掉期合约。
期权风险	期权风险计提方法包括简易法和高级法^{解读2}。 （1）简易法适合只存在期权多头的金融机构。 （2）高级法适合同时存在期权空头的金融机构。
市场风险加权资产汇总	（1）市场风险加权资产＝市场风险资本要求×12.5。 （2）市场风险资本要求＝利率风险特定风险＋利率风险一般风险＋股票风险特定风险＋股票风险一般风险＋汇率风险＋商品风险＋期权风险。

解读1汇率风险指外汇（包括黄金）及外汇衍生金融工具头寸的风险。

解读2高级法也被称为"德尔塔+"法。

真考解读较少考查，考生了解即可。

二、内部模型法（了解）

项目	内容
含义	内部模型法是指商业银行基于内部模型体系开展市场风险识别、计量、监测和控制，并将计量结果应用于资本计量的全过程。
实施要素	（1）风险因素识别与构建。 （2）特定风险。 （3）新增风险。由于发行人的突然事件导致单个债务证券或者权益证券价格与一般市场状况相比产生剧烈变动的风险。 （4）返回检验。将市场风险内部模型法计量结果与损益进行比较，以检验计量方法的准确性、可靠性，并据此对计量方法进行调整或改进。 （5）压力测试。指一种定性与定量结合，以定量为主的风险分析方法。
资本计量	（1）一般风险价值计量^{解读3}。商业银行应在每个交易日计算一般风险价值，使用单尾、99%的置信区间，历史观察期长度应至少为1年（或250个交易日）。 （2）压力风险价值计量。商业银行应至少每周计算压力风险价值。 （3）资本计量公式。 ①市场风险资本要求＝一般风险价值＋压力风险价值。 ②市场风险加权资产＝市场风险资本要求×12.5。 ③商业银行采用内部模型法，内部模型法覆盖率应不低于50%。

解读3 用于资本计量的一般风险价值，商业银行使用的持有期应为10个交易日。

三、《巴塞尔协议Ⅲ》市场风险新规（了解）

（1）《巴塞尔协议Ⅲ》首次明确了详细的账簿划分标准，提出了交易台管理，内部风险转移交易的监管要求，要求银行建立健全跨部门的市场风险管理机制与流程。

（2）新标准法要求银行具备各类产品的估值和敏感度计算能力，按月计算并向监管机构报告标准法资本要求。

（3）《巴塞尔协议Ⅲ》内部模型法提出全新的市场风险内部模型法管理流程和计量方法，包括建立内部模型法持续评估机制，内部模型法资本计量以 ES 替代 VaR 等。

真考解读较少考查，考生了解即可。

第五节 银行账簿利率风险管理

一、银行账簿利率风险监管要求 （了解）

项目	内容
含义	银行账簿利率风险是指利率水平、期限结构等要素发生不利变动导致银行账簿整体收益和经济价值遭受损失的风险。
计量方法	（1）适用于计量利率风险的方法同样适用于计量银行账簿利率风险，常用方法包括但不限于缺口分析、久期分析、敏感性分析以及情景模拟等。 （2）利率预测并非银行账簿利率风险管理的必经程序，但却是银行账簿利率风险管理的基础。 （3）将银行账簿利率风险控制在设定的水平界限内，是商业银行银行账簿利率风险管理的目的。实现的方法主要有表内方法、表外方法及风险资本限额。

真考解读 较少考查，考生了解计量银行账簿利率风险的方法即可。

二、银行账簿利率风险管理措施 （了解）

（1）完善银行账簿利率风险治理结构。

①组建专门负责银行账簿利率风险管理的委员会。

②组建专职人员队伍，负责相关信息的搜集和分析，预测利率变动趋势。并提出相应的应对策略。

（2）加强资产负债匹配管理。

商业银行要采取多种方式和手段，使资产负债的缺口与利率变化的方向相适应，减少或避免"反向缺口"形成的风险。

（3）完善商业银行定价机制。

商业银行应以收益与风险成本相对称原则为基础，结合自身业务发展状况，完善内部定价和管理核算体系，提高利率定价能力，应对市场各种风险。

（4）实施多元化发展战略。

商业银行应大力发展结算清算、银行卡、代收代付、财务顾问、信息服务等中间业务，拓宽业务收入渠道，从业务结构上规避银行账簿利率风险。

真考解读 较少考查，考生了解即可。

章节练习

一、单选题（以下各小题所给出的四个选项中，只有一项符合题目要求，请选择相应选项，不选、错选均不得分）

1. （　　）负责保证商业银行建立并实施充分而有效的内部控制体系。
　　A. 股东大会　　　　　B. 高级管理层　　　　C. 监事会　　　　D. 董事会

2. 假设某商业银行的资产负债管理策略是资产以中长期项目贷款为主，而负债以活期存款为主，则该银行负债所面临的最主要的市场风险是（　　）。
　　A. 期权性风险　　　　　　　　　　　B. 基准风险
　　C. 重新定价风险　　　　　　　　　　D. 收益率曲线风险

3. 《巴塞尔新资本协议》规定，商业银行交易账户中的项目通常按市场价格计价，当缺乏可参考的市场价格时，可以按照（　　）定价。
　　A. 历史成本　　　　B. 市场估值　　　　C. 模型　　　　D. 公允价值

4. 下列选项中，不属于商业银行市场风险限额指标的是（　　）。
　　A. 头寸限额　　　　B. 风险价值限额　　　　C. 止损限额　　　　D. 单一客户限额

5. 对于超限额的处置，应由（　　）负责组织落实。
　　A. 合规管理部门　　　　　　　　　　B. 风险管理部门
　　C. 内部控制部门　　　　　　　　　　D. 监管部门

二、多选题（以下各小题所给出的五个选项中，有两项或两项以上符合题目的要求，请选择相应选项，多选、少选、错选均不得分）

1. 商业银行对交易账户进行市值重估，通常采用的方法有（　　）。
　　A. 盯市　　　　　　　　　　　　　　B. 盯模
　　C. 按照成本价值计值　　　　　　　　D. 按照历史价值计值
　　E. 按照账面价值计值

2. 下面各项中关于远期和期货的说法正确的是（　　）。
　　A. 远期合约是非标准化的，期货合约是标准化的
　　B. 远期合约是在确定的未来时间按确定的价格购买某项资产的协议
　　C. 远期合约一般在交易所交易，期货合约一般通过金融机构或经纪商柜面交易
　　D. 远期合约的流动性较差，而期货合约的流动性较好
　　E. 期货合约可以在确定的未来时间按不确定的价格购买某项资产的协议

三、判断题（请对以下各项描述做出判断，正确的为 A，错误的为 B）

1. 商业银行交易账户中的所有项目均应按历史成本计价。（　　）
　　A. 正确　　　　　　　　　　　　　　B. 错误

2. 巴塞尔委员会采用的计算银行总敞口头寸的短边法是将空头总额与多头总额中较小的一个视为银行的总敞口头寸。（　　）
　　A. 正确　　　　　　　　　　　　　　B. 错误

答案详解

一、单选题

1. D【解析】董事会负责保证商业银行建立并实施充分而有效的内部控制体系。故选 D。

2. C【解析】重新定价风险也称期限错配风险，是最主要和最常见的利率风险形式，源于银行资产、负债和表外业务到期期限或重新定价期限之间所存在的差异。这种重新定价的不对称性使银行的收益或内在经济价值会随着利率的变动而发生变化。故选 C。

3. C【解析】商业银行交易账户中的项目通常按市场价格计价，当缺乏可参考的市场价格时，可以按照模型定价。故选 C。

4. D【解析】商业银行市场风险限额指标包括头寸限额、止损限额、风险价值限额和敏感度限额等。故选 D。

5. B【解析】对于超限额的处置，应由风险管理部门负责组织落实。故选 B。

二、多选题

1. AB【解析】商业银行在进行市值重估时通常采用盯市与盯模两种方法。盯市即按市场价格计值，按市场价格对头寸的计值至少应逐日进行，其好处是收盘价往往有独立的信息来源，并且很容易得到。盯模即按模型计值，当按市场价格计值存在困难时，银行可以按照数理模型确定的价值计值。故选项 A、选项 B 符合题意。

2. ABD【解析】选项 A，远期合约是非标准化的，期货合约是标准化的；远期合约和期货合约都是在确定的未来时间按确定的价格购买某项资产的协议，选项 B 正确，选项 E 错误；选项 C 应为期货合约一般在交易所交易，远期合约一般通过金融机构或经济商柜面交易；选项 D，远期合约的流动性较差，而期货合约的流动性较好。故选项 A、选项 B、选项 D 符合题意。

三、判断题

1. B【解析】商业银行交易账户中的所有项目均应按市场价格计价。

2. B【解析】短边法是将空头总额与多头总额中较大的一个视为银行的总敞口头寸。

第六章 操作风险管理

🔍 **应试分析**

操作风险自商业银行诞生以来就伴随其左右，并时刻存在于商业银行的经营管理过程中。本章主要介绍了操作风险识别、操作风险评估、操作风险监测与报告、操作风险控制与缓释、操作风险资本计量、外包风险管理、信息科技风险管理以及反洗钱管理。本章内容较多，在考试中涉及的分值约为 12 分，属于重点章节，考生应多加关注。考试重点在操作风险特征和分类、操作风险控制、操作风险缓释以及反洗钱管理的相关知识。本章虽然知识点较多，但涉及题目不难，考生在复习时应该以记忆为主，以练代学。

🏠 **思维导图**

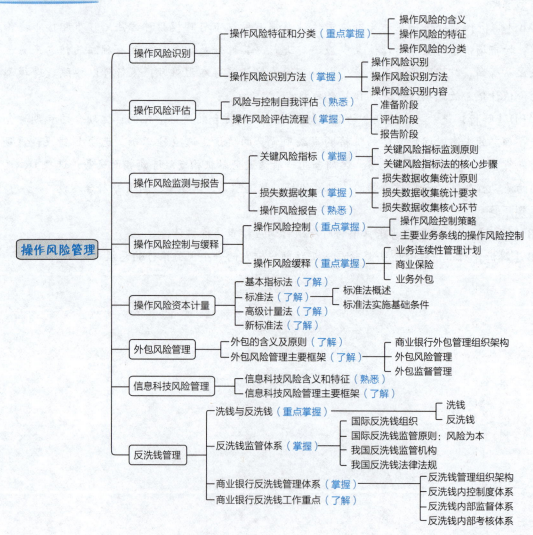

知识精讲

第一节 操作风险识别

一、操作风险特征和分类 （重点掌握）

（一）操作风险的含义

（1）操作风险是指由不完善或有问题的内部程序、员工、信息科技系统以及外部事件所造成损失的风险^{解读1}。

（2）操作风险广泛存在于商业银行业务和管理的各个领域，具有普遍性和非营利性，不能给商业银行带来盈利。

典型真题

【单选题】（ ）是指由于不完善或有问题的内部程序、员工、信息科技系统以及外部事件给商业银行造成损失的风险。

A. 流动性风险　　　　　　　B. 国家风险

C. 市场风险　　　　　　　　D. 操作风险

【答案】D【解析】操作风险是指由不完善或有问题的内部程序、员工、信息科技系统以及外部事件所造成损失的风险。故选D。

（二）操作风险的特征

项目	内容
具体性	（1）不同类型的操作风险具有各自具体的特性，难以用一种方法对各类操作风险进行准确识别和计量。 （2）操作风险中的风险因素主要存在于银行的业务操作中，几乎涵盖了银行的所有业务。 （3）操作风险事件前后之间有关联，但是单个的操作风险因素与操作性损失之间并不存在可以定量界定的数量关系，个体性较强。
分散性	（1）操作风险管理实际上覆盖了银行经营管理中几乎所有方面的不同风险，既包括发生频率高、造成损失相对较低的日常业务流程处理上的小错误，也包括发生频率低、造成损失相对较高的大规模舞弊、自然灾害等。 （2）操作风险与各类风险相互交叠，涉及面广。 （3）操作风险管理不可能由一个部门完成，必须建立操作风险管理的框架体系。

真考解读 属于必考点，一般会考2道题。

解读1 必考点：操作风险的含义。

续　表

项目	内容
差异性	（1）不同业务领域操作风险的表现方式存在差异。 （2）业务规模小、交易量小、结构变化不太迅速的业务领域，虽然操作风险造成的损失不一定低，但是发生操作风险的频率相对较低。 （3）业务规模大、交易量大、结构变化迅速的业务领域，受到操作风险冲击的可能性也大。
复杂性	（1）银行风险管理部门难以确定哪些因素对于操作风险管理来说是最重要的。 （2）引起操作风险的因素较复杂，如产品的复杂性、产品营销渠道的拓展、人员流动以及规章制度的变化等都可能引起操作风险。 （3）通常可以监测和识别的操作风险都带有鲜明的个案特征。
内生性	操作风险的风险因素很大比例上来源于银行的业务操作，属于银行的内生风险^{解读2}。
转化性	操作风险是基础性风险，对其他类别风险，如信用风险、市场风险等有重要影响，操作风险管理不善将会引起风险的转化，导致其他风险的产生。

（三）操作风险的分类^{解读3}

1. 基于损失发生原因的分类

分类	表现形式
人员因素	包括职员欺诈、失职违规、违反用工法律等。
内部流程	包括流程不健全、流程执行失败、控制和报告不力、文件或合同缺陷、担保品管理不当、产品服务缺陷、泄密、与客户纠纷等。
系统缺陷	包括信息科技系统和一般配套设备不完善。
外部事件	包括外部欺诈、自然灾害、交通事故、外包商不履责等。

2. 基于损失事件类型的分类^{解读4}

分类	内容
内部欺诈事件	内部欺诈事件指故意骗取、盗用财产或违反监管规章、法律或公司政策导致的损失事件。此类事件至少涉及内部一方，但不包括歧视及差别待遇事件。
外部欺诈事件	外部欺诈事件指第三方故意骗取、盗用、抢劫财产、伪造要件、攻击商业银行信息科技系统或逃避法律监管导致的损失事件。

解读2 内生性不包括自然灾害、恐怖袭击等外部事件。

解读3 必考点：操作风险分类及表现形式。

解读4 需要注意的是，一起操作风险损失事件，可能涉及多个损失事件类型。

续　表

分类	内容
就业制度和工作场所安全事件	违反就业、健康或安全方面的法律或协议，个人工伤赔付或者因歧视及差别待遇导致的损失事件。
客户、产品和业务活动事件	因未按有关规定对特定客户履行分内义务（如诚信责任和适当性要求）或产品性质或设计缺陷导致的损失事件。
实物资产的损坏	因自然灾害或其他事件（如恐怖袭击）导致实物资产丢失或毁坏的损失事件。
信息科技系统事件	因信息科技系统生产运行、应用开发、安全管理以及由于软件产品、硬件设备、服务提供商等第三方因素，造成系统无法正常办理业务或系统速度异常所导致的损失事件。
执行、交割和流程管理事件	因交易处理或流程管理失败，以及与交易对手方、外部供应商及销售商发生纠纷导致的损失事件。

3．基于损失形态的分类^{解读5}

解读5 操作风险损失一般包括直接损失和间接损失。

分类	内容
法律成本	（1）含义：法律成本指因发生操作风险事件引发法律诉讼或仲裁，在诉讼或仲裁过程中依法支出的诉讼费用、仲裁费用及其他法律成本。 （2）举例：如违反知识产权保护规定等导致的诉讼费、外聘律师代理费、评估费、鉴定费等。
监管罚没	（1）含义：监管罚没指因操作风险事件所遭受的监管部门或有权机关罚款及其他处罚。 （2）举例：如违反产业政策、监管法规等所遭受的罚款、吊销执照等。
资产损失	（1）含义：资产损失指由于疏忽、事故或自然灾害等事件造成实物资产的直接毁坏和价值的减少。 （2）举例：如火灾、洪水、地震等自然灾害所导致的账面价值减少等。

分类	内容
对外赔偿	（1）含义：对外赔偿由于内部操作风险事件，导致商业银行未能履行应承担的责任造成对外的赔偿。 （2）举例：如因银行自身业务中断、交割延误、内部案件造成客户资金或资产等损失的赔偿金额。
追索失败	（1）含义：追索失败指由于工作失误、失职或内部事件，使原本能够追偿但最终无法追偿所导致的损失，或因有关方不履行相应义务导致追索失败所造成的损失。 （2）举例：如资金划转错误、相关文件要素缺失、跟踪监测不及时所带来的损失等。
账面减值	（1）含义：账面减值指由于偷盗、欺诈、未经授权活动等操作风险事件所导致的资产账面价值直接减少。 （2）举例：如内部欺诈导致的销账、外部欺诈和偷盗导致的账面资产或收入损失，以及未经授权或超授权交易导致的账面损失等。
其他损失	由于操作风险事件引起的其他损失。

典型真题

【单选题】根据操作风险损失事件分类，个人工伤赔付或者因歧视及差别待遇导致的损失事件应当属于（　　）。

A. 就业制度和工作场所安全事件　　B. 客户、产品和业务活动事件

C. 外部欺诈事件　　　　　　　　　D. 执行、交割和流程管理事件

【答案】A【解析】就业制度和工作场所安全事件是指违反就业、健康或安全方面的法律或协议，个人工伤赔付或者因歧视及差别待遇导致的损失事件。故选A。

真考解读 属于常考点，一般会考1道题。

二、操作风险识别方法（掌握）

（一）操作风险识别

项目	内容
含义	操作风险识别是指通过一定的标准和手段，鉴别分析业务活动中可能导致操作风险的隐患和产生风险的环节点，确定风险的性质、种类以及风险产生的原因与影响程度的过程。

续 表

项目	内容
考虑因素	操作风险识别考虑的因素包括以下内容：①潜在操作风险的整体情况；②银行运行所处的内外部环境；③银行的战略目标；④银行提供的产品和服务；⑤银行的独特环境因素；⑥内外部的变化以及变化的速度等。

（二）操作风险识别方法

方法	内容
事前识别	（1）含义：操作风险事件还没有发生时，在内含风险暴露基础上进行的识别。 （2）事前识别主要通过对每个产品线的操作流程以及银行的人员、技术、外部环境进行分析，找出存在潜在风险的环节和部位。
事后识别	（1）含义：在操作风险事件发生后进行的识别。 （2）事后识别是根据银行的操作风险定义和事件分类标准，确定风险事件是否为操作风险及其所属类别，并分析发生的原因和产生的影响。
因果分析模型	（1）商业银行借助因果分析模型，对所有业务岗位和流程中的操作风险进行全面且有针对性的识别，并建立操作风险成因和损失事件之间的关系。 （2）在综合自我评估结果和各类操作风险报告的基础上，利用因果分析模型能够对风险损失、风险成因和风险类别进行逻辑分析和数据统计，进而形成三者之间相互关联的多元分布。 （3）因果分析模型可以识别哪些风险因素与风险损失具有最高的关联度，使得操作风险识别、评估、控制和监测流程变得更加有针对性和效率。 （4）在实践中，商业银行通常先收集损失事件，然后识别导致损失的风险成因，最终获得损失事件与风险成因之间的因果关系。

（三）操作风险识别内容

项目	内容
潜在风险识别	（1）含义：潜在风险识别是对银行业务活动中的潜在风险点进行的识别。 （2）内容：①内部流程、人员、技术中的弱点和不足；②外部环境可能对经营活动产生的潜在不利影响。 （3）银行定期对所有重要产品、活动、程序和系统中内含的潜在操作风险进行识别。 （4）在引进新产品、采用新程序和系统之前，或者上述内容发生重大变化时，须对其潜在操作风险进行单独识别。
已暴露风险识别	（1）含义：已暴露风险识别针对已发生的风险事件所做的鉴别分析。 （2）内容：①事件的性质；②事件是否会造成影响，可能造成什么影响，是直接损失还是间接损失；③事件产生的深层次原因。

第二节　操作风险评估

一、风险与控制自我评估（掌握）

真考解读 属于常考点，一般会考1道题。

项目	内容
含义	风险与控制自我评估是主流的操作风险评估工具，旨在防患于未然，对操作风险管理和内部控制的适当程度及有效性进行检查和评估。
内容	（1）固有风险，指在没有任何管理控制措施的情况下，经营管理过程本身所具有的风险。 （2）控制措施，指银行通过建立良好的内部控制机制和有效的内部控制手段，以保证充分识别经营过程中的固有风险，并对已识别风险及时进行适当控制。 （3）剩余风险，指在实施了旨在改变风险可能性和影响强度的管理控制措施后，仍然保留的风险。 【提示】三个组成部分之间的原理为"固有风险－控制措施＝剩余风险"。

续　表

项目	内容
基本方法	商业银行通常采用定性与定量相结合的方法来评估操作风险。 （1）定性分析需要依靠有经验的风险管理专家对操作风险的发生频率和影响程度做出评估。 （2）定量分析方法则主要基于对内部操作风险损失数据和外部数据进行分析。
自评原则	（1）全面性。自我评估范围应包括各级银行的操作风险相关机构，原则上覆盖所有业务品种^{解读1}。 （2）及时性。自我评估工作应及时开展，评估结果应及时报送，管理行动应及时实施，对实施效果应及时追踪。 （3）客观性。自我评估工作应当谨慎、客观，从而保证做出恰当的决策并采取适当的管理行动。 （4）前瞻性。自我评估应当充分考虑本行内、外部环境变化因素。 （5）重要性。自我评估应以操作风险管理薄弱或者风险易发、高发环节为主。

解读1 常考点：自评工作坚持的原则。

二、操作风险评估流程（熟悉）

（一）准备阶段^{解读2}

项目	内容
制定评估计划	计划内容包括自我评估的目的、对象、范围、时间安排、开展模式和方法及评估人员组成等。
识别评估对象	操作风险评估的对象通常为"业务流程"和"管理活动"，在特定情况下，也可能是某个特定的操作风险事件。
绘制流程图	遵循业务步骤的逻辑顺序，标明手工或自动化操作环节、运用的系统名称、与外部供应商或其他业务流程的交接点等信息。
收集评估背景信息	评估前应收集尽可能多的操作风险信息，包括内外部损失数据、检查发现的问题、重大风险事件、监管机构的风险提示等。

真考解读 考查相对较少，考生熟悉即可。

解读2 操作风险评估包括准备、评估和报告三个步骤。

（二）评估阶段

项目	内容
识别主要风险点	（1）含义：识别对业务和管理目标的实现有重要影响的主要风险。 （2）内容：①业务操作规程和管理流程存在的缺陷；②信息科技系统存在的缺陷；③因主、客观原因难以执行、实际控制失效的制度规定；④实际操作过程中易发生误操作或差错频繁发生的环节等。
召开会议	（1）操作风险与控制评估可采取讨论组会议、当面访谈、电话访谈或问卷调查等方式。 （2）采取讨论组会议时，评估部门应选派有业务经验、有主持讨论会能力、有一定资历的人员作为指导人主持会议。
开展评估	（1）固有风险评估。对银行所面临的每个操作风险点都必须进行固有风险分析。通常用发生频率和损失严重度矩阵来分析固有风险。 （2）控制有效性评估。固有风险评级后，需要识别有助于减少其发生频率和严重度的控制活动。评估控制活动有效性要从控制的设计和实施两方面进行，确定控制有效性评级。 （3）剩余风险评估。综合考虑固有风险评级和控制有效性评级，根据"固有风险暴露－控制有效性＝剩余风险暴露"原则确定剩余风险评级。
制定改进方案	根据风险和收益匹配原则，对不同水平的剩余风险相应采取规避风险、转移风险、降低风险和承担风险等措施。

（三）报告阶段

项目	内容
整合结果	评估部门应整合本条线的风险识别结果，明确被评估业务流程中须重点关注和监控的主要风险，进而明确本条线的主要风险，并进行监测和管理。
双线报告	（1）各部门自我评估后，应填制操作风险自我评估工作表，向上级对口部门和同级操作风险管理部门报告。 （2）商业银行总行操作风险管理部门负责整理全行自我评估报告。

第三节 操作风险监测与报告

一、关键风险指标（掌握）

真考解读 属于常考点，一般会考1道题。

（一）关键风险指标监测原则

项目	内容
含义	关键风险指标是代表某一业务领域操作风险变化情况的统计指标，是识别操作风险的重要工具。
内容	关键风险指标通常包括交易量、员工水平、技能水平、客户满意度、市场变动、产品成熟度、地区数量、变动水平、产品复杂程度和自动化水平等。
监测原则	（1）整体性。监测工作要能够反映操作风险全局状况及变化趋势，揭示诱发操作风险的系统性原因，实现对全行操作风险状况的预警。 （2）重要性。监测工作要提示重点地区、重点业务、关键环节的操作风险隐患，反映全行操作风险的主要特征。 （3）敏感性。监测指标要与操作风险事件密切相关，并能够及时预警风险变化，有助于实现对操作风险的事前和事中控制。 （4）可靠性。监测数据来源要准确可靠，具有可操作性，要保证监测工作流程、质量可控，要建立起监测结果的验证机制。 （5）有效性。监测工作要根据经营发展和风险管理战略不断发展和完善，指标是开放的、动态调整的，监测工作要持续、有效。

（二）关键风险指标法的核心步骤

核心步骤	内容
识别与定义关键风险指标	对所选取的每个关键风险信息设置足够的备选关键风险指标，以便后续阶段从备选关键风险指标中筛选可供执行的关键风险指标。
设置关键风险指标阈值	（1）指标管理部门根据业务实践和管理经验，判断关键风险指标所对应的阈值模式，并设置关键风险指标阈值[解读1]。 （2）指标管理部门需结合业务实践和管理经验，本着谨慎性原则设定关键风险指标阈值，并依据关键风险指标实际表现及一段时期内变动趋势，对关键风险指标阈值进行调整和改进。

解读1 对各项关键性指标设定合理的阈值是这一方法的主要难点。

核心步骤	内容
确认关键风险指标	（1）指标管理部门对最终选取的关键风险指标信息要素（包括定义、数据和阈值等信息）进行确认。 （2）明确后续监测和报告工作的要点，主要包括记录所设定的关键风险指标、完成关键风险指标信息模板、审批关键风险指标三个步骤。
监测和分析关键风险指标	（1）指标管理部门定期计算关键风险指标的结果，并对指标结果进行分析，以了解关键风险指标的表现及其所反映的操作风险管理现状。 （2）关键风险指标数据的收集及监测频率应满足风险监测的需要，原则上不低于每季度一次，并尽量采取更高的监测频率。
制订优化或整改方案	指标管理部门依据关键风险指标的监测结果及预警信号，对所有关键风险指标突破阈值的情况进行分析，判断是否需要制订优化或整改方案。
报告关键风险指标	指标管理部门按照一定频率定期报告关键风险指标的监测和分析结果（以及制订的优化或整改方案）。
关键风险指标更新	指标管理部门对关键风险指标要素（指标名称、内容、阈值和数据要求等）及体系运行的质量和效果进行验证，对关键风险指标的工作流程进行检查。

二、损失数据收集（掌握）

（一）损失数据收集统计原则[解读2]

统计原则	内容
重要性原则	（1）在统计操作风险损失事件时，要对损失金额较大和发生频率较高的操作风险损失事件进行重点审查和确认。 （2）要对重点地区、重要业务条线及产品的操作风险损失事件进行认真识别和监测。
准确性原则	（1）应及时确认、完整记录、准确统计因操作风险事件导致的实际资产损失，避免因提前或延后造成当期统计数据不准确。 （2）对因操作风险损失事件带来的声誉影响，要及时分析和报告，但不要求量化损失。

真考解读 属于常考点，一般会考1道题。
解读2 常考点：损失数据收集统计原则。

续　表

统计原则	内容
统一性原则	操作风险损失事件的统计标准、范围、程序和方法要保持一致，以确保统计结果客观、准确及具有可比性。
谨慎性原则	对操作风险损失进行确认时，要保持必要的谨慎，应进行客观、公允统计，准确计量损失金额，不得出现多计或少计操作风险损失的情况。
全面性原则	操作风险损失事件统计内容应至少包含以下内容：①损失事件发生的时间；②发现的时间及损失确认时间；③业务条线名称；④损失事件类型；⑤涉及金额；⑥损失金额；⑦缓释金额；⑧非财务影响；⑨信用风险和市场风险的交叉关系。

（二）损失数据收集统计要求[解读3]

项目	内容
含义	损失数据收集工作要明确损失的定义、损失形态、统计标准、职责分工和报告路径等内容，保障损失数据统计工作的规范性。
统计要求	（1）明确损失数据口径。包括总损失、回收后净损失和保险缓释后净损失。 　　①总损失是在扣除任何形式的损失回收之前的损失。 　　②净损失是考虑了损失回收影响之后的损失，包括保险缓释前净损失和保险缓释后净损失两个口径。 　　③回收是指与初始损失事件相关，但在不同时间获得来自第三方的资金或收益的独立事件。 　　（2）建立适当的数据阈值。可就数据收集和建模制定不同阈值，但应避免建模阈值大大高于收集阈值，并就阈值情况进行合理解释说明。 　　（3）分析不同数据采集时点的差异。包括发生日、发现日、核算日（准备计提日）等。 　　（4）明确合并及分拆规则。如一次事件多次损失、有因果关系的多次损失。

解读3 商业银行操作风险管理工具包括风险与控制自我评估、损失数据收集和关键风险指标。

（三）损失数据收集核心环节

核心环节	内容
损失事件识别	（1）明确损失数据收集范围，同时判断损失金额是否达到损失数据收集门槛。 （2）只有属于由操作风险引起且事件的损失金额达到损失数据收集门槛的，才予以收集。
损失事件填报	（1）填报单个损失事件的内容，对于每个损失事件，需要通过系统记录事件的事实情况、总体的财务损失金额以及逐笔损失、成本或挽回的明细信息。 （2）对于每个填报的损失事件，应确定其对应的损失事件分类[解读4] （3）损失事件分类应根据发生的事件本身来确定，而不是根据导致事件发生的原因来确定，即考虑"发生了什么"，而不应考虑"为什么会发生"。
损失金额确定	（1）操作风险损失是指操作风险事件造成的直接损失和成本金额，即事件直接导致的对银行收益或股东权益造成的负面影响，或直接导致的运营成本或费用的额外增加。 （2）损失和成本是否直接由操作风险事件导致，或者与操作风险事件直接相关，且是真正的经济损失，而不是预期收入的减少决定其是否纳入损失金额[解读5]。
损失事件信息审核	（1）收集部门负责人应确认本部门填报的损失事件信息的要素是否完整、描述性信息是否全面、内容是否准确。 （2）操作风险管理牵头部门应对每个损失事件信息的完整性和事件属性的准确性进行审核。 （3）损失事件的更新信息及结束信息的审核遵循初次填报相同的审核要求。
损失数据验证	（1）为了保证损失数据收集的质量，应组织损失数据验证，如发现漏报、错报、迟报、不符合填报要求等情况，通知相关机构或部门及时补报或修改。 （2）验证工作重点关注数据的全面性、准确性和及时性。

解读4 损失事件填报的难点在于确定损失事件个数和进行损失事件分类时容易出现理解偏差。

解读5 如被窃的金额、内外勾结骗取贷款的金额、对外赔偿的金额和重置受损资产的支出等。

典型真题

【单选题】下列不属于商业银行操作风险管理工具的是（　　）。

A. 风险与控制自我评估　　　　B. 损失数据收集

C. 关键风险指标　　　　　　　D. 资本计量

【答案】D【解析】商业银行操作风险管理工具包括风险与控制自我评估、损失数据收集和关键风险指标。其中，关键风险指标是代表某一业务领域操作风险变化情况的统计指标，是识别操作风险的重要工具。故选D。

三、操作风险报告（熟悉）

真考解读 考查相对较少，考生熟悉即可。

项目	内容
含义	商业银行负责操作风险牵头管理的部门、承担主要操作风险的部门应定期提交全行的操作风险管理与控制情况报告。
报告内容	（1）包括主要操作风险事件的详细信息、已确认或潜在的重大操作风险损失等信息、操作风险及控制措施的评估结果、关键风险指标监测结果。 （2）制定流程对报告中反映的信息采取有效行动。
报告形式	（1）操作风险管理报告。 ①由操作风险牵头管理部门组织相关部室编写；②定期分析报告期内操作风险的基本状况、采取的主要举措、存在的风险隐患和应关注的管理问题；③提出工作建议，报告应提交高管层和董事会。 （2）操作风险专项报告。 ①由相关业务部门负责编写，分析报告各项业务或产品中存在的风险隐患；②提交操作风险牵头管理部门，并向高管层报告。 （3）操作风险监测报告。 ①由操作风险牵头管理部门根据各项监测指标值的变化和异动情况分析全行有关操作风险的变化趋势；②对潜在的重大风险隐患进行提前揭示。 （4）操作风险损失事件报告。 ①由操作风险牵头管理部门组织开展，各分支机构根据损失事件统计制度要求，逐级定期报告；②报告的要素包括事件发生时间、涉及业务领域、损失金额等内容，并对重大事件进行具体说明。

第四节　操作风险控制与缓释

真考解读 属于必考点，一般会考2道题。

一、操作风险控制（重点掌握）

（一）操作风险控制策略

项目	内容
降低风险	通过风险管理、内部控制程序对各风险环节进行控制，减少操作风险发生的可能性，降低风险损失的严重程度。
承受风险	对于无法降低又无法避免的风险，如人员、流程、系统等引起的操作风险，采取承担并通过定价、拨备、资本等方式进行主动管理。
转移或缓释风险	通过外包、保险、专门协议等工具，将损失全部或部分转移至第三方^{解读1}。
回避风险	通过撤销危险地区网点、关闭高风险业务等方式进行规避。

解读1 需要注意的是，在转移或缓释操作风险的过程中，可能会产生新的操作风险。

（二）主要业务条线的操作风险控制

1. 柜面业务^{解读2}

解读2 必考点：柜面业务的含义和风险示例。

项目	内容
含义	柜面业务泛指通过商业银行柜面办理的业务，是商业银行各项业务操作的集中体现，也是最容易引发操作风险的业务环节。
范围	柜面业务范围广泛，包括账户管理、存取款、现金库箱、印押证管理、票据凭证审核、会计核算、账务处理等各项操作。
风险成因	（1）轻视柜面业务内控管理和风险防范。 （2）规章制度和业务操作流程本身存在漏洞。 （3）因人手紧张而未严格执行换人复核制度。 （4）柜台人员安全意识不强，缺乏岗位制约和自我保护意识。 （5）柜员工作强度大但收入不高，工作缺乏热情和责任感等。
风险示例^{解读3}	（1）账户开立、使用、变更与撤销。 ①柜员为无证件或未获得相关批文的客户开立账户；②未经授权将单位存款或个人存款转入长期不动户盗取客户存款；③恶意查询并窃取客户账户信息，伪造或变造支款凭证；④柜员不按规定办理冻结、解冻、扣划业务，造成单位或个人账户资金转移；⑤无变更申请书和单位主管部门证明文件，为存款人办理变更账户名称、法定代表人；⑥频繁开、销户，通过虚假交易进行洗钱活动等。

解读3 此处列举的都是一些常见的柜面业务操作风险示例，考生应了解每个业务环节所对应的风险示例。

续 表

项目	内容
风险示例	（2）现金存取款。 ①未经授权办理大额存取款业务；②未审核客户有效身份证件办理大额现金存取业务；③无支付凭证或使用商业银行内部凭证办理开户单位资金支付业务；④未能识别而收入本外币假钞或变造钞等。 （3）柜员管理。 ①柜员离岗未退出业务操作系统，被他人利用进行操作；②授权密码泄露或借给他人使用；③柜员盗用会计主管密码私自授权，重置客户密码或强行修改客户密码；④设立劳动组合时，不注意岗位之间的监督制约；⑤柜员调离本工作岗位时，未及时将柜员卡上缴并注销，未及时取消其业务权限等。 （4）平账和账务核对。 ①未及时收回账务对账单，导致收款人不入账的行为不能被及时发现；②对应该逐笔勾对的内部账务不进行逐笔勾对；③对账、记账岗位未分离，收回的对账单不换人复核；④银企不对账或对账不符时，未及时进行处理等。 （5）抹账、错账冲正、挂账、挂失业务。 ①柜员未经授权办理抹账、冲账、挂账业务；②冒用客户名义办理挂失，利用挂失换单、盗用客户资金；③客户利用虚假挂失诈骗资金。
操作风险控制	（1）完善规章制度和业务操作流程，不断细化操作细则，并建立岗位操作规范和操作手册，通过制度规范来防范操作风险。 （2）加强业务系统建设，尽可能将业务纳入系统处理，并在系统中自动设立风险监控要点，发现操作中的风险点能及时提供警示信息。 （3）加强岗位培训，特别是新业务和新产品培训，不断提高柜员操作技能和业务水平，同时培养柜员岗位安全意识和自我保护意识。 （4）强化一线实时监督检查，促进事后监督向专业化、规范化迈进，改进检查监督方法，同时充分发挥各专业部门的指导、检查和督促作用。

2．法人信贷业务

解读4 必考点：法人信贷业务的范围。

项目	内容
范围	法人信贷业务包括法人客户贷款业务、贴现业务、银行承兑汇票等业务，是我国商业银行较主要的业务种类之一^{解读4}。
环节	根据法人信贷业务的流程，可分为评级授信、贷前调查、信贷审查、信贷审批、贷款发放和贷后管理六个环节。
风险成因	（1）片面追求贷款规模和市场份额。 （2）信贷制度不完善，缺乏监督制约机制。 （3）信贷操作不规范，依法管贷意识不强。 （4）客户监管难度加大，信息技术手段不健全。 （5）社会缺乏良好的信贷文化和信用环境等。
风险示例	（1）评级授信。 ①涉贷人员擅自更改评级标准和指标，弄虚作假测定客户信用等级和最高授信额度；②涉贷人员在企业发生重大变化或出现其他重大不利因素时，未及时下调其信用等级和调整或终止授信额度；③客户提供虚假的财务报表和企业信息，骗取评级授信等。 （2）贷前调查。 ①信贷调查人员未按规定对信贷业务的合法性、安全性和盈利性及客户报表真实性、生产经营状况进行调查；②未按规定对抵（质）押物的真实性、权利有效性和保证人情况进行核实；③客户编造虚假项目、利用虚假合同、使用官方虚假证明向商业银行骗贷，或伪造虚假质押物或质押权利等。 （3）信贷审查。 ①审查人员隐瞒审查中发现的重大问题和风险，或按他人授意进行审查，撰写虚假审查报告；②未按规定对调查报告内容进行审查，未审查出调查报告的明显纰漏，或未揭示出重大关联交易，导致审批人决策失误。 （4）信贷审批。 ①超权或变相越权放款，向国家明令禁止的行业、企业审批发放信用贷款；②授意或支持调查、审查部门撰写虚假调查、审查报告；③暗示或明示贷审会审议通过不符合贷款条件的贷款。 （5）贷款发放。 ①逆程序发放贷款；②未按审批时所附的限制性条款发放贷款；③贷款合同要素填写不规范等。 （6）贷后管理。 ①未及时收取贷款利息，贷款利息计算错误；②未履行贷款定期检查和强制性报告义务；③未按规定对贷款资金用途进行跟踪检查。

项目	内容
风险控制	（1）牢固树立审慎稳健的信贷经营理念，坚决杜绝各类短期行为和粗放管理。 （2）倡导新型的企业信贷文化，在业务办理过程中，加入法的精神和硬性约束，实现以人为核心向以制度为核心转变，建立有效的信贷决策机制。 （3）改革信贷经营管理模式。 （4）把握关键环节，有针对性地对重要环节和步骤加强管理等。

3．个人信贷业务

项目	内容
含义	个人信贷业务是国内商业银行竞相发展的零售银行业务。
范围	个人信贷业务包括个人住房按揭贷款、个人大额耐用消费品贷款、个人生产经营贷款和个人质押贷款等业务品种。
风险成因	（1）商业银行对个人信贷业务缺乏风险意识或风险防范经验不足。 （2）内控制度不完善、业务流程有漏洞。 （3）管理模式不科学、经营层次过低且缺乏约束、个人信用体系不健全等。
风险示例	（1）个人住房按揭贷款。 ①信贷人员未尽职调查客户资料而发放个人住房按揭贷款；②房地产开发商与客户串通，或直接使用虚假客户资料骗取个人住房按揭贷款；③未核实第一还款来源或在第一还款来源不充足的情况下，向客户发放个人住房贷款等。 （2）个人大额耐用消费品贷款。 ①内部人员编造、窃取客户资料，假名、冒名骗取贷款；②为规避放款权限而化整为零为客户发放个人消费贷款；③客户出具虚假收入证明骗取大额耐用消费品贷款。 （3）个人生产经营贷款。 ①内部人员未对个人生产经营情况进行尽职调查，不了解贷款申请人的生产经营状况和信用状况；②向无营业执照的自然人或法人客户发放个人生产经营贷款；③抵押物未按规定到有权部门办理抵押登记手续，形成无效抵押或未按规定保管抵押物；④贷款抵押物被恶意抽走或变更，形成无效抵押或抵押不足等。

项目	内容
风险示例	（4）个人质押贷款。 ①质押单证未办理止付手续或止付手续不严密，质押单证未经所有人书面承诺、签字形成无效质押；②未对保单、存单等质押物进行真实性验证；③申请人以假存单和假有价单证办理质押贷款；④质物持有人在权利上有缺陷。
风险控制	（1）实行个人信贷业务集约化管理，提升管理层次，实现审贷部门分离。 （2）成立个人信贷业务中心，由中心进行统一调查和审批，实现专业化经营和管理。 （3）优化产品结构，改进操作流程，重点发展以质押和抵押为担保方式的个人贷款，审慎发展个人信用贷款和自然人保证担保贷款。 （4）强化个人贷款发放责任约束机制，细化个人贷款责任追究办法等。

4. 资金业务

项目	内容
含义	资金业务指商业银行为满足客户保值或提高自身资金收益或防范市场风险等方面的需要，利用各种金融工具进行的资金和交易活动。
范围	资金业务包括资金管理、资金存放、资金拆借、债券买卖、外汇买卖、黄金买卖、金融衍生产品交易等业务。
环节	从资金交易业务流程来看，可分为前台交易、中台风险管理、后台结算/清算三个环节。
风险成因	（1）风险防范意识不足，认为资金交易业务主要是市场风险，操作风险不大。 （2）内部控制薄弱，部门及岗位设置不合理，规章制度滞后。 （3）电子化建设缓慢，缺乏相应的业务处理系统和风险管理系统等。

续 表

项目	内容
风险示例	（1）前台交易。 ①交易员未及时止损，未授权交易或超限额交易；②交易员虚假交易和未报告交易；③交易员违章操作或操作失误或录入错误交易指令而造成损失；④交易员不慎泄露交易信息和机密；⑤因计算机系统中断、业务应急计划不周造成交易中断或数据丢失而引发损失等。 （2）中台风险管理。 ①交易协议审查不严或不力，签订不利于己方的合同条款；②在跨国交易中，对国际惯例、法律和条款把握不准；③未及时监测和报告交易员的超权限交易和重大头寸变化；④对交易的风险评估不及时、不准确等。 （3）后台结算/清算。 ①交易结算不及时或交易清算交割金额计算有误；②对交易条款理解不准确而导致结算争议；③因录入错误而错误清算资金；④因系统中断而不能及时将资金清算到位；⑤未履行监管部门所要求的强制性报告义务等。
风险控制	（1）树立全面风险管理理念，将操作风险纳入统一的风险管理体系。 （2）实行严格的前台、中台、后台职责分离制度，建立前台授权交易、中台风险监控和管理、后台结算操作的岗位制约和岗位分离制度。 （3）建立资金业务的风险责任制，明确规定各个部门、岗位的操作风险责任等。

5. 代理业务

项目	内容
含义	代理业务指商业银行接受客户委托，代为办理客户指定的经济事务、提供金融服务并收取一定的费用。
范围	代理业务包括代理政策性银行业务、代理中央银行业务、代理商业银行业务、代收代付业务、代理证券业务、代理保险业务、代理其他银行的银行卡收单业务等。

续 表

项目	内容
风险成因	（1）风险防范意识不足，认为即使发生操作风险，损失也不大。 （2）监督管理滞后，内部控制薄弱，部门及岗位设置不合理，规章制度滞后。 （3）业务管理分散，缺乏统筹管理。 （4）电子化建设缓慢，缺乏相应的代理业务系统等。
风险示例	（1）人员因素。 ①业务人员贪污或截留手续费，不进入大账核算；②内外勾结，编造虚假代理业务合同骗取手续费收入；③未经授权或超过权限擅自进行交易；④内部人员盗窃客户资料谋取私利等。 （2）内部流程。 ①销售时进行不恰当的广告和不真实的宣传，错误和误导销售；②未对敏感问题或业务中的风险进行披露，不当利用重要内幕信息建议他人买卖证券等；③代理合同或文件存在瑕疵，对各方的权利、义务、责任规定不明确，或将商业银行不当卷入代理业务纠纷中；④未获得客户允许代理扣划资金或进行交易；⑤对代理单据审核不清，出现违章操作或操作失误；⑥超委托范围办理业务等。 （3）系统缺陷。 ①计算机系统中断、业务应急计划不力造成代理业务中的数据丢失而引发损失，如代理证券买卖因系统中断使客户不能及时买入卖出股票而遭受损失；②系统设计或系统维护不完善，造成数据、信息质量不符合委托方要求；③违反系统安全规定造成系统运行不畅、难以兼容、数据传送失败等影响委托方业务等。 （4）外部事件。 ①委托方伪造收付款凭证骗取资金；②通过代理收付款进行洗钱活动；③由于新的监管规定出台而引起的风险等。
风险控制	（1）强化风险意识，了解并重视代理业务中的操作风险点，完善业务操作流程与操作管理制度。 （2）加强业务宣传及营销管理，坚守诚实守信原则，遏制误导性宣传和错误销售，对业务风险进行必要的风险提示，维护商业银行信誉和品牌形象。 （3）加强产品开发管理，编制新产品开发报告，建立新产品风险跟踪评估制度，在新产品推出后，对新产品的风险状况进行定期评估等。

二、操作风险缓释（重点掌握）

真考解读 属于必考点，一般会考2道题。

（一）业务连续性管理计划

项目	内容
含义	业务连续性管理计划是指为实现业务连续性而制定的各类规划及实施的各项流程。
内容	（1）业务连续性计划具体包括以下内容：①业务和技术风险评估；②面对灾难时的风险缓释措施；③常年持续性、经营性地恢复程序和计划；④恰当的治理结构；⑤危机和事故管理；⑥持续经营意识培训等方面。 （2）目前，主要的操作风险缓释手段有业务连续性管理计划、商业保险和业务外包等^{解读5}。
要求	（1）业务连续性计划应当是一个全面的计划，与商业银行经营的规模和复杂性相适应，强调操作风险识别、缓释、恢复以及持续计划。 （2）商业银行应定期检查灾难恢复和业务连续性管理方案，保证其与目前的经营和业务战略相吻合。 （3）定期进行方案测试，确保商业银行发生业务中断时，能够迅速执行既定方案。

解读5 必考点：操作风险缓释手段。

（二）商业保险^{解读6}

分类	内容
一揽子保险	主要承保商业银行内部盗窃和欺诈以及外部欺诈风险。
错误与遗漏保险	主要承保无法为客户提供专业服务或在提供服务过程中出现过失的风险。
经理与高级职员责任险	主要承保商业银行经理与高级职员操纵市场、洗钱、未对敏感信息进行披露、不当利用重要信息等行为给商业银行造成潜在损失的风险。
未授权交易保险	主要承保未报告交易、未经授权交易及超限额交易引起的直接财务损失。
财产保险	主要承保由于火灾、雷电、爆炸、碰撞等自然灾害及意外事故引起的被保人物理财产损失。
营业中断保险	主要承保因设备瘫痪、电信中断等事件所导致的营业中断而引发的损失。

解读6 购买保险只是操作风险缓释的一种措施。预防和减少操作风险事件的发生，根本上还是要靠商业银行不断提高自身的风险管理水平。

续　表

分类	内容
商业综合责任保险	主要承保由于营业过程中发生的事故对第三者造成身体伤害或物质损失的责任。
电子保险	主要承保由于电子设备自身的脆弱性所引发的风险损失。
计算机犯罪保险	主要承保由于有目的地利用计算机犯罪而引发的风险。

解读7 必考点：
业务外包的实质。

（三）业务外包 解读7

项目	内容
含义	商业银行可以将某些业务外包给具有较高技能和较大规模的其他机构来管理，用于转移操作风险。
实质	（1）业务操作或服务虽然可以外包，但其最终责任并未被"包"出去。 （2）外包并不能减少或免除董事会和高级管理层确保第三方行为的安全稳健以及遵守相关法律的责任。 （3）商业银行必须对外包业务的风险进行管理，一些关键过程和核心业务，如账务系统、资金交易业务等不应外包出去。因为过多的外包也会产生额外的操作风险或其他隐患。 （4）商业银行仍然是外包过程中出现的操作风险的最终责任人，对客户和监管者承担着保证服务质量、安全、透明度和管理汇报的责任。 【提示】在业务外包管理活动中，高级管理层的管理内容包括：①负责制定外包战略发展规划；②制定外包风险管理的政策、操作流程和内控制度；③确定外包业务的范围及相关安排；④确定外包管理团队职责，并对其行为进行有效监督。
常见外包分类	（1）技术外包，如呼叫中心、计算机中心、网络中心和IT策划中心等。 （2）程序外包，如消费信贷业务有关客户身份及亲笔签名的核对和信用卡客户资料的输入与装封等。 （3）业务营销外包，如汽车贷款业务的推销、住房贷款推销和银行卡营销等。 （4）专业性服务外包，如法律事务、不动产评估和安全保卫等。 （5）后勤性事务外包，如贸易金融服务的后勤处理作业和凭证保存等。

典型真题

【单选题】下列关于商业银行业务外包的描述，最不恰当的是(　　)。

A. 银行应了解和管理任何与外包有关的后续风险

B. 选择外包服务提供者是要对其财务、信誉状况和独立程度进行评估

C. 一些关键流程和核心业务不应外包出去

D. 银行原来承担的与外包服务有关的责任同时被转移

【答案】D【解析】从风险实质性上说，业务操作或服务虽然可以外包，但其最终责任并未被"包"出去。外包并不能减少或免除董事会和高级管理层确保第三方行为的安全稳健以及遵守相关法律的责任。选项D银行原来承担的与外包服务有关的责任被转移说法错误。故选D。

【多选题】为了缓释操作风险，商业银行可以采取的管理措施有 (　　)。

A. 计提经济资本　　　　　　　B. 设定风险限额

C. 外包非核心业务　　　　　　D. 购买商业保险

E. 制定应急和连续营业方案

【答案】CDE【解析】目前，主要的操作风险缓释手段有业务连续性管理计划、商业保险和业务外包等。故选项C、选项D、选项E符合题意。

第五节　操作风险资本计量

一、基本指标法 （了解）

真考解读较少考查，考生了解即可。

项目	内容
含义	基本指标法以总收入为计量基础，总收入定义为银行的净利息收入与净非利息收入之和。
公式	基本指标法操作风险资本＝银行前3年总收入的平均值×固定比例α（15%）。
特点	基本指标法计量方法简单，资本与收入呈线性关系，银行的收入越高，操作风险资本要求越大，资本对风险缺乏敏感性，对改进风险管理作用不大，国际活跃银行不应采用这种方法。

真考解读 较少考查，考生了解标准法的公式即可。

二、标准法（了解）

（一）标准法概述

项目	内容
含义	标准法是以各业务条线的总收入为计量基础，总收入是个广义的指标，代表业务经营规模，也代表了各业务条线的操作风险暴露。
公式	标准法操作风险资本 = $\sum$ 各条线前 3 年总收入的平均值 × 固定比例 β 其中，各业务条线 β 系数选取：零售银行业务、资产管理、零售经纪为 12%；商业银行业务、代理服务为 15%；公司金融、交易和销售、支付和清算及其他业务为 18%。
注意事项	每年各条线正的收入可抵消负的收入，如果出现一年的总收入为负，则该年的总收入以 0 计算。

（二）标准法实施基础条件

（1）董事会和高级管理层适当积极参与操作风险管理框架的监督。

（2）操作风险管理系统必须对操作风险管理功能进行明确的职责界定。

（3）必须系统地跟踪与操作风险相关的数据，评估结果必须成为操作风险状况监测和控制流程的有机组成部分。

（4）银行必须定期向业务管理层、高级管理层和董事会报告操作风险暴露情况，包括重大操作损失。

（5）操作风险管理系统必须文件齐备，必须有日常程序确保符合操作风险管理系统内部政策、控制和流程等文件的规定。

（6）操作风险管理流程和评估系统必须接受验证和定期独立审查。审查必须涵盖业务部门的活动和操作风险管理岗位的情况。

（7）操作风险评估系统（包括内部验证程序）必须接受外部审计师和监管当局的定期审查。

真考解读 较少考查，考生了解即可。

三、高级计量法（了解）

解读 2016 年 3 月，巴塞尔委员会正式公开建议取消高级计量法。

项目	内容
含义	高级计量法^{解读}是银行根据本行业务性质、规模和产品复杂程度以及风险管理水平，基于内部损失数据、外部损失数据、情景分析、业务经营环境和内部控制因素，建立操作风险计量模型以计算本行操作风险监管资本的方法。

续 表

项目	内容
分类	高级计量法体系中含有损失分布法、内部衡量法、打分卡法三种计量模型。其中，损失分布法是商业银行的主流选择。
特点	（1）高级计量法风险敏感度高，具有资本激励和管理激励效应，实现了风险计量和风险管理有机结合。 （2）实施成本较高，开发难度大，透明度较差，监管核准的流程相对较长。

四、新标准法（了解）

真考解读 较少考查，考生了解即可。

项目	内容
含义	2017年《巴塞尔Ⅲ最终方案》将原有的Ⅲ中操作风险计量方法统一为1种，要求所有银行均执行标准法，为了与《巴塞尔协议Ⅱ》框架下的标准法在称呼上有所区别，将2017年版标准法称作"新标准法"。
分类	新标准法包括业务指标部分和内部损失乘数。
操作风险最低资本要求	操作风险最低资本要求＝业务指标部分×内部损失乘数。

第六节 外包风险管理

一、外包的含义及原则（了解）

真考解读 较少考查，考生了解即可。

项目	内容
含义	外包[解读1]是指商业银行将原来由自身负责处理的某些业务活动委托给服务提供商进行持续处理的行为。
原则	（1）董事会和高级管理层承担外包活动的最终责任。 （2）制定外包的风险管理框架及相关制度，并将其纳入全面风险管理体系。 （3）根据审慎经营原则制定其外包战略发展规划，确定与其风险管理水平相适宜的外包活动范围。 （4）战略管理、核心管理以及内部审计等职能不宜外包。

解读1 外包不能消除风险，但通过将该业务的管理置于经验和技能更丰富的第三方手中，可降低商业银行原有风险。

真考解读 较少考查，考生了解即可。

二、外包风险管理主要框架（了解）

（一）商业银行外包管理组织架构

项目	内容
董事会	（1）审议批准外包的战略发展规划、外包的风险管理制度、本机构的外包范围及相关安排。 （2）定期审阅本机构外包活动相关报告。 （3）定期安排内部审计，确保审计范围涵盖所有的外包安排。
高级管理层	（1）制定外包战略发展规划、外包风险管理的政策、操作流程和内控制度。 （2）确定外包业务的范围及相关安排。 （3）确定外包管理团队职责，并对其行为进行监督。
外包管理团队	（1）执行外包风险管理的政策、操作流程和内控制度。 （2）负责外包活动的日常管理，包括尽职调查、合同执行情况的监督及风险状况的监督。 （3）向高级管理层提出有关外包活动发展和风险管控的意见和建议。 （4）发现外包服务提供商业的业务活动存在缺陷时，采取及时有效的措施。

解读2 商业银行应将外包风险管理纳入全面风险管理体系，建立严格客户保密机制。

（二）外包风险管理 解读2

（1）对于具有专业技术性的外包活动，可签订服务标准协议。

（2）外包商应保障客户信息的安全性，当客户信息不安全或客户权利受到影响时，商业银行有权随时终止外包合同。

（3）外包商不得以商业银行的名义开展活动。

（4）主服务商应当确认在业务分包后继续保证对服务水平和系统控制负总责。

（5）不得将外包活动的主要业务分包。

（三）外包监督管理

商业银行外包活动存在以下情形的，银行业监督管理机构可以要求商业银行纠正或采取替代方案，并视情况予以问责。

（1）违反相关法律、行政法规及规章。

（2）违反本机构风险管理政策、内控制度及操作流程等。

（3）存在重大风险隐患。

第七节　信息科技风险管理

一、信息科技风险含义和特征（熟悉）

项目	内容
含义	信息科技风险是指信息科技在商业银行运用过程中，由于自然因素、人为因素、技术漏洞和管理缺陷产生的操作、法律和声誉等风险。
特征	（1）隐蔽性强。如果系统的设计者对银行业务流程不熟悉或对风险点考虑不周，可能在系统设计之初留下隐患。 （2）突发性强，应急处置难度大。信息科技风险是唯一能够导致银行瞬间瘫痪的风险。 （3）影响范围广，后果具有灾难性。信息科技风险贯穿于商业银行各级机构、各部门和各条线的管理和业务流程之中，一旦核心系统和主干网络发生故障，可能引发连锁反应。

真考解读 考查相对较少，考生熟悉信息科技风险特征即可。

二、信息科技风险管理主要框架（了解）

项目	内容
信息科技治理	（1）商业银行应设立首席信息官，直接向行长汇报，并参与决策。 （2）应设立或指派一个特定部负责信息科技风险管理工作，并直接向首席信息官或首席风险官（风险管理委员会）报告工作。
信息安全	信息安全信息科技部门应落实信息安全管理职能。
业务连续性管理	（1）应评估因意外事件导致其业务运行中断的可能性及影响。 （2）应采取系统恢复和双机热备处理等措施降低业务中断的可能性，并通过应急安排和保险等方式降低影响。 （3）应建立维持其运营连续性策略的文档，并制定对策略的充分性和有效性进行检查和沟通的计划。 （4）业务连续性计划和年度应急演练结果应由信息科技风险管理部门或信息科技管理委员会确认。
内外部审计	（1）商业银行至少应每3年进行一次全面审计。 （2）内部信息科技审计的责任：①制订、实施和调整审计计划；②检查和评估商业银行信息科技系统和内控机制的充分性和有效性；③提出整改意见；④检查整改意见是否得到落实；⑤执行信息科技专项审计。

真考解读 较少考查，考生了解即可。

第八节　反洗钱管理

视频讲解　微信扫描

一、洗钱与反洗钱（重点掌握）

（一）洗钱

1. 洗钱与洗钱上游犯罪

项目	内容
洗钱	洗钱是指运用各种手法掩饰或隐瞒违法所得及其产生收益的来源和性质，通过交易、转移、转换等各种方式把违法资金及其收益加以合法化，以逃避法律制裁的行为和过程。
洗钱上游犯罪	（1）洗钱的上游犯罪包括毒品犯罪、黑社会性质的组织犯罪、恐怖活动犯罪、走私犯罪、贪污贿赂犯罪、破坏金融管理秩序犯罪、金融诈骗犯罪七大犯罪类型，共涉及80多个罪名。 　　（2）洗钱罪是指明知是毒品犯罪等七类上游犯罪的所得及其产生的收益，而通过各种方式掩饰、隐瞒其来源和性质的犯罪行为。

2. 恐怖融资与扩散融资 解读1

项目	内容
恐怖融资	（1）含义：恐怖融资指有意识地直接或间接为恐怖活动提供募集资金的行为。 　　（2）恐怖融资是属于恐怖主义的辅助行为，是有意识地使恐怖活动得以顺利实施的帮助行为。 　　（3）恐怖融资是恐怖主义生存和发展的基础，没有资金的支持，恐怖主义将成为无源之水、无本之木。
扩散融资	（1）含义：为防范、制止、瓦解大规模杀伤性武器扩散，联合国发布了定向金融制裁名单，任何有意识地为名单上人员提供资金支持、融资便利的行为都属于参与扩散融资。 　　（2）大规模杀伤性武器是指能用来大规模屠杀人类的威力巨大的武器，包括核武器、化学武器和生物武器。

续 表

项目	内容		

	项目	洗钱	恐怖融资	扩散融资
洗钱、恐怖融资与扩散融资的区别	资金来源	为非法所得	往往合法	往往合法
	行为目的	隐藏犯罪资金来源	资金用于政治目的	资金用于军事目的
	交易规模	资金量大、交易复杂	资金量小、交易简单	资金量大、交易隐蔽
	资金特点	资金环形流动	资金点到点流动	资金点到点流动

3. 洗钱的三个阶段^{解读2}

项目	内容
放置阶段	（1）含义：不法分子将非法资金直接存放到银行等合法金融机构，或通过地下钱庄等非法金融体系进入银行或转移至境外。 （2）目的：让非法资金进入金融机构，以便于下一步的资金转移。
离析阶段	（1）含义：不法分子通过错综复杂的金融交易，模糊和掩盖非法资金的来源、性质以及与犯罪主体之间的关系。 （2）目的：使得非法资金与合法资金难以分辨。
融合阶段	（1）含义：不法分子将清洗后的非法资金融合到正常经济体系内和合法商业活动中^{解读3}。 （2）目的：为非法资金完成洗钱的全过程，披上合法的外衣。

4. 洗钱的主要方式以及危害

项目	内容
主要方式	（1）隐瞒或掩饰客户真实身份进行洗钱。主要形式有以下3种^{解读4}。 ①开立假名账户；②利用虚假资料开户；③控制他人账户等。 （2）频繁进行资金转移掩盖非法来源。主要形式有以下2种。 ①利用电子银行渠道在短期内资金集中或分散转入、转出；②经常性的跨境汇款、跨境投资等。 （3）利用复杂金融交易逃避银行关注。主要形式有以下4种。

解读2 洗钱的三个阶段都有其不同特点及运行模式，在实际操作中往往是交叉运用。

解读3 融合阶段是洗钱链条中的最后环节，被形象地描述为"甩干"。

解读4 此外，通过在开曼群岛等离岸避税天堂注册、投资办产业、购置艺术品等商品交易、第三方支付平台等进行洗钱也是目前较为常见的洗钱方式。

续　表

项目	内容
主要方式	①多项转账；②多项交易；③利用假贸易单据、票据进行大额资金划转；④贷款方式等。
危害	（1）在政治上，损害国家形象，妨碍司法公正，危害政治稳定。 （2）在社会上，滋生腐败，助长其他犯罪活动，危害社会安全，造成社会财富大量外流。 （3）在经济上，造成经济扭曲和不稳定，形成不公平竞争，扰乱市场秩序，导致投资者损失。 （4）在金融上，破坏金融市场秩序，引发金融市场动荡，影响一国货币政策的有效性，造成利率和汇率的剧烈波动，甚至引发金融危机。

（二）反洗钱

项目	内容
含义	我们通常所说的"反洗钱"实际上是一个广义的概念，包括反洗钱、反恐怖融资、反扩散融资三方面内容。 （1）反洗钱是指为了打击和预防通过各种方式掩饰、隐瞒犯罪所得及其收益的来源、性质和资金流向等洗钱活动，依法采取相关措施的行为。 （2）反恐怖融资是指为了预防通过金融手段向从事恐怖活动的组织或个人提供资金，或帮助从事恐怖活动的组织或个人募集、管理或转移资金的犯罪活动，而制定和实施一系列防范措施的行为。 （3）反扩散融资是指各国应遵守联合国安理会关于防范、制止、瓦解大规模杀伤性武器扩散及扩散融资的决议，毫不迟延地冻结被指定个人或实体的资金或其他资产，并确保没有任何资金或其他资产，直接或间接地提供给被指定的个人或实体，或者使其受益。
意义	（1）做好反洗钱工作是维护国家利益和社会利益的客观需要。 （2）做好反洗钱工作是严厉打击经济犯罪的需要。 （3）做好反洗钱工作是遏制其他严重刑事犯罪的需要。 （4）做好反洗钱工作是维护商业银行信誉及金融稳定的需要。

典型真题

【单选题】下列关于洗钱、恐怖融资、扩散融资的区别，表述不正确的是(   )。

A. 洗钱和扩散融资的资金量往往比较大，而恐怖融资的资金量小、交易简单

B. 洗钱将资金用于政治目的，恐怖融资和扩散融资的目的是隐藏犯罪资金来源

C. 洗钱的资金环形流动，而恐怖融资、扩散融资的资金是资金点到点流动

D. 洗钱的资金来源为非法所得，而恐怖融资、扩散融资的资金来源往往合法

【答案】B【解析】洗钱是将资金用于隐藏犯罪资金来源，恐怖融资是将资金用于政治目的，扩散融资是将资金用于军事目的，选项B表述错误，其余各项表述正确。故选B。

二、反洗钱监管体系 （掌握）

（一）国际反洗钱组织^{解读5}

分类	内容
反洗钱金融行动特别工作组	该机构是反洗钱和反恐怖融资领域非常权威的政府间国际组织之一，其成员遍布各大洲。2007年6月28日，中国成为反洗钱金融行动特别工作组（FATF）的正式成员。
埃格蒙特集团	（1）该集团负责颁布与各金融情报中心相关的解释、指引、最优做法、倡议声明和指南等文献，给各金融情报中心的建设和国际交流指明方向，为世界金融情报网络的完善奠定基础。 （2）成员包括100多个国家和地区的金融情报中心。
沃尔夫斯堡集团	（1）该集团是由11家全球性银行组织成协会，旨在制定金融服务行业标准并为客户身份识别、反洗钱和反恐怖融资活动政策开发相关产品。 （2）沃尔夫斯堡集团首次会议于2000年在瑞士沃尔夫斯堡召开，目前制定了多项反洗钱工作原则和声明。
亚太反洗钱集团	该集团成员包括美国、澳大利亚、日本、中国等40多个国家和地区。
欧亚反洗钱与反恐融资小组	中国与俄罗斯、哈萨克斯坦、塔吉克斯坦、吉尔吉斯斯坦、白俄罗斯于2004年作为共同创始成员国成立了"欧亚反洗钱与反恐融资小组"（EAG）。

真考解读 属于常考点，一般会考1道题。

解读5 除了反洗钱组织，一些综合性的国际组织也具有反洗钱功能，如联合国、世界银行、国际货币基金组织、巴塞尔委员会和欧盟等。

（二）国际反洗钱监管原则：风险为本

项目	内容
含义	在开展反洗钱监管时应对不同组织机构和业务类型所面临的洗钱风险进行科学评估并在此基础上决定监管资源投入方向和比例。
作用	（1）确保有限的反洗钱监管资源优先投入到高风险机构和业务领域，更好地实现预防和发现洗钱活动。 　　（2）可以解决金融机构大量报送防卫性报告以及实效性、针对性、均衡性不足的问题。 　　（3）与国际金融监管"放任自流—以合规性监管为主—以风险性监管为主"的发展历程一脉相承。

解读6 常考点：我国反洗钱监管体制。

（三）我国反洗钱监管机构^{解读6}

　　我国反洗钱监管体制总体特点为"<u>一部门主管、多部门配合</u>"。"一部门主管"是指中国人民银行作为反洗钱行政主管部门，负责全国的反洗钱监督管理工作；"多部门配合"是指银保监会、证监会等有关部门、机构在各自的职责范围内履行反洗钱监督管理职责。

解读7 中国反洗钱监测分析中心在上海和深圳设立分中心，作为派出机构开展工作。

项目	内容
中国人民银行	（1）中国人民银行是我国反洗钱行政主管部门，组织、协调全国反洗钱工作，负责反洗钱资金监测^{解读7}，制定金融机构反洗钱规章。 　　（2）包括中国人民银行反洗钱局和中国反洗钱监测分析中心。 　　①中国人民银行于2003年成立反洗钱局，负责研究、制定反洗钱政策制度，组织协调国家反洗钱工作，监督检查金融机构反洗钱工作，组织开展反洗钱从业人员培训，加强国际合作与交流等监督工作。 　　②中国反洗钱监测分析中心是2004年成立的中国金融情报机构，主要负责接收、分析全国大额和可疑交易报告并向有关部门移交可疑交易线索。
中国银行保险监督管理委员会、中国证券监督管理委员会	（1）建立健全反洗钱和反恐怖融资内部控制机制。 　　（2）有效进行客户身份识别，保存客户身份资料和交易记录。从业机构应当按照法律法规、规章、规范性文件和行业规则，收集必备要素信息。 　　（3）提交大额和可疑交易报告制度。 　　（4）开展涉恐名单监控。
国务院反洗钱工作部际联席会议制度	（1）中国人民银行是反洗钱工作部际联席会议牵头单位。 　　（2）反洗钱工作部际联席会议在党中央、国务院领导下，指导全国反洗钱工作，制定国家反洗钱的重要方针、政策，制定国家反洗钱国际合作的政策措施，协调各部门、动员全社会开展反洗钱工作。

（四）我国反洗钱法律法规^{解读8}

法律法规名称	发布文号	生效时间	法律效力层级
《中华人民共和国反洗钱法》	中华人民共和国主席令第56号	2007年1月1日	法律
《金融机构反洗钱规定》	中国人民银行令〔2006〕第1号	2007年1月1日	部门规章
《涉及恐怖活动资产冻结管理办法》	中国人民银行、中华人民共和国公安部、国家安全部令〔2014〕第1号	2014年1月10日	部门规章
《金融机构大额交易和可疑交易报告管理办法》	中国人民银行令〔2016〕第3号	2017年7月1日	部门规章
《国务院办公厅关于完善反洗钱、反恐怖融资、反逃税监管体制机制的意见》	国办函〔2017〕84号	2017年9月13日	部门规章
《银行业金融机构反洗钱和反恐怖融资管理办法》	银保监会令2019年第1号	2019年1月29日	部门规章

解读8 除了制定专门的反洗钱法律规章，中国人民银行还相继下发了一批反洗钱行政规范性文件，也是金融机构应当遵循的反洗钱制度的重要组成部分。

三、商业银行反洗钱管理体系 （掌握）

真考解读 属于常考点，一般会考1道题。

（一）反洗钱管理组织架构

（1）商业银行应根据反洗钱法律法规要求，设立专门机构或者指定内设机构负责反洗钱工作，成立有高级管理层参加的反洗钱工作领导小组，并配备与本行业务发展规模相适应的反洗钱资源。

（2）反洗钱工作领导小组应涵盖所涉及的全部业务部门，各业务部门应当有明确的反洗钱工作职能，并赋予内部相关部门及岗位人员具体的反洗钱工作职责。

（二）反洗钱内控制度体系

项目	内容
反洗钱制度的制定要求	（1）完整性。完整性是指商业银行制定的反洗钱内控制度应完整地覆盖反洗钱法律法规、监管要求及自律规则的各项要求。 （2）可操作性。可操作性是指商业银行制定的业务操作规程应覆盖存在洗钱风险的各业务环节或流程，将反洗钱要求真正细化到各业务环节、各岗位人员的操作环节。

项目	内容
反洗钱内控制度体系	商业银行反洗钱内控制度体系要包括以下内容：①客户身份识别制度^{解读9}；②大额交易与可疑交易报告制度；③客户身份资料和交易记录保存制度；④客户洗钱风险等级划分制度；⑤反洗钱宣传培训制度；⑥反洗钱保密制度；⑦反洗钱协助调查制度；⑧反洗钱稽核审计制度；⑨反洗钱岗位职责制度；⑩反洗钱业务操作规程。

解读9 处于**基础地位**的是客户身份识别制度；处于**核心地位**的是大额交易与可疑交易报告制度。

（三）反洗钱内部监督体系

（1）含义：反洗钱监督管理是指商业银行依据反洗钱法律法规及内部规章制度，运用一系列非现场监督、现场检查和审计等督导措施对辖属机构反洗钱工作进行规范与指导。

（2）作用：推动辖属机构反洗钱各项工作合规开展，促进反洗钱法律法规贯彻执行，有效提高洗钱风险防控工作能力。

（四）反洗钱内部考核体系

（1）含义：反洗钱考核管理是指商业银行根据本行反洗钱考核内容和标准，按照规定的计分方法，对辖属机构反洗钱工作的履职能力和完成效果进行打分评定。

（2）作用：提高反洗钱管理的针对性及指导性，进而推动辖属机构全面提升反洗钱工作质量及效率。

典型真题

【判断题】客户身份识别既是银行业务拓展应当遵循的原则，也是反洗钱管理的基础性制度。（　　）

A. 正确　　　　　　　　　　B. 错误

【答案】A【解析】客户身份识别是商业银行业务拓展应遵循的原则，也是反洗钱领域的基础性制度。

真考解读 较少考查，考生了解即可。

四、商业银行反洗钱工作重点（了解）

项目	内容
客户身份识别	（1）含义：商业银行在与客户建立业务关系或者为客户提供一次性金融服务^{解读10}时，应当要求客户出示真实有效的身份证件或者其他身份证明文件，进行核对并登记。 （2）要求：①客户由他人代理办理业务的，应当同时对代理人和被代理人的身份证件或者其他身份证明文件进行核对并登记；②通过第三方识别客户身份的，应当确保第三方已经采取符合本法要求的客户身份识别措施，第三方未采取符合本法要求的客户身份识别措施的，由该商业银行承担未履行客户身份识别义务的责任；③对先前获得的客户身份资料的真实性、有效性或者完整性有疑问

解读10 一次性金融服务包括规定金额以上的现金汇款、现钞兑换、票据兑付等服务。

续 表

项目	内容
客户身份识别	的，应当重新识别客户身份；④进行客户身份识别，必要时可以向公安机关、工商行政管理等部门核实客户的有关身份信息。 （3）禁止行为：①不得为身份不明的客户提供服务或者与其进行交易；②不得为客户开立匿名账户或者假名账户。
客户身份资料和交易记录保存	（1）商业银行应当按照规定建立客户身份资料和交易记录保存制度。 （2）在业务关系存续期间，客户身份资料发生变更的，应当及时更新客户身份资料。客户身份资料在业务关系结束后、客户交易信息在交易结束后，应当至少保存五年。 （3）商业银行破产和解散时，应当将客户身份资料和客户交易信息移交国务院有关部门指定的机构。
大额交易和可疑交易报告	（1）商业银行办理的单笔交易或者在规定期限内的累计交易超过规定金额或者发现可疑交易的，应当向中国反洗钱监测分析中心报送大额交易和可疑交易报告，接受中国人民银行及其分支机构的监督、检查。 （2）客户通过在境内金融机构开立的账户或者境内银行卡所发生的大额交易，由开立账户的金融机构或者发卡银行报告。 （3）客户通过境外银行卡所发生的大额交易，由收单机构报告。 （4）客户不通过账户或者银行卡发生的大额交易，由办理业务的金融机构报告。 （5）金融机构发现或者有合理理由怀疑客户、客户的资金或者其他资产与洗钱、恐怖融资等犯罪活动相关的，不论所涉资金金额或者资产价值大小，应当提交可疑交易报告。
反洗钱内部控制	（1）商业银行的负责人应当对反洗钱内部控制的有效实施负责。 （2）商业银行应当设立反洗钱专门机构或者指定内设机构负责反洗钱工作。 （3）建立内部控制制度体系，确保内部控制的有效性，遏制和杜绝犯罪分子利用其从事洗钱、恐怖融资等违法犯罪活动。
反洗钱培训	（1）商业银行应当按照反洗钱预防、监控制度的要求，开展反洗钱培训和宣传工作。 （2）培训对象：包括反洗钱岗位人员、各级管理层、一线员工和新员工在内的商业银行全体人员。 （3）目的：①保证商业银行各层级、各岗位工作人员都树立洗钱风险意识、反洗钱法律意识及合规意识；②明确员工自身应当承担的责任；③保证员工了解反洗钱法律法规的具体要求，掌握反洗钱工作必备的技能。

章节练习

一、**单选题**（以下各小题所给出的四个选项中，只有一项符合题目要求，请选择相应选项，不选、错选均不得分）

1. 以下不属于信息科技系统事件的因素的是（　　）。

   A. 软件产品　　　　　B. 服务提供商　　　　C. 硬件设备　　　　D. 服务接受方

2. （　　）是最容易引发商业银行操作风险的业务环节。

   A. 法人信贷业务　　　B. 柜面业务　　　　　C. 个人信贷业务　　D. 资金业务

3. 下列属于法人信贷业务的是（　　）。

   A. 贴现业务　　　　　B. 账户管理　　　　　C. 现金库箱　　　　D. 会计核算

4. 甲乙两人在某银行从事柜面业务，乙为会计主管，工作中两人关系密切、无话不谈，下列两人对密码管理的做法正确的是（　　）。

   A. 两人密码互相知悉

   B. 各自定期或不定期更换密码并严格保密

   C. 需要业务授权时，甲输入乙的密码进行授权

   D. 乙用甲的密码为客户办理业务

5. 在业务外包管理活动中，高级管理层的管理内容不包括（　　）。

   A. 负责制定外包战略发展规划

   B. 制定外包风险管理的政策、操作流程和内控制度

   C. 定期审阅本机构外包活动相关报告

   D. 确定外包管理团队职责，并对其行为进行有效监督

二、**多选题**（以下各小题所给出的五个选项中，有两项或两项以上符合题目的要求，请选择相应选项，多选、少选、错选均不得分）

1. 银行风险与控制自我评估工作应坚持的原则包括（　　）。

   A. 全面性　　　　　　B. 及时性　　　　　　C. 重要性

   D. 客观性　　　　　　E. 谨慎性

2. 下列可以有效控制商业银行柜面业务操作风险的措施有（　　）。

   A. 完善规章制度和业务操作流程，不断细化操作细则，并建立岗位操作规范和操作手册，通过制度规范来防范操作风险

   B. 牢固树立审慎稳健的信贷经营理念，坚决杜绝各类短期行为和粗放管理

   C. 加强业务系统建设，尽可能将业务纳入系统处理，并在系统中自动设立风险监控要点，发现操作中的风险点能及时提供警示信息

   D. 实行个人信贷业务集约化管理，提升管理层次，实现审贷部门分离

   E. 强化一线实时监督检查，促进事后监督向专业化、规范化迈进，改进检查监督方法，同时充分发挥各专业部门的指导、检查和督促作用

三、判断题（请对以下各项描述做出判断，正确的为 A，错误的为 B）

1. 关键风险指标监控的原则有：整体性、重要性、敏感性、可靠性和有效性原则。（　　）
   A. 正确　　　　　　　　　　　　　B. 错误

2. 基于损失发生的原因，操作风险可以分为由人员因素、系统缺陷、流程执行失败和内部事件所引发的四类风险。（　　）
   A. 正确　　　　　　　　　　　　　B. 错误

➡️ 答案详解

一、单选题

1. D【解析】信息科技系统事件指因信息科技系统生产运行、应用开发、安全管理以及由于软件产品、硬件设备、服务提供商等第三方因素，造成系统无法正常办理或系统速度异常所导致的损失事件。故选 D。

2. B【解析】柜面业务泛指通过商业银行柜面办理的业务，是商业银行各项业务操作的集中体现，也是最容易引发操作风险的业务环节。故选 B。

3. A【解析】法人信贷业务是我国商业银行最主要的业务种类之一，包括法人客户贷款业务、贴现业务、银行承兑汇票等业务。其他三项都属于柜面业务。故选 A。

4. B【解析】柜员管理业务环节的违规操作包括：①柜员离岗未退出业务操作系统，被他人利用进行操作；②授权密码泄露或借给他人使用；③柜员盗用会计主管密码私自授权，重置客户密码或强行修改客户密码；④设立劳动组合时，不注意岗位之间的监督制约；⑤柜员调离本工作岗位时，未及时将柜员卡上缴并注销，未及时取消其业务权限等。故选 B。

5. C【解析】在业务外包管理活动中，高级管理层的管理内容包括：①负责制定外包战略发展规划；②制定外包风险管理的政策、操作流程和内控制度；③确定外包业务的范围及相关安排；④确定外包管理团队职责，并对其行为进行有效监督。故选 C。

二、多选题

1. ABCD【解析】自评工作需要坚持的原则：①全面性；②及时性；③客观性；④前瞻性；⑤重要性。故选项 A、选项 B、选项 C、选项 D 符合题意。

2. ACE【解析】选项 B，"牢固树立审慎稳健的信贷经营理念，坚决杜绝各类短期行为和粗放管理"为法人信贷业务的操作风险控制措施；选项 D，"实行个人信贷业务集约化管理，提升管理层次，实现审贷部门分离"属于个人信贷业务的操作风险控制措施。故选项 A、选项 C、选项E 符合题意。

三、判断题

1. A【解析】关键风险指标监控应遵循整体性、重要性、敏感性、可靠性和有效性原则。

2. B【解析】基于损失发生的原因，操作风险可以分为由人员因素、内部流程、系统缺陷和外部事件引发的四类风险。

第七章 流动性风险管理

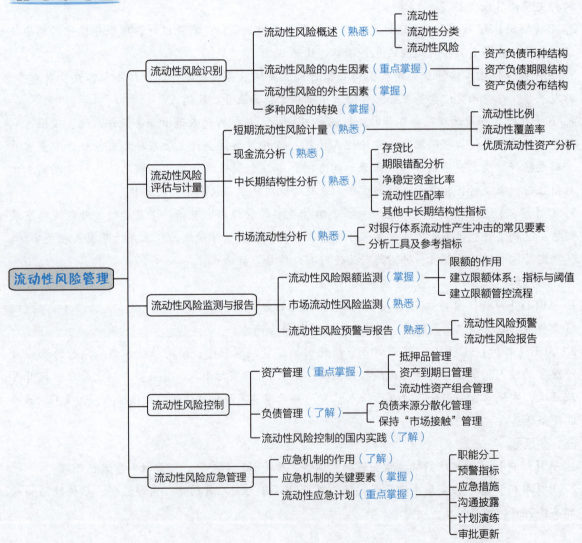

应试分析

　　流动性风险管理是商业银行经营管理的重要内容。本章主要介绍了流动性风险识别、流动性风险评估与计量、流动性风险监测与报告、流动性风险控制以及流动性风险应急管理五个方面的内容。本章内容较多，在考试中涉及的分值约为 10 分，考试的重点是流动性风险的内生因素、资产管理以及流动性应急计划等相关知识，考生应多加关注。本章知识难度不大，考点内容较细，考生厘清结构脉络，学起知识会事半功倍。

思维导图

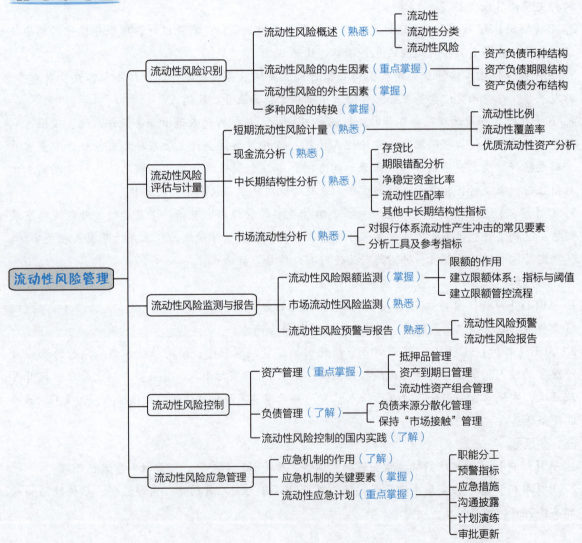

知识精讲

第一节 流动性风险识别

视频讲解 微信扫描

一、流动性风险概述（熟悉）

真考解读 考查相对较少，考生熟悉即可。

（一）流动性

（1）含义：流动性是指商业银行在不影响日常经营或财务状况的情况下，能够以合理成本及时获得充足资金，以满足资产增长或履行到期债务的能力。

（2）基本因素：时间、成本和资金数量。

（二）流动性分类

分类标准	内容
按来源的不同分类	（1）资产流动性是指商业银行能够以合理的市场价格将持有的各类流动性资产及时变现或以流动性资产为押品进行回购交易的能力。 （2）负债流动性是指商业银行能够以合理成本通过各种负债工具及时获得零售或批发资金的能力。 （3）表外流动性是指商业银行通过资产证券化、期权、掉期等衍生金融工具获得资金的能力，表外金融工具较为复杂，不确定性强，可产生流动性，亦可消耗流动性。
按主体的不同分类	（1）社会流动性指整个社会中的企业和个人拥有的，可用于支付的货币总量。按照用于支付的方便程度不同，社会流动性可以分为 M_0、M_1 和 M_2。M_0 主要是现金。M_1 主要是 M_0 和企业的活期存款。M_2 是 M_1 和企业定期存款及个人存款。 （2）银行体系流动性[解读1]是指各家商业银行拥有的，可用于支付的资金总量，主要体现为各家商业银行在中央银行的超额备付之和。 （3）单个银行流动性是指单个银行完成支付义务的能力。

解读1 银行体系流动性还可以细分为银行参与的各个金融市场的流动性。

（三）流动性风险

项目	内容
含义	流动性风险是指商业银行无法以合理成本及时获得充足资金，用于偿付到期债务、履行其他支付义务和满足正常业务开展的其他资金需求的风险。 【提示】流动性风险管理是通过对流动性进行定量和定性分析，从资产、负债和表外业务等方面对流动性进行综合管理。

续 表

项目	内容
来源	（1）银行自身资产负债结构的错配，突发性事件及信用、市场、操作和声誉等风险之间的转换。 （2）市场流动性收紧未能以公允价值变现或质押资产以获得资金。
流动性风险与清偿性风险	（1）银行流动性风险与资本和清偿能力之间是相对独立不可替代的关系。银行清偿能力是资产相对于负债的清偿能力，清偿能力不足最终体现为资不抵债^{解读2}。 （2）流动性风险是商业银行日常管理的内容，只有在极端情况下，流动性风险问题才会发展成清偿性风险。
市场流动性风险与融资流动性风险	（1）市场流动性风险是指由于市场深度不足或市场动荡，商业银行无法以合理的市场价格出售资产以获得资金的风险，反映了商业银行在无损失或微小损失情况下迅速变现的能力^{解读3}。 （2）融资流动性风险是指商业银行在不影响日常经营或财务状况的情况下，无法及时有效地满足资金需求的风险，反映了商业银行在合理的时间、成本条件下迅速获取资金的能力。如果商业银行获取资金的能力较弱，则容易导致银行的流动性状况欠佳，其流动性风险也相应较高。 【提示】商业银行流动性风险管理的核心是要尽可能地提高资产的流动性和负债的稳定性，并在两者之间寻求最佳的风险——收益平衡点。

解读2 银行即使有足够的清偿能力也可能因为流动性出现严重问题而导致破产清算。

解读3 资产变现能力越强，银行的流动性状况越佳，其流动性风险也就越低。

典型真题

【多选题】流动性是指商业银行在一定时间内、以合理的成本获取资金用于偿还债务和增加资产的能力，其基本因素包括（　　　）。

A. 业务种类　　　　　　　　B. 经风险调整的收益率

C. 时间　　　　　　　　　　D. 资金数量

E. 成本

【答案】CDE【解析】商业银行的流动性反映了商业银行在一定时间内、以合理的成本获取资金用于偿还债务或增加资产的能力，其基本要素包括时间、成本和资金数量。故选项C、选项D、选项E符合题意。

二、流动性风险的内生因素 （重点掌握）

（一）资产负债币种结构

（1）商业银行应当按照本外币合计和重要币种分别进行流动性风险识别、计量监测和控制，对其他币种的流动性风险可以进行合并管理。

（2）制定并定期检查持有的外汇总额及重要币种在一定时期内错配情况的限制条件。

（3）根据外币债务机构，选择以百分比方式匹配外币债务组合，即将所持有的外币资产尽可能地一一对应其外币业务。

（4）如果商业银行认为某种外币是其最重要的对外支付和结算工具，占有绝对比例，可以选择以绝对方式匹配其外币债务组合。

（二）资产负债期限结构^{解读4}

项目	内容
含义	商业银行资产负债期限结构是指在未来特定的时段内，到期资产（现金流入）与到期负债（现金流出）的构成状况。
期限错配	（1）到期资产与到期负债的到期日和规模都应当匹配，如果未能匹配，则形成了资产负债的期限错配。 （2）商业银行最常见的期限错配情况是将大量短期存款（负债）用于长期贷款（资产），即"借短贷长"。 ①优点：提高资金使用效率，利用存贷款利差增加收益。 ②缺点：如果期限错配严重失衡，则有可能因到期资产所产生的现金流入严重不足造成支付困难，从而面临较高的流动性风险。 （3）影响因素：①每日客户存取款；②贷款发放/归还；③资金交易；④存贷款基准利率的调整。 （4）商业银行为了获取盈利而在正常范围内建立的"借短贷长"的资产负债期限结构（或持有期缺口），被认为是一种正常的、可控性较强的流动性风险。

（三）资产负债分布结构^{解读5}

项目	内容
含义	商业银行应当严格执行限额管理的相关要求，尽可能降低其资金来源（负债）和使用（资产）的同质性，形成合理的资产负债分布结构，以获得稳定的、多样化的现金流量，最大限度地降低流动性风险。

真考解读 属于必考点，一般会考2道题。

解读4 必考点：资产负债期限错配。

解读5 必考点：零售存款的内容。

项目	内容
分布结构	（1）商业银行根据自身情况，控制各类资金来源的合理比例，并适度分散客户种类和资金到期日。 （2）日常经营中持有足够流动资金，并根据本行的业务特点持有合理的流动资产组合，作为应付紧急融资的储备。 （3）制定适当的债务组合以及与主要资金提供者建立稳健持久的关系，以维持资金来源的多样化及稳定性，避免资金来源过度集中。 （4）制定风险集中限额，并监测日常遵守情况。
零售存款	（1）零售性质的存款解读6因为其资金来源更加分散，同质性更低，相比批发性质的资金具有更高的稳定性。 （2）以零售资金来源为主的商业银行，其流动性风险相对较低。

解读6 零售性质的存款如居民储蓄，批发性质的资金如同业拆借、公司存款等。

典型真题

【单选题】下列关于资产负债期限结构说法错误的是（　　）。

A. "借短贷长"是最常见的资产负债的期限错配情况

B. 商业银行必须随时准备应付现金的巨额需求，特别是在每周的最后几天、每月的最初几日和每年的节假日

C. 商业银行对利率变化的敏感程度直接影响着资产负债期限结构

D. 商业银行在正常范围内的"借短贷长"的资产负债结构特点所引起的持有期缺口，是一种不可控性的流动性风险

【答案】D【解析】商业银行为了获取盈利而在正常范围内建立的"借短贷长"的资产负债期限结构（或持有期缺口），被认为是一种正常的、可控性较强的流动性风险。故选D。

【单选题】商业银行的零售存款通常被认为是（　　）。

A. 来源集中，流动性风险低

B. 来源集中，流动性风险高

C. 来源分散，流动性风险高

D. 来源分散，流动性风险低

【答案】D【解析】从商业银行资产负债分布结构来看，零售存款相对稳定，通常被看作是核心存款的重要组成部分，其来源比较分散，流动性风险较低。故选D。

三、流动性风险的外生因素 （掌握）

真考解读 属于常考点，一般会考1道题。

影响因素	内容
宏观因素	（1）宏观因素是驱动银行体系，进而影响单个银行流动性的根本因素。 （2）外汇占款增减是另一个重要的宏观经济因素。
市场因素	（1）银行参与的市场包括货币市场、债券市场、资本市场和外汇市场。 （2）货币市场是商业银行调剂流动性的主要市场，货币市场可细分为回购市场、拆借市场和票据市场等。
季节因素	（1）在国庆节、春节等大型节假日前后，企业和个人现金使用量增加，从银行体系提现，导致银行体系流动性紧张。为了应对这种季节性的流动性紧张，商业银行往往会提前一个月开始增加超额备付，准备各类流动性储备。在这期间，商业银行的各流动性指标改善明显，银行流动性趋于良好。 （2）财政性存款缴存是另一个引起商业银行流动性季节波动的重要因素。
事件因素	国内商业银行面临的事件因素的一个案例是新股发行[解读7]。新股发行虽然不影响银行体系的流动性总量，但是会改变流动性在各个银行间的分布，带来短暂的流动性紧张。

解读7 新股发行的影响在2015年新股发行制度改革后逐渐淡化。

典型真题

【判断题】当商业银行面对季节性的流动性紧张现象时，会提前储备大量短期到期的资金头寸，流动性覆盖率（LCR）指标会有所改善，虽然未来的潜在存款流失率会上升，但是指标的改善表示了商业银行的流动性风险降低。（   ）

A. 正确　　　　　　　　　　　B. 错误

【答案】A【解析】为了应对这种季节性的流动性紧张，商业银行往往会提前一个月，就开始增加超额备付，准备各类流动性储备。在这期间，商业银行的各流动性指标改善明显，表明银行流动性趋于良好，题干表述正确。

四、多种风险的转换 （掌握）

真考解读 考试大纲要求掌握，实际考查相对较少。

风险类型	内容
信用风险	（1）如果银行出现了过度的信用风险，那么对其信用敏感的资金提供者将重新考虑给予融资的条件和金额。 （2）实践表明，大多数银行的倒闭，都是严重的信用风险和流动性风险交叉作用的结果。

续　表

风险类型	内容
市场风险	（1）市场风险包括利率风险、汇率风险、股票和商品的价格风险等，主要来源于市场利率、汇率、价格对银行的不利变动。 （2）不利变动导致银行融资成本上升、交易对手减少、现金流入减少、资产负债错配程度加剧，这些因素极易引发流动性风险。
操作风险	（1）操作风险源于不完善或有问题的内部程序、员工和信息科技系统，以及外部事件所造成损失的风险。 （2）银行支票和证券支付清算系统、电子交易系统、网上银行和信用卡系统等出现问题将会对流动性产生影响。
声誉风险	（1）银行在履行债务和安全稳健运行方面的声誉，对于银行维持资金稳定及以合理成本融资至关重要。 （2）银行的负面传言，无论起因如何，都可能促使存款人和投资人要求更高的风险对价补偿，甚至从银行转走资金。
策略风险	（1）策略风险源于商业决策本身或执行过程中的错漏和偏差，以及对外部环境和行业变化缺乏正确的应对措施。 （2）流动性管理是银行策略的重要内容之一，银行的策略也应考虑流动性因素。
集中度风险	（1）集中度风险^{解读8}源于银行具有相同或相似属性业务风险敞口过大而产生的风险。 （2）集中度风险与其他风险是一种交叉关系，到期时间过于集中对流动性将产生极大压力，而集中爆发的信用风险也极易引发流动性风险。
国别风险	国别风险源于某一国家或地区经济、政治、社会变化及事件，导致该国家或地区借款人或债务人没有能力或者拒绝偿付银行金融机构债务，到期资金无法收回，进而影响流动性安全。

解读8 集中度风险是引发信用风险和流动性风险的主要诱因之一。

第二节　流动性风险评估与计量

一、短期流动性风险计量（熟悉）

真考解读 考查相对较少，考生熟悉即可。

（一）流动性比例

项目	内容
含义	流动性比例是衡量银行短期（一个月）内流动性资产和流动性负债的匹配情况，要求银行至少持有相当于流动性负债一定比例的流动性资产，以应对可能的流动性需要。

续　表

项目	内容
计算公式	流动性比例＝流动性资产余额/流动性负债余额×100%。
比例限额	商业银行的流动性比例应当不低于25%。

（二）流动性覆盖率

项目	内容
含义	流动性覆盖率（LCR）旨在确保商业银行具有充足的合格优质流动性资产，能够在国务院银行业监督管理机构规定的流动性压力情景下，通过变现这些资产满足未来至少30日的流动性需求。
计算公式	流动性覆盖率＝合格优质流动性资产/未来30日现金净流出量×100%。
比例限额	商业银行的流动性覆盖率应当不低于100%。

（三）优质流动性资产分析

项目	内容
超额备付金率	（1）含义：超额备付金率指商业银行为适应资金营运的需要，用于保证存款支付和资金清算的货币资金占存款总额的比率。 （2）公式：超额备付金率＝〔（在中国人民银行的超额准备金存款＋库存现金）/各项存款〕×100%。 （3）特点：①超额备付金率越高，银行短期流动性越强，若比率过低，则表明银行清偿能力不足，可能会影响银行的正常兑付；②该指标在大小银行之间缺乏可比性，比较适用于同质同类银行机构之间的比较；③该指标用于反映银行的现金头寸情况，可以衡量银行的流动性和清偿能力。
优质流动性资产分析	（1）含义：优质流动性资产是可以在无损失或极小损失的情况下轻易、快速变现的资产。 （2）优质流动性资产分析包括以下两个方面。 ①结构分析：分析银行优质流动性资产的构成及其占总资产的比重，判断银行优质流动性资产构成的合理性与可靠性。 ②总量分析：计算银行优质流动性资产的绝对额，结合预计现金流出量和预计现金流入量，判断银行优质流动性资产是否能够满足未来一定期限内的流动性需求。

解读1 流动性比例、流动性覆盖率的计算公式及比例限额偶尔会考查。

典型真题

【单选题】商业银行可以采用流动性比率法来评估自身的流动性状况。下列关于流动性比率法的描述最不恰当的是（　　）。

A. 根据《商业银行资本管理办法（试行）》，商业银行流动性覆盖率不低于150%

B. 商业银行根据外部监管要求和内部管理规定，制定各类资产的合理比率指标

C. 根据《商业银行资本管理办法（试行）》，商业银行流动性比率不低于25%

D. 流动性比率法的前提是将资产和负债按流动性进行分类，并对各类资产负债准确计量

【答案】A【解析】商业银行的流动性覆盖率应当不低于100%，选项A的描述最不恰当。故选A。

真考解读考查相对较少，考生熟悉即可。

二、现金流分析（熟悉）

（1）对短期流动性的分析可以从比例分析进一步完善为现金流分析。

（2）特点：①通过情景模拟的方式分析银行未来的现金流；②从时间、产品和场景三个维度全面分析银行所面临的流动性风险。

（3）目的：①评估银行是否具有足够的现金头寸；②分析不同产品在未来不同时段的现金流入和流出。

真考解读考查相对较少，考生熟悉即可。

三、中长期结构性分析（熟悉）

（一）存贷比

项目	内容
含义	存贷比的实质是存款来源制约贷款，也就是稳定资金支持非流动性资产。存贷比可以在一定程度上衡量银行以相对稳定的负债支持流动性较弱资产扩张的能力。
计算公式	存贷比 = 各项贷款余额/各项存款余额×100%。
比例限额	商业银行的存贷比应当不高于75%。

（二）期限错配分析

解读2期限错配的程度越大，潜在的流动性风险就越大。

项目	内容
含义	银行往往用短期存款去支持长期的贷款，就会出现期限错配[解读2]，计量期限错配的方法称为合同期限错配分析。

续　表

项目	内容
合同期限错配表	在合同期限错配表^{解读3}中，包含纵向和横向结构。 （1）纵向结构是所有资产负债表项目。 （2）横向结构是不同的时间段。 （3）每个单元格表示某项产品在该时段上的到期金额。
局限性	（1）假设资产负债到期后不可展期，将无新业务。 （2）不能对银行的借款能力进行评估。

> 解读3 合同期限错配是常见的流动性风险计量手段。

（三）净稳定资金比率

项目	内容
含义	净稳定资金比例（NSFR）是根据银行一个年度内资产的流动性特征设定可接受的最低稳定资金量。
计算公式	净稳定资金比率＝可用稳定资金/所需稳定资金×100%。
比例限额	净稳定资金比率必须大于100%。
分类	净稳定资金比率指标包含以下两部分内容： （1）可用稳定资金：估算银行持续处于压力状态下，仍然有稳定的资金来源使银行持续经营和生存1年以上。 （2）所需稳定资金：估算银行在持续1年的流动性紧张环境中，无法通过自然到期、出售或抵押借款而变现的资产数量。
优点	（1）净稳定资金比率指标涵盖了整张资产负债表，包括所有资产的流动性与所有负债的稳定性。 （2）净稳定资金比率指标在资产流动性和负债稳定性的判定上更趋细化，将资产的流动性与负债的稳定性看作是一个连续过度的状态，对不同的资产和负债给予不同流动性和稳定性权重。

（四）流动性匹配率

项目	内容
含义	流动性匹配率（LMR）用于衡量商业银行主要资产与负债的期限配置结构，旨在引导商业银行合理配置长期稳定负债、高流动性或短期资产，避免过度依赖短期资金支持长期业务发展，提高流动性风险抵御能力。
计算公式	流动性匹配率＝加权资金来源/加权资金运用×100%。

续　表

项目	内容
比例限额	流动性匹配率监管要求不低于100%。
特点	（1）流动性匹配率越低，银行以短期资金支持长期资产的问题越大，期限匹配程度越差。 （2）流动性匹配率计算较简单、敏感度较高、容易监测，可对潜在错配风险较大的银行进行有效识别，适用于全部商业银行。

解读4 考生应熟悉融资集中度指标的内容，一般会考查单选题。

（五）其他中长期结构性指标^{解读4}

项目	内容
核心 负债比例	（1）含义：核心负债比例是指中长期较为稳定的负债占总负债的比例。其中核心负债包括距离到期日3个月以上（含）的定期存款和发行债券，以及活期存款中的稳定部分。 （2）公式：核心负债比例＝核心负债/总负债×100%。 （3）由于商业银行类型不同，客户基础不同，其核心负债比例的中值或平均值也不同，一般来说，大型银行的中值在60%左右，股份制银行的中值在50%左右。
同业市场 负债比例	（1）含义：同业市场负债比例是指商业银行从同业机构交易对手获得的资金占总负债的比例。 （2）公式：同业市场负债比例＝（同业拆借＋同业存放＋卖出回购款项）/总负债×100%。 （3）同业市场负债比例反映了商业银行同业负债在总负债中的比例，目前上限为33.3%。
融资集中度 指标	（1）含义：融资集中度的管理是流动性风险管理的重要部分。 （2）融资集中度过高的两个风险：①如果银行的融资来源过度集中，那么一个单一的客户或者单一的因素发生变化，就可能造成银行资金的大量支取，引发流动性风险；②大额资金通常是对银行的不利传闻高度敏感，在压力情景中最有可能流失。 （3）融资来源集中度指标的计量监测和管理。 ①最大十家存款比例＝最大十家存款客户存款合计/各项存款×100%。该指标从客户角度控制银行从个别借款人获得大量资金，避免过高的融资集中度。 ②最大十家同业融入比例＝（最大十家同业机构交易对手同业拆借＋同业存放＋卖出回购款项）/总负债×100%。由于同业资金具有更高的不稳定性，该指标从同业资金的借款来源控制银行的融资集中度。

典型真题

【单选题】商业银行 A、B 和 C 具有相似的资产负债规模和业务种类，其三类经营指标如下表：

经营指标	银行 A	银行 B	银行 C
贷存比	60%	75%	65%
中长期贷款比重	30%	50%	50%
最大十家存款户的存款占比	20%	20%	10%

假设其他条件完全相同，则流动性风险管理压力最大的银行是（   ）。

A. 银行 B   B. 银行 A   C. 无法确定   D. 银行 C

【答案】A【解析】存贷比的实质是存款来源制约贷款，商业银行的存贷比应当不高于75%，银行 B 存贷比达到75%说明它的流动性风险压力比较大；中长期贷款比重越大，资金流动性越低，根据表格可知银行 B、银行 C 流动性风险管理压力较大；最大十家存款客户的存款占比越大，说明融资集中度越高，那么一个单一的客户或者因素的变化，就有可能引发银行的流动性风险。综合以上条件，银行 B 的流动性风险管理压力最大。

四、市场流动性分析（熟悉）

（一）对银行体系流动性产生冲击的常见因素

项目	内容
宏观经济因素和货币政策因素	（1）在经济上行期间，贷款需求扩张与宏观政策收紧会导致反映银行业整体流动性水平的货币市场利率持续上行。 （2）在经济下行期间，贷款需求收缩与宏观政策宽松会导致反映银行业整体流动性水平的货币市场利率逐步下行。
金融市场因素	在银行体系流动性保持一定的情况下，可能会出现风险因素，导致部分金融市场或区域的流动性丧失。
季节性因素	节假日现金大量支取，是季末年末银行业务"冲时点"，以及部分时点企业集中缴税等会导致银行体系在部分时点出现整体性的流动性紧张^{解读5}。

（二）分析工具及参考指标

（1）影响银行体系流动性供给需求的因素：外汇储备、中央银行公开市场操作、法定准备金率、税款缴纳等。

（2）银行体系流动性指标：回购利率、SHIBOR 利率等货币市场利率。

（3）金融市场流动性指标：股票市场指数、国债市场利率、票据转贴现利

真考解读 考查相对较少，考生熟悉即可。

解读5 银行应在季节性因素到来前，留足资金头寸，做好流动性管理应对工作。

率/相对国债点差、信用债市场利率/相对国债点差、银行债市场利率/相对国债点差、货币市场利率/相对国债点差等。

（4）单个银行流动性指标：银行自身的信用债/相对国债的点差、银行自身信用债点差与其他银行信用债点差的比较等。

第三节　流动性风险监测与报告

一、流动性风险限额监测（掌握）

真考解读 属于常考点，一般会考1道题。

（一）限额的作用

（1）控制最高风险水平。风险限额确保风险带来的损失不会超过银行的承受能力，为银行管理提供不能逾越的底线。

（2）限额为决策制定者和风险管理者提供风险参考基准。

（3）满足监管要求。

解读1 常考点：流动性风险监管指标。

（二）建立限额体系：指标与阈值 解读1

（1）建立限额体系包括以下两个工作。

①选择用于限额的计量指标；②确定指标的阈值作为限额。

（2）一般来说，设立流动性风险指标的阈值作为限额时，通常考虑以下七个因素。

①银行的风险零容忍与风险偏好；②银行对风险的缓释能力；③银行的盈利能力和风险回报率；④流动性风险的可能性与预期；⑤对取得流动性能力的预期；⑥其他非流动性的风险暴露；⑦过往的业务量和风险水平。

（3）国务院银行业监督管理机构在各监管文件中的流动性风险监管指标如下表所示。

指标	定义	限额值
存贷比	贷款余额占存款余额的比例	不大于75%
流动性比例	流动性资产余额比流动性负债余额	不小于25%
流动性覆盖率	优质流动性资产占未来30天净流出资金的比例	不小于100%
净稳定资金比例	可用稳定资金除以业务所需稳定资金的比值	不小于100%
流动性缺口率	90天内表内外流动性缺口与90天内到期表内外流动性资产之比	不小于 −10%

续 表

指标	定义	限额值
核心负债比	核心负债期末余额除以总负债期末余额。其中核心负债是指距到期日三个月以上（含）定期存款和发行债券以及活期存款的50%	不小于60%
压力测试	商业银行的压力测试结果可保证其最短生存期不低于一个月	最短生存期30天

典 型 真 题

【单选题】中国流动性风险监管指标压力测试最短生存期为（　　　）。

A. 10天　　　　B. 30天　　　　C. 50天　　　　D. 60天

【答案】B【解析】中国流动性风险监管指标压力测试最短生存期为30天。故选B。

（三）建立限额管控流程

限额流程	内容
限额设立	（1）限额设立应得到银行各部门的高度认同。 （2）限额设立的要点是明确限额由谁设立，由谁审批[解读2]。
限额调整	（1）原则上，限额体系和限额值设定后不随意修改，但限额并非持续不变。在特殊情景下，例如，外部环境剧烈变化，系统性或政策性风险发生，银行则需要对限额值进行调整。 （2）申请限额调整需要有明确的调整发起单位，应由相应的管理机构进行审批。
限额监测	限额监测就是指定明确的监测部门，按确定的频率对不同限额指标进行计量和汇报。
超限额管理	（1）风险指标超限的时候，银行应立刻采取清晰有力的行动，以树立"限额必须严格遵守"的原则。 （2）超限额报告应包含以下内容：超限额的程度、发生原因、可能持续的时间、相关建议、解决的时间表。

二、市场流动性风险监测（熟悉）

监测指标	内容
市场整体的信息	（1）包括各主要市场的当前发展状况及发展趋势信息，并考虑其对金融行业和特定银行可能造成的潜在影响。 （2）有价值的市场监测信息[解读3]包括但不限于股票价格、债券市场、外汇市场、商品市场以及与特定产品挂钩的指数。

解读2 全行层面的限额体系将交由董事会风险管理委员会审批。

真考解读 考查相对较少，考生熟悉即可。

解读3 商业银行使用市场指标评估流动性风险的时候，除了观察绝对波动还需要观察相对波动。

监测指标	内容
金融行业的信息	监测的信息包括整个金融行业以及特定金融领域的权益和债券市场信息。
特定银行的信息	（1）为了监测市场是否对某一特定机构失去信心，或已认识到某一机构的风险，应在二级市场上收集有关股票价格、信用违约掉期价差、货币市场交易价格等信息。 （2）股票价格和信用价差等信息都是随时可得的，但是对这些信息的准确解释很重要。

真考解读 考查相对较少，考生熟悉即可。

三、流动性风险预警与报告（熟悉）

（一）流动性风险预警

（1）流动性风险在发生之前，商业银行通常会表现为各种内、外部指标或信号的明显变化，随时关注并监测这些预警信号的变化和发展趋势，有助于商业银行及早发现并纠正导致流动性风险的错误行为或交易，适时采取正确的风险控制方法。

（2）考虑到短期流动性风险、中长期结构性风险和其他风险的转化问题，商业银行至少应建立短期风险预警和中长期风险预警两类预警机制。其中，中长期预警机制为两级，短期预警机制为三级。

解读4 常考点：流动性风险报告的频次。

（二）流动性风险报告 解读4

项目	内容
目的	将复杂的风险管理信息，以清晰有力的方式传递给银行各种类型和层次的管理机构，以协助风险管理信息的交流。
来源	流动性风险的计量基础和限额体系，也与银行其他报告体系相适应。
核心问题	"我们应该让哪些人，在什么时间，知道什么信息"，因此，流动性风险报告应该按照层次进行划分。
报告频次	（1）一些市场流动性指标监测和超额备付率这样的日常流动性风险水平指标可以按日报告。 （2）一些复杂的，关注中长期的指标，如贷存比、净稳定融资比例（NSFR）可以使用月度报告。

典型真题

【多选题】下列关于银行流动性风险报告的说法正确的是（　　）。

A. 流动性风险报告应该按照层次进行划分

B. 流动性风险管理报告体系的核心问题是，"我们应该让哪些人，在什么时间，知道什么信息"

C. 日常流动性风险水平指标可以按周报告

D. 日常流动性风险水平指标可以按日报告

E. 一些复杂的流动性风险水平指标，关注中长期的指标可以按月报告

【答案】ABDE【解析】一些市场流动性指标监测和超额备付率这样的日常流动性风险水平指标可以按日报告。故选项C错误，故选项A、选项B、选项D、选项E符合题意。

第四节　流动性风险控制

一、资产管理（重点掌握）

（一）抵押品管理

（1）抵押品管理实际上是日常管理最常用的手段。

（2）在国内的银行间市场上，回购的交易频率和市场规模远高于债券交易。为了能够快速及时地通过抵押品方式获得流动性，银行应建立良好的抵押品管理机制。

（二）资产到期日管理

（1）在到期日管理中，银行需要控制资产的到期日结构，特别是控制与负债的期限错配程度。

（2）流动性的到期日管理通常用来应对中长期的结构性流动性风险。短期资产具有更强的流动性，但往往收益率较低。其中，活期存款和现金具有最短的期限和最高的流动性，但收益率也是最低的。

（3）银行必须在流动性和收益性之间取得平衡，将符合银行特性的风险取向以风险容忍度等方式公布出来，在银行内部取得共识。

（三）流动性资产组合管理^{解读1}

项目	内容
集中度管理	（1）负债方过度集中会带来负债不稳定，资产组合过度集中也会带来平仓困难。 （2）在操作层面，银行需要订立管理细则来避免限额流动性组合的过度集中。

真考解读 属于必考点，一般会考2道题。

解读1 必考点：银行资产的流动性高低分类。

181

项目	内容
变现能力管理	（1）银行应严格管理流动性组合的资产质量，订立进入流动性组合的资产的最低评级。 （2）流动性组合应集中在简单透明、易于估值的产品，避免过度复杂的结构性产品。
流动性储备	（1）一级流动性储备。包括超额备付金和库存现金，直接用于流动性支付和流动性波动。 （2）二级流动性储备。建立专门的流动性投资组合。该组合属于交易账户，主要配置流动性最好的国债。 （3）三级流动性储备。银行将全部交易账户、部分持有待售组合、票据等资产划为三级流动性备付，在危机情况下流动性风险管理团队可以申请对这部分资产进行变现。同时，流动性管理团队可以提出相应的配置要求。
流动性资产	巴塞尔委员会将银行资产按流动性高低分为以下四类。 见下表

项目	内容
最具有流动性的资产	如现金及在中央银行的市场操作中可用于抵押的政府债券，这类资产可用于从中央银行获得流动性支持，或者在市场上出售、回购或抵押融资。
其他可在市场上交易的证券	如股票和同业借款，这些证券是可以出售的，但在不利情况下可能会丧失流动性。
可出售的贷款组合	一些贷款组合虽然有可供交易的市场，但在流动性分析的框架内却可能被视为不能出售。
流动性最差的资产	包括实质上无法进行市场交易的资产，如无法出售的贷款、银行的房产和在子公司的投资、存在严重问题的信贷资产等。

典型真题

【单选题】巴塞尔委员会将银行资产按流动性高低分为四类，下列属于其他可在市场上交易的证券是（　　）。

A. 同业借款　　　　　　　B. 商业银行可出售贷款组合

C. 用于抵押的政府债券　　D. 存在严重问题的信贷资产

【答案】A **【解析】**其他可在市场上交易的证券，如股票和同业借款，这些证券是可以出售的，但在不利情况下可能会丧失流动性。故选 A。

二、负债管理（了解）

（一）负债来源分散化管理

（1）银行应保持负债来源的分散性与多样性。

①在期限、交易对手、是否抵押状态、金融工具类型、货币和地理位置上保持适度的分散性。

②风险管理人员应熟悉多样化的融资来源，了解银行融资来源的组成，熟悉不同类型金融工具的流动性特点，清楚各种融资工具在不同情景下的表现与可获得程度。

（2）商业银行应限制其从单一融资来源或某一特定期限获得资金的集中度。

（二）保持"市场接触"管理^{解读2}

项目	内容
目的	银行应该建立持续的"市场接触"管理机制，以保持批发融资来源的稳定性。
内容	市场接触包括银行应建立合适的系统、法律文档、操作流程和信息获取体系。
定期测试	（1）定期分析融资市场、交易对手和融资工具。 （2）定期执行与各个交易对手的融资交易，以确认融资渠道的可行性。 （3）充分认识在压力情况下，融资渠道的表现与正常业务情景下会截然不同。
与中央银行的关系	在市场接触管理中，银行还需要将中央银行作为交易对手，与中央银行保持密切沟通，理解中央银行对紧急融资的要求，并为此做好准备。

真考解读 较少考查，考生了解即可。

三、流动性风险控制的国内实践 （了解）

项目	内容
特点	（1）头寸管理是重要的日常管理。 （2）资产管理上虽拥有良好的流动性组合但变现能力存在局限。 （3）负债管理正在稳步发展，开始运用符合国内市场特色的金融工具。
国内实践	（1）国内商业银行在形式上具有更健康的资产管理能力。流动性资产的组合中拥有更多的国债、政策性金融债、央行票据等高质量流动性资产。 （2）负债管理上，国内商业银行尚未经历真正意义上的脱媒[解读3]，负债来源直接来自企业和个人。银行的负债基础更为稳定。在未来，随着金融市场的发展，中国的银行业将不可避免地经历一场金融脱媒[解读4]的过程。

解读3 "脱媒" 一般是指在进行交易时跳过所有中间人而直接在供需双方进行。

解读4 "金融脱媒" 指在金融管制的情况下，资金绕开商业银行体系，直接输送给需求方和融资者，完成资金的体外循环。

第五节　流动性风险应急管理

一、应急机制的作用 （了解）

（1）流动性应急机制是银行流动性管理中必不可少的部分，也是满足监管合规的重要条件。

（2）能够帮助银行提高应对危机的及时性。

（3）能够帮助银行提高应对危机的有效性。

真考解读 较少考查，考生了解即可。

二、应急机制的关键要素 （掌握）

真考解读 属于常考点，考生要掌握应急机制的关键要素。

（1）设定触发应急计划的情景，至少应当包括银行评级被大幅降低的情况。

（2）明确董事会、高管层及各部门在应急计划实施中的权限和职责。

（3）包括资产方应急措施和负债方应急措施，列明压力情况下的应急资金来源和量化信息，合理估计可能的筹资规模和所需时间，充分考虑跨境、跨机构的流动性转移限制，确保应急资金来源可靠、充分。

（4）区分法人和集团层面，并视需要针对重要币种和境外主要业务区域制定专门的应急计划。对于受到流动性转移限制影响的分支机构或附属机构，应当制定专门的应急计划。

（5）至少每年一次对应急计划进行评估，必要时进行修订，并不定期对应急计划进行演练，确保在紧急情况下的顺利实施。

（6）出现流动性危机时，应当加强与交易对手、客户及公众的沟通，最大限度减少信息不对称可能给银行带来的不利影响。

三、流动性应急计划（重点掌握）

真考解读 属于必考点，一般会考2道题。

（一）职能分工

项目	内容
含义	确定由谁来完成应急计划，应急工作需要在短时间内采取有力措施。因此应急计划的组织架构必须具有权威性。
危机管理小组	（1）危机管理小组在危机情形下运作管理，是个相对资产负债管理委员会小很多的团队。 （2）危机管理小组通常包括以下成员：首席执行官、行长，首席财务官或者分管财务的行长，首席风险官或者分管风险的行长，首席投资官或者分管资金交易的行长，负责银行流动性风险管理部门和关键部门领导。

（二）预警指标^{解读1}

解读1 必考点：示例性的预警信号，一般会考查单选题。

项目	内容
基本问题	（1）预警指标应包含那些流动性表象之外的真正原因。流动性危机的触发因素往往不是流动性本身，最常见的触发因素是大额信贷损失。 （2）银行应高度关注预警体系。
预警信号	（1）银行收入下降。无论收益下降是否严重，其对资金提供者对银行信心的影响是巨大的。 （2）资产质量恶化。在实践中，银行往往不愿意承认资产质量恶化，导致这是一个滞后指标，通常不是最合适的早期预警指标。 （3）银行评级下调。这是国外大型银行使用最多的流动性应急计划触发指标之一。同样，评级机构对信用质量恶化的反应是非常滞后的。等到评级真的被下调时，银行已经没有足够的时间采取增强流动性储备的措施了。 （4）无保险的存款、批发融资或资产证券化的利差扩大。 （5）股价大幅下跌。研究显示这是一个非常优良的早期预警指标。 （6）资产规模急速扩张或收购规模急剧增大。 （7）无法获得市场借款。

解读2 银行在制定应急计划之前，需要对压力进行分级，针对不同级别的压力采取不同的应急措施。

（三）应急措施^{解读2}

（1）应急措施的第一步应表明银行在怎样的情况下须进入流动性危机的管理状态。

（2）应急计划应列出银行管理者进行评估所需要依据的指标和特征。

（3）在各个级别应急阶段，流动性管理人员应向危机管理小组及时汇报当前的流动性状态。

（4）在应急阶段，银行应采取措施筹集资金。

（5）一旦流动性危机发展到一定阶段，应急管理者便应有绝对的能力决定出售哪些资产、何时出售、以何种价格出售、何时进行证券化活动及抵押借款等。

（四）沟通披露

项目	内容
含义	在流动性应急过程中，对外沟通是其重要的组成。有效的对外沟通披露能帮助银行及时消除那些可能导致银行发生严重挤兑的留言的负面影响。
对外沟通包含的内容	（1）紧急情况下的对内对外沟通联系表。 （2）与重要的存款者和资金提供者保持沟通。 （3）与媒体之间的沟通。对外信息披露是流动性管理的重要组成部分。 （4）职责分工。银行需明确负责对信息进行管理和披露的个人或委员会。 （5）内部沟通。内部沟通对银行的流动性管理也至关重要，不可忽略。 （6）不同沟通重点的转变。应急计划应阐明在不同发展阶段信息沟通的重点如何发生变化^{解读3}。

解读3 在流动性危机的早期阶段，银行跟评级机构的沟通非常有用。

（五）计划演练

项目	内容
含义	对应急计划进行定期演练是应急计划的一个重要组成部分。
常见内容	（1）对于复杂的融资交易，银行应进行定期演练，以了解复杂融资交易所需要的过程，并对复杂融资交易所提供的流动性规模和获得流动性需要的时间有正确的认识。 （2）通过演练测试，不同管理者承担沟通、协调和决策制定的能力。

续 表

项目	内容
常见内容	（3）大型银行还可以利用模拟测试管理者与不同地域或不同分支机构之间的沟通和协调能力。 （4）应急计划测试演练也能提醒核心决策制定者对某些类危机管理问题的重视。

（六）审批更新

（1）应急计划应进行定期审批和更新。

（2）董事会批准一个简短而概括的应急计划，其余细节通过附录的形式展现并由高级管理者负责制定和维护。

典型真题

【单选题】下列不属于商业银行流动性应急机制中的预警信号的是（ ）。

A. 银行控股股东变更
B. 股价大幅下跌
C. 资产规模急剧扩张
D. 银行评级下调

【答案】A【解析】商业银行流动性预警信号包括：①银行收入下降；②资产质量恶化；③银行评级下调；④无保险的存款、批发融资或资产证券化的利差扩大；⑤股价大幅下跌；⑥资产规模急速扩张或收购规模急剧增大；⑦无法获得市场借款。故选A。

章节练习

一、单选题（以下各小题所给出的四个选项中，只有一项符合题目要求，请选择相应选项，不选、错选均不得分）

1. 市场流动性风险反映了商业银行在无损失或微小损失情况下迅速变现的能力。资产变现能力越强，银行的流动性状况越佳，其流动性风险也（ ）。

    A. 相应越高
    B. 相应越低
    C. 越来越低
    D. 越来越高

2. 净稳定资金比率定义为可用稳定资金与所需稳定资金之比，这个比率必须大于（ ）。

    A. 90%
    B. 100%
    C. 95%
    D. 110%

3. 《中华人民共和国商业银行法》规定，商业银行的贷款余额和存款余额的比例不得超过（ ），流动性资产余额与流动性负债的比例不得低于（ ）。

    A. 80%；25%
    B. 75%；20%
    C. 75%；25%
    D. 75%；30%

4. 以下不属于风险限额作用的是（ ）。

    A. 控制最高风险水平
    B. 降低流动性风险
    C. 提供风险参考基准
    D. 满足监管要求

二、**多选题**（以下各小题所给出的五个选项中，有两项或两项以上符合题目的要求，请选择相应选项，多选、少选、错选均不得分）

流动性风险管理是通过对流动性进行定量和定性分析，从（　　）等方面对流动性进行综合管理。

A. 资产　　　　　　　B. 负债　　　　　　　C. 现金
D. 表内业务　　　　　E. 表外业务

三、**判断题**（请对以下各项描述做出判断，正确的为 A，错误的为 B）

1. 商业银行流动性风险管理的核心是尽可能地提高资产的流动性和负债的稳定性，并在两者之间寻求最佳风险—收益平衡点。（　　）
   A. 正确　　　　　　　　　　　　　B. 错误
2. 原则上，限额体系和限额值设定后保持永远不变。（　　）
   A. 正确　　　　　　　　　　　　　B. 错误

答案详解

一、单选题

1. B【解析】市场流动性风险是指由于市场深度不足或市场动荡，商业银行无法以合理的市场价格出售资产以获得资金的风险，反映了商业银行在无损失或微小损失情况下迅速变现的能力。资产变现能力越强，银行的流动性状况越佳，其流动性风险也相应越低。故选 B。

2. B【解析】净稳定资金比率定义为可用稳定资金与所需稳定资金之比，这个比率必须大于100%。故选 B。

3. C【解析】《中华人民共和国商业银行法》规定，商业银行的贷款余额和存款余额的比例不得超过75%，流动性资产与流动性负债的比例不得低于25%。故选 C。

4. B【解析】风险限额起着三个作用：控制最高风险水平、提供风险参考基准和满足监管要求。故选 B。

二、多选题

ABE【解析】流动性风险管理是通过对流动性进行定量和定性分析，从资产、负债和表外业务等方面对流动性进行综合管理。故选项 A、选项 B、选项 E 符合题意。

三、判断题

1. A【解析】商业银行流动性风险管理的核心是尽可能地提高资产的流动性和负债的稳定性，并在两者之间寻求最佳风险收益平衡点。

2. B【解析】原则上，限额体系和限额值设定后不随意修改，但限额并非持续不变。在特殊情景下，银行需要对限额值进行调整。

第八章　国别风险管理

🔍 应 试 分 析

　　本章主要介绍了国别风险识别、国别风险评估、国别风险监测与报告、国别风险控制与缓释四个方面的内容。本章在考试中涉及的分值约为4分。考试重点为国别风险概述、国别风险计量与评估、国别风险日常监测以及国别风险限额和集中度管理等相关内容。在考试中涉及的内容难度不大，多以记忆为主。通过本章的学习，考生应了解并掌握国别风险从识别到控制与缓释的全流程管理。

🏠 思 维 导 图

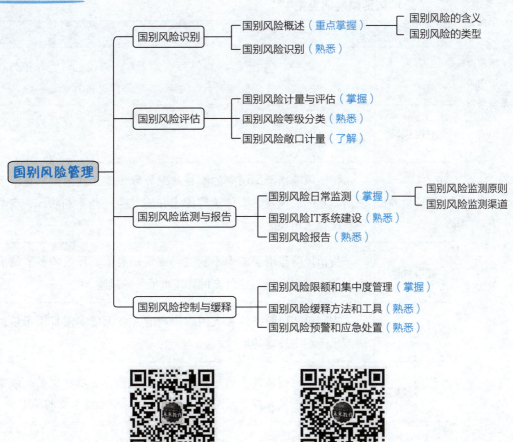

微信扫码关注
畅享在线做题

微信扫码关注
获取免费直播课

知识精讲

第一节 国别风险识别

一、国别风险概述（重点掌握）

（一）国别风险的含义

国别风险是指某一国家或地区经济、政治、社会变化及事件，导致该国家或地区借款人或债务人没有能力或者拒绝偿付商业银行债务，或使商业银行在该国家或地区的商业存在遭受损失，或使商业银行遭受其他损失的风险。

（二）国别风险的类型 解读1

类别	内容
转移风险	转移风险 解读2 指借款人或债务人由于本国外汇储备不足或外汇管制等原因，无法获得所需外汇以偿还其境外债务的风险。
主权风险	主权风险指外国政府没有能力或者拒绝偿付其直接或间接外币债务的可能性。
传染风险	传染风险指某一国家的不利状况导致该地区其他国家评级下降或信贷紧缩的风险，即使这些国家并未发生这些不利状况，自身信用状况也未出现恶化。
货币风险	货币风险指由于汇率不利变动或货币贬值，导致债务人持有的本国货币或现金流不足以支付其外币债务的风险。
宏观经济风险	宏观经济风险指债务人因本国政府采取保持本国货币币值的措施而承受利率波动的风险。
政治风险	政治风险指债务人因所在国发生政治冲突、政权更替、战争等情形，或者债务人资产被国有化或被征用等情形而承受的风险。
间接国别风险	间接国别风险指某一国家经济、政治或社会状况恶化，威胁到在该国有重大商业关系或利益的本国借款人的还款能力的风险。银行业金融机构在评估境外借款人的信用状况时，应适当考虑其所在国的国别风险因素。若借款人的信用风险很低，但其所在国家风险很高，也应停止该贷款。

典型真题

【单选题】在商业银行国别风险管理中，借款人或债务人由于本国外汇储备不足或外汇管制等原因，无法获得所需外汇偿还其境外债务风险，被称为（　　）。

A. 转移风险　　B. 政治风险　　C. 传染风险　　D. 外汇风险

【答案】A【解析】转移风险是国别风险的主要类型之一，是指借款人或债务人由于本国外汇储备不足或外汇管制等原因，无法获得所需外汇以偿还其境外债务的风险。故选 A。

【单选题】商业银行从事跨国投资和贷款业务，应当特别关注交易对手所在国家的风险状况。据此，下列做法最不恰当的是（　　）。

A. 分析和评估借款人所在国家的风险状况

B. 将国别风险评估优于交易对手的信用风险评估

C. 对国外借款客户进行正常的信用风险评估

D. 若所在国家的风险很高，但借入方信用风险很低，则应执行该贷款

【答案】D【解析】商业银行跨国投资和贷款，除了要关注交易对手的信用风险状况，还应充分考虑所在国家的风险状况。选项 D 中虽然借入方信用风险很低，但其所在国家风险很高，应停止该贷款的执行。故选 D。

二、国别风险识别（熟悉）

真考解读 考查相对较少，考生熟悉即可。

项目	内容
国别风险主体分类	（1）直接风险主体，指债务人或交易对手。 （2）最终风险主体，指国别风险转移以后的主体。 【提示】直接风险主体或最终风险主体在中国大陆以外国家和地区的各类业务经营活动均纳入国别风险敞口识别统计范围。
主体所在国家的确定	（1）对于个人。按照个人居住地，如果某人在多个国家（地区）有住所，则按其经常居住地确定国别。 （2）对于非个人。一般是指主体注册成立的国家，但以下情况例外^{解读3}。 ①当主体不是银行的法人企业的分公司时，所在国家为其总公司的注册地。 ②当主体是银行的分行时，直接风险主体所在国家（地区）应当填列在分行所在国家（地区），并按照担保转移，将最终风险主体所在国家视为其总行所在国家（地区）。

解读3 主体所在国家的确定中，对于例外情况经常考查。

续表

项目	内容
主体所在国家的确定	③当<u>直接风险主体是空壳公司或特殊目的公司（SPV）</u>，如注册在开曼群岛、维尔京群岛等离岸金融中心或其他金融中心的客户，<u>则其所在地为从事实际经营活动的地区</u>或<u>其管理机构的所在地</u>。 ④对于飞机、船舶融资，若存在长期租约并可以明确指明还款的主要来源国家，一般应以还款来源国作为直接风险主体所在国家。若不存在长期租约或无法明确还款来源国家，则直接风险主体所在国家为飞机、船舶的最终拥有人的所在国家。如果融资的偿还主要依靠质押于银行的租约项下的租金收入，则直接主体所在国家应为承租人所在国家。 ⑤对于基金投资等不能明确界定直接风险主体所属国家的，按最能代表该资产的国家或区域确定。 ⑥风险主体为国际组织的，所属国家统一认定为"国际组织"，不属于任何一个特定国家。

典型真题

【单选题】在国别风险管理中，当直接风险主体为空壳公司或特殊目的公司（SPV），则其最终风险主体为（　　）。

A. 不属于任何一个国家/地区　　B. 其从事实际经营活动的地区

C. 其母公司注册所在国家/地区　　D. 其注册所在国家/地区

【答案】B【解析】当直接风险主体是空壳公司或特殊目的公司（SPV），比如注册在开曼群岛、维尔京群岛等离岸金融中心或其他金融中心的客户，则其所在地为从事实际经营活动的地区或其管理机构的所在地。故选B。

第二节　国别风险评估

真考解读 属于常考点，一般会考1道题。

一、国别风险计量与评估（掌握）

项目	内容
计量方法应满足的要求	（1）能够覆盖所有重大风险暴露和不同类型的风险。 （2）能够在单一和并表层面按国别计量风险。 （3）能够根据有风险转移及无风险转移情况分别计量国别风险。

续　表

项目	内容
国别风险评估	（1）充分考虑一个国家或地区经济、政治和社会状况的定性和定量因素。 （2）在特定国家或地区出现不稳定因素或可能发生危机的情况下，应当及时更新对该国家或地区的风险评估。 （3）制定业务发展战略、审批授信、评估借款人还款能力，以及设定国别风险限额时，应当充分考虑国别风险评估结果**解读1**。
国别风险评估指标	（1）指标分类。国别风险的评估指标包括以下三种。 ①数量指标：反映一国的经济情况，包括国民经济生产总值、国民收入、财政赤字、通货膨胀率等。 ②比例指标：反映一国的对外清偿能力。 ③等级指标：反映一国政治、社会因素的综合分析，然后对该国的政治与社会稳定程度做出估价，判断该国的风险等级。 （2）指标筛选：筛选指标时，通常考虑以下三个原则。 ①均衡覆盖政治、经济、财政等模块，每个方面都要有定量和定性指标。 ②模型不可太多，根据各机构实践，以20个左右为宜。 ③平衡考虑指标在统计上的显著性和指标的经济意义。 （3）指标权重：国别评级模型的各模块和各指标权重通常采取在主权评级**解读2**指标权重基础上进行调整，即指定权重的方法。
国别风险评级模型	（1）综合打分卡模型。该模型由定量和定性指标结合而成，除了政治、经济等主权评级模型中考虑的因素以外，还加入了法律、税收、基础设施等运营环境模块。 （2）国别评级模型。该模型是基于主权评级模型基础之上，通过主权风险、货币风险、银行业风险等评分模型的结果简单平均得到的国别风险评级。

解读1 常考点：国别风险评估。

解读2 主权评级通常采取影子评级方法。

典型真题

【单选题】商业银行应当建立与国别风险暴露规模和复杂程度相适应的国别风险评估体系。下列关于国别风险评估体系的描述，错误的是( )。

A. 在特定国家或地区出现不稳定因素或可能发生危机的情况下，应及时更新对该国家或地区的风险评估

B. 在制定业务发展战略、审批授信、评估借款人还款能力、进行国别风险评级和设定国别风险限额时，应充分考虑国别风险评估结果

C. 对开展业务量较大的国家或地区可酌情选择是否进行风险评估

D. 应充分考虑一个国家或地区经济、政治和社会状况的定性和定量因素

【答案】C【解析】在制定业务发展战略、审批授信、评估借款人还款能力、进行国别风险评级和设定国别风险限额时，应充分考虑国别风险评估结果，选项B正确；在评估国别风险时，商业银行应当充分考虑一个国家或地区经济、政治和社会状况的定性和定量因素，选项D正确。在特定国家或地区出现不稳定因素或可能发生危机的情况下，应当及时更新对该国家或地区的风险评估，选项A正确。

真考解读考查相对较少，考生应熟悉国别风险等级类型及其含义。

二、国别风险等级分类（熟悉）

等级	内容
低国别风险	（1）国家或地区政体稳定，经济政策被证明有效且正确，不存在任何外汇限制，有及时偿债的超强能力。 （2）目前及未来可预计一段时间内，不存在导致对该国家或地区投资遭受损失的国别风险事件，或即便事件发生，也不会影响该国或地区的偿债能力或造成其他损失。
较低国别风险	（1）该国家或地区现有的国别风险期望值低，偿债能力足够。 （2）目前及未来可预计一段时间内，存在一些可能影响其偿债能力或导致对该国家或地区投资遭受损失的不利因素。
中等国别风险	某一国家或地区的还款能力出现明显问题，对该国家或地区的贷款本息或投资可能会造成一定损失。
较高国别风险	（1）该国家或地区存在周期性的外汇危机和政治问题，信用风险较为严重，实施债务重组但依然不能按时偿还债务。 （2）该国家或地区借款人无法足额偿还贷款本息，即使执行担保或采取其他措施，也肯定要造成较大损失。

续 表

等级	内容
高国别风险	某一国家或地区出现经济、政治、社会动荡等国别风险事件或出现该事件的概率较高，在采取所有可能的措施或一切必要的法律程序后，对该国家或地区的贷款本息或投资仍然可能无法收回，或只能收回极少部分。

典型真题

【单选题】某一国家或地区的还款能力出现明显问题，对该国家或地区的贷款本息或投资可能会造成一定损失，这种状况应该划分为（　　）。

A. 较低国别风险　　　　　　　　B. 较高国别风险

C. 低国别风险　　　　　　　　　D. 中等国别风险

【答案】D【解析】国别风险应当至少划分为低、较低、中等、较高、高五个等级。其中，中等国别风险是指某一国家或地区的还款能力出现明显问题，对该国家或地区的贷款本息或投资可能会造成一定损失。故选D。

三、国别风险敞口计量（了解）

真考解读较少考查，考生了解即可。

项目	内容
计量规则	在严格遵循监管机构相关规定和要求的基础上，结合银行业金融机构的风险计量和管理水平来确定。
敞口金额	（1）对表内敞口来说，是该笔敞口在资产负债表上的账面余额。表内项目中贷款、同业融资为融资余额，债券为账面价值，金融衍生品为正的市场价值。 （2）对表外敞口来说，是表外项目余额。表外项目中等同贷款的授信、与交易相关的或有项目、与贸易相关的短期自偿性项目、无条件不可撤销的未提款承诺等均为表外融资余额。

第三节　国别风险监测与报告

一、国别风险日常监测（掌握）

真考解读属于常考点，一般会考1道题。

（一）国别风险监测原则

原则	内容
完整性	指应收集所有的风险信息，包括可能会对银行产生负面影响或提高风险的信息都应该关注整理。

续　表

原则	内容
独立性	一方面是指在处理收集的信息时，不依赖第三方判断、不主观推断，避免收集到的信息有失公允，另一方面是指根据内部控制要求，风险监测的职能独立于业务职能部门。
及时性	指保证信息的时效性，保证在发生国别风险事件的第一时间收集信息，从而第一时间做出预警措施。

解读 常考点：日常风险监测渠道的三种类别。

（二）国别风险监测渠道^{解读}

监测渠道	内容
新闻平台	（1）用于收集新闻媒体发布的地方、国家、全球新闻，包括影响世界经济政治的重大事件、某一国家的经济整体动态和经济政治的政策制定与调整等。 　　（2）新闻平台收集到的信息包括货币供应增加或紧缩、利率大幅变化、汇率大幅变化、国内通胀率、GDP增长率、消费信心指数、贸易差额、短期资本流入、股市价格指数波动、某一国家零售营业额、政局稳定性和政治民主性、经济计划的成效、政治恐怖主义、官僚主义等。
外部评级机构数据	（1）收集世界范围内主要外部评级机构的信息，作为国别风险预警等级确定的外部参考信息。 　　（2）外部评级机构数据的收集主要来源于国际国别风险指南、穆迪投资者服务公司、标准普尔信用评级集团、经济学家情报中心和欧洲货币等。 　　（3）通过外部评级机构可以收集到的数据信息包括外部评级降级、国家违约和信用违约掉期报价大幅上升等。
银行内部信息	（1）银行内部员工发现，显示银行内部发生严重风险的信息，包括某一地区或国家内的全部分行/支行发生的损失，某一全球性公司发生违约等。 　　（2）此类信息可能还没有被公众和媒体发现，而是由国别风险相关部门发现并收集，或由地方分支机构、海外分支机构收集。

典 型 真 题

【多选题】日常国别风险信息监测渠道包括（　　　）。

A．新闻平台　　　　　　　　　　B．外部评级机构数据

C．银行内部信息　　　　　　　　D．客户反馈数据

E．宏观政策导向

【答案】ABC【解析】日常国别风险信息监测渠道：①新闻平台；②外部评级机构数据；③银行内部信息。客户反馈数据和宏观政策导向不属于监测渠道。故选项 A、选项 B、选项 C 符合题意。

二、国别风险 IT 系统建设（熟悉）

真考解读 考查相对较少，考生熟悉即可。

项目	内容
必要性	商业银行应当为国别风险的识别、计量、监测和控制建立完备、可靠的管理信息系统。
功能	（1）帮助识别不适当的客户及交易。 （2）支持不同的业务领域、不同类型国别风险的计量。 （3）支持国别风险评估和风险评级。 （4）监测国别风险限额执行情况。 （5）为压力测试提供有效支持。 （6）准确、及时、持续、完整地提供国别风险信息，满足内部管理、监管报告和信息披露要求。

三、国别风险报告（熟悉）

真考解读 考查相对较少，考生应熟悉国别风险报告内容。

（1）商业银行应当定期、及时向董事会和高级管理层报告国别风险情况，包括但不限于国别风险暴露、风险评估和评级、风险限额遵守情况、超限额业务处理情况、压力测试和准备金计提水平等。

（2）不同层次和种类的报告应当遵循规定的发送范围、程序和频率。

①重大风险暴露和高风险国家暴露应当至少每季度向董事会报告。

②在风险暴露可能威胁到银行盈利、资本和声誉的情况下，商业银行应当及时向董事会和高级管理层报告。

典型真题

【多选题】商业银行应当定期、及时向董事会和高级管理层报告国别风险情况，包括(　　)。

A. 国别风险评估和评级　　　　B. 国别风险暴露

C. 超限额业务处理情况　　　　D. 国别限额遵守情况

E. 压力测试情况

【答案】ABCDE【解析】商业银行应当定期、及时向董事会和高级管理层报告国别风险情况，包括但不限于国别风险暴露、风险评估和评级、风险限额遵守情况、超限额业务处理情况、压力测试、准备金计提水平等。故所有选项均符合题意。

第四节　国别风险控制与缓释

视频讲解微信扫描

一、国别风险限额和集中度管理（掌握）

项目	内容
国别限额的含义	对国别风险实行限额管理，在综合考虑跨境业务发展战略、国别风险评级和自身风险偏好等因素的基础上，按区域、风险类别、国别等维度合理设定覆盖表内外项目的国别风险限额^{解读1}。
国别限额的类型	（1）敞口限额，旨在控制某国家或地区敞口的持有量，以防止头寸过分集中于某一国家或地区。 （2）经济资本限额，旨在合适地分配及控制某国别或地区所使用的经济资本，以防某一国家或地区占用过高的经济资本，超出银行可以承受的范围。
国别限额影响因素	（1）国别风险。国别风险是国别限额的重要依据，国别风险越高，限额越低。 （2）业务机会。业务机会表示商业银行在某国可能的业务量相对大小，业务机会越大，限额越大。 （3）国家（地区）重要性。国家（地区）重要性是商业银行在该国业务对银行整体发展战略、经营收益的相对重要性。 【提示】业务机会与国家经济规模以及中国双边经贸往来有关，国家（地区）重要性与商业银行发展战略有关，二者均不考虑国家（地区）风险。
国别限额的要求	（1）应当经董事会或其授权委员会批准，并传达到相关部门和人员。 （2）至少每年对国别风险限额进行审查和批准，对于特定地区风险状况发生显著变化的情况下，提高审查和批准频率。 （3）建立国别风险限额监测、超限报告和审批程序，至少每月监测国别风险限额遵守情况，持有较多交易资产的机构应当增加监测频率。

典型真题

【多选题】对国别风险应实行限额管理，应按（　　　）等维度合理设定覆盖表内外项目的国别风险限额。

A. 区域

B. 风险程度

C. 国别

D. 风险类别

E. 自身风险偏好

【答案】ACD【解析】对国别风险应实行限额管理，在综合考虑跨境业务发展战略、国别风险评级和自身风险偏好等因素的基础上，按区域、风险类别、国别等维度合理设定覆盖表内外项目的国别风险限额。故选项A、选项C、选项D符合题意。

二、国别风险缓释方法和工具（熟悉）

为有效规避和缓释业务所涉及的国别风险，应做到如下几点。

（1）"了解你的客户"及所在国家（地区）风险。

（2）严守集中度限额，减少在高和较高风险国家的业务。

（3）通过投保国别风险保险来转移风险^{解读2}。

（4）增加风险较低的第三国母公司或银行的担保或承兑。

（5）以银团贷款方式分散风险。

（6）吸引世界银行、亚洲开发银行等有政治影响力的多边金融机构参与项目。

（7）合同中增加保护条款，一旦触发，未提款的合约不再提款，已提款的合约需提前还款。

（8）项目收入币种与贷款币种存在错配时，除了通常的套期保值方式外，可对资金的筹措、发放、收回约定币种。

（9）建立国别风险黑名单，对黑名单国家实行禁入或经批准才可准入。

三、国别风险预警和应急处置（熟悉）

预警措施	内容
建立国别风险预警机构	（1）成立各级预警领导组织和机构，强化集中管理、高效指挥、提高全行预警意识。 （2）各机构设置风险预警团队，明确各级别的应急处理权限和流程，对突发国别风险事件进行及时有效控制。

真考解读考查相对较少，考生熟悉即可。

解读2投保人通过支付一定的保费将所承担的国别风险转移给承保人。

真考解读考查相对较少，考生熟悉即可。

预警措施	内容
完善风险信息监控	（1）风险信息和数据是国别风险预警的基础和起点，只有保证信息数据的正确性、完整性和及时性，才能确保应急预警体系的有效性。 （2）拓宽信息渠道，实时更新数据，确保将全部的风险线索纳入应急预警系统。
健全预警信息传递机制	（1）建立合理有效的信息传递机制，确保信息平台收集到的全部信息准确传递给相关人员并进行合理分类。 （2）有效的信息传递机制，可以保证预警系统迅速对国别风险做出反应，控制风险。
准确把握预警等级	（1）制定完整、严格的预警等级书面制度，确保出现国别风险信息能按照制度进行等级分类。 （2）设定预警等级分类标准，并据此标准确定应急预警等级。
加强风险预测	（1）增强应急预警系统风险防范的主动性、前瞻性和有效性。 （2）以预防为主、控制为辅，加强事前预测、减少事后管理的原则，对应急预警体系开展更新和调整，增强风险预测能力。
应急处置方案	（1）针对不同预警等级设置应急处置方案，由相关部门负责处置。 （2）保证方案与措施的时效性和合理性，综合考虑突发事件风险、银行综合实力和可接受的损失程度等。

典型真题

【单选题】下列关于国别风险预警和应急处置的做法中错误的是（　　）。

A．缩小风险预测　　　　　　　B．完善风险信息监控

C．准确把握预警等级　　　　　D．健全预警信息传递机制

【答案】A【解析】在国别风险预警和应急处置方面应做到：①建立国别风险预警机构；②完善风险信息监控；③健全预警信息传递机制；④准确把握预警等级；⑤加强风险预测；⑥应急处置方案。故选A。

✎ 章节练习

一、**单选题**（以下各小题所给出的四个选项中，只有一项符合题目要求，请选择相应选项，不选、错选均不得分）

1. 根据巴塞尔委员会对商业银行的风险分类，政治风险属于（　　）。
　A. 操作风险　　　　　　　　　　　　B. 战略风险
　C. 国别风险　　　　　　　　　　　　D. 信用风险

2. （　　）是指某一国家或地区出现经济、政治、社会动荡等国别风险事件或出现该事件的概率较高，在采取所有可能的措施或一切必要的法律程序后，对该国家或地区的贷款本息或投资仍然可能无法收回，或只能收回极少部分。
　A. 低国别风险　　　　　　　　　　　B. 较低国别风险
　C. 较高国别风险　　　　　　　　　　D. 高国别风险

二、**多选题**（以下各小题所给出的五个选项中，有两项或两项以上符合题目的要求，请选择相应选项，多选、少选、错选均不得分）

1. 新闻平台收集到的信息包括（　　）。
　A. 货币供应增加或紧缩　　　　　　　B. 消费信心指数
　C. GDP 增长率　　　　　　　　　　　D. 政治恐怖主义
　E. 官僚主义

2. 国别限额可依据（　　）三个因素确定。
　A. 国别风险　　　　　　　　　　　　B. 业务重要性
　C. 业务机会　　　　　　　　　　　　D. 国家（地区）重要性
　E. 国家经济实力

三、**判断题**（请对以下各项描述做出判断，正确的为 A，错误的为 B）

1. 通过外部评级机构可以搜集到的数据信息包括外部评级降级、国家违约、信用违约掉期报价大幅上升等。（　　）
　A. 正确　　　　　　　　　　　　　　B. 错误

2. 业务机会与国家（地区）经济规模以及与中国的双边经贸往来有关，国家（地区）重要性与商业银行发展战略有关，两者均不考虑国家（地区）风险。（　　）
　A. 正确　　　　　　　　　　　　　　B. 错误

⇨ 答案详解

一、单选题

1. C【解析】国别风险的主要类型包括转移风险、主权风险、传染风险、货币风险、宏观经济风险、政治风险、间接国别风险七类。故选 C。

2. D【解析】高国别风险是指某一国家或地区出现经济、政治、社会动荡等国别风险事件或出现该事件的概率较高，在采取所有可能的措施或一切必要的法律程序后，对该国家或地区的贷款本息或投资仍然可能无法收回，或只能收回极少部分。故选 D。

二、多选题

1. ABCDE【解析】新闻平台收集到的信息包括：货币供应增加或紧缩、利率大幅变化、汇率大幅变化、国内通胀率、GDP 增长率、消费信心指数、贸易差额、短期资本流入、股市价格指数波动、某一国家零售营业额、政局稳定性和政治民主性、经济计划的成效、政治恐怖主义、官僚主义等。故所有选项均符合题意。

2. ACD【解析】国别限额可依据国别风险、业务机会和国家（地区）重要性三个因素确定。故选项 A、选项 C、选项 D 符合题意。

三、判断题

1. A【解析】通过外部评级机构可以搜集到的数据信息包括外部评级降级、国家违约、信用违约掉期报价大幅上升等。

2. A【解析】业务机会与国家（地区）经济规模以及与中国的双边经贸往来有关，国家（地区）重要性与商业银行发展战略有关，两者均不考虑国家（地区）风险。

第九章　声誉风险与战略风险管理

　　本章主要介绍了声誉风险与战略风险的相关知识，包括风险的识别、评估、监测和报告以及控制与缓释四个方面的内容。本章在考试中涉及的分值约为 5 分，考试重点为声誉风险监测和报告、战略风险识别和战略风险控制与缓释等内容。在考试中涉及的题目难度不大，多以记忆为主，考生可以多做题目，增加记忆。

思维导图

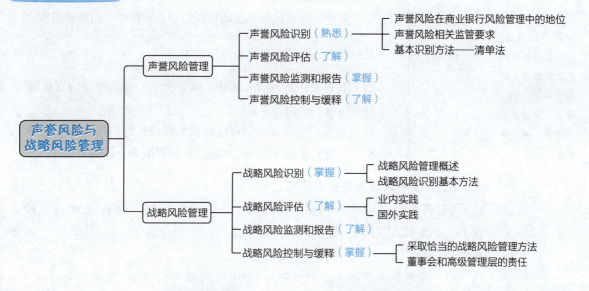

- 声誉风险与战略风险管理
  - 声誉风险管理
    - 声誉风险识别（熟悉）
      - 声誉风险在商业银行风险管理中的地位
      - 声誉风险相关监管要求
      - 基本识别方法——清单法
    - 声誉风险评估（了解）
    - 声誉风险监测和报告（掌握）
    - 声誉风险控制与缓释（了解）
  - 战略风险管理
    - 战略风险识别（掌握）
      - 战略风险管理概述
      - 战略风险识别基本方法
    - 战略风险评估（了解）
      - 业内实践
      - 国外实践
    - 战略风险监测和报告（了解）
    - 战略风险控制与缓释（掌握）
      - 采取恰当的战略风险管理方法
      - 董事会和高级管理层的责任

微信扫码关注
畅享在线做题

微信扫码关注
获取免费直播课

知识精讲

第一节　声誉风险管理

一、声誉风险识别（熟悉）

（一）声誉风险在商业银行风险管理中的地位

项目	内容
来源	声誉风险可能产生于商业银行运营的任何环节，通常与信用风险、操作风险、市场风险和流动性风险等交叉存在、相互作用[解读1]。
地位	良好的声誉是商业银行的生存之本。
作用	（1）良好的声誉风险管理体系能够持久、有效地帮助商业银行减少各种潜在的风险损失。 （2）良好的声誉风险管理已经成为商业银行的主要竞争优势之一，有助于提升商业银行的盈利能力并保障战略目标的实现。

（二）声誉风险相关监管要求

《银行保险机构声誉风险管理办法（试行）》（以下简称《声誉风险办法》）首次明确了声誉风险管理"前瞻性、匹配性、全覆盖、有效性"四项重要原则。

（1）前瞻性：强调树立以预防为主的声誉风险管理理念，要求加强研究。

（2）匹配性：要求机构进行多层次、差异化的声誉风险管理，与自身规模、经营状况、风险状况及系统重要性相匹配，并结合外部环境和内部管理变化适时调整。

（3）全覆盖：明确以公司治理为着力点，将声誉风险管理纳入全面风险管理体系，覆盖各业务条线、所有分支机构和子公司；各部门、岗位、人员和产品；决策、执行和监督全部管理环节，同时应防范第三方合作机构可能引发的对本机构不利的声誉风险，充分考量其他内外部风险的相关性和传染性。

（4）有效性：建立科学合理、及时高效的风险防范及应对处置机制，确保能够快速响应、协同应对、高效处置声誉事件，及时修复机构受损声誉和社会形象。

真考解读考查相对较少，考生熟悉即可。

解读1商业银行所面临的风险，不论是正面的还是负面的都会对商誉有所影响，因此，声誉风险被视为一种多维风险。

(三) 基本识别方法——清单法^{解读2}

风险类别	风险因素/事项	可能影响声誉的风险因素
信用风险	优质客户违约率上升;不良贷款率接近5%;贷款损失准备金充足率低于100%;房地产行业贷款比例超过30%。	信用风险状况趋向恶化。
市场风险	国债交易损失扩大;衍生产品交易策略错误;持有外汇品种单一;跨国投资账面损失扩大。	市场风险管理能力薄弱/技术缺失。
操作风险	内外勾结欺诈/骗贷;经常遭到监管处罚;信息系统故障导致业务瘫痪;地震造成营业场所损失。	内部控制机制严重缺失;技术部门/外包机构能力欠缺。
其他风险	流动性缺口显著扩大;逐步丧失业务特色、市场份额。	资产负债/风险管理能力低下;战略风险管理薄弱/缺失。

解读2 商业银行各岗位定期通过清单法列明其当前所面临的风险及风险因素,然后将其中可能影响声誉的风险因素提炼出来,认定为声誉事件,报告给声誉风险管理部门。

二、声誉风险评估 (了解)

项目	内容
评估顺序	声誉风险管理部门应当将收集到的声誉风险因素按照影响程度和紧迫性进行优先排序。
关键点	声誉风险评估的关键在于深刻理解潜在风险事件中,利益持有者对商业银行有何期待,以及商业银行对此应当做何反应。 【提示】因为声誉是无形的,所以恰当评估商业银行经营管理方面的变化可能造成的声誉风险相当困难。
风险事件	商业银行通常需要作出预先评估的声誉风险事件包括以下几点。 (1) 市场对商业银行的盈利预期。 (2) 商业银行改革或重组的成本、收益。 (3) 监管机构责令整改的不利信息、事件。 (4) 影响客户或公众的政策性变化等。

真考解读 较少考查,考生了解即可。

三、声誉风险监测和报告 (掌握)

(1) 声誉风险管理部门处在声誉风险管理的第一线,应当随时了解各类利益持有者所关注的问题,并且正确预测他们对商业银行的业务、政策或运营调整可能产生的反应。

真考解读 属于常考点,一般会考1道题。

（2）声誉风险管理应当成为业务单位人才工作的重要部分。

（3）截至目前，国内外金融机构尚未开发出有效的声誉风险管理量化技术，但普遍认为声誉风险管理的最佳实践操作有以下两点[解读3]。

解读3 常考点：声誉风险最佳实践操作。

①推行全面风险管理理念，改善公司治理，并预先做好防范危机的准备。

②确保各类风险被正确识别、优先排序，并得到有效管理。

真考解读较少考查，考生了解即可。

四、声誉风险控制与缓释（了解）

项目	内容
加强和完善公司治理架构	（1）把党的领导融入声誉风险管理。 （2）强化公司治理，明确职责分工：董事会、监事会和高级管理层分别承担声誉风险管理的最终责任、监督责任和管理责任。 （3）指导子公司建立声誉风险管理机制。
声誉风险管理的具体措施	（1）强化声誉风险管理培训。 （2）尽可能维护大多数利益持有者的期望。 （3）确保及时处理投诉和批评。 （4）增强对客户和公众的透明度。 （5）将企业社会责任和经营目标结合。 （6）保持与媒体的良好接触。 （7）制定危机管理规划。 （8）加强对声誉事件的应对处置。 （9）积极稳妥应对重大声誉事件：及时启动应急预案，拟定应对措施；重大声誉事件发生后12小时内向银保监会或其派出机构报告有关情况。 （10）强化声誉事件的考核问责。
声誉危机管理规划	（1）预先制定战略性的危机管理规划[解读4]。 （2）提高日常解决问题的能力。 （3）危机现场处理。 （4）提高发言人的沟通技能。 （5）危机处理过程中的持续沟通。 （6）管理危机过程中的信息交流。 （7）模拟训练和演习。

解读4 商业银行有必要对危机管理的政策和流程做好事前准备，建立有效的沟通预案，制定有效的危机应对措施。

第二节 战略风险管理

一、战略风险识别（掌握）

（一）战略风险管理概述

项目	内容
基本假设	商业银行致力于战略风险管理的前提是理解并接受战略风险管理的基本假设，具体内容如下。 （1）准确预测未来风险事件的可能性是存在的。 （2）预防工作有助于避免或减少风险事件和未来损失。 （3）如果对未来风险加以有效管理和利用，风险有可能转变为发展机会。
来源	商业银行的战略风险来源于其内部经营管理活动，以及外部政治、经济和社会环境的变化，主要体现在以下四个方面[解读1]。 （1）商业银行战略目标缺乏整体兼容性。 （2）为实现这些目标而制定的经营战略存在缺陷。 （3）为实现目标所需要的资源匮乏。 （4）整个战略实施过程的质量难以保证。
内涵	商业银行的战略风险管理具有双重内涵[解读2]。 （1）商业银行针对政治、经济、社会、科技等外部环境和内部可利用资源，系统识别和评估商业银行既定的战略目标、发展规划和实施方案中潜在的风险，并采取科学的决策方法和风险管理措施来避免或降低可能的风险损失。 （2）商业银行从长期、战略的高度，良好规划和实施信用风险、市场风险、操作风险、流动性风险以及声誉风险管理，确保商业银行健康、持久运营。 【提示】战略风险管理通常被认为是一项长期性的战略投资，实施效果需要很长时间才能显现。实质上，商业银行可以在短期内便体会到战略风险管理的诸多益处。
特征	战略风险管理具有前瞻性和预防性的特征，能够最大限度地避免经济损失、持久维护和提高商业银行的声誉和股东价值。主要体现在以下四个方面。 （1）将最佳的风险管理办法转变为商业银行的既定政策和原则。

真考解读属于常考点，一般会考1道题。

解读1 常考点：战略风险的来源。

解读2 战略风险同声誉风险相似，产生于商业银行运营的所有层面和环节，并与其他主要风险密切联系且相互作用，也是一种多维风险。

续　表

项目	内容
特征	（2）从应急性的风险管理操作转变为预防性的风险管理规划。 （3）定期评估威胁商业银行产品或服务、员工、财务、信息以及正常运营的所有风险因素。 （4）及早采取措施减少或杜绝各类风险隐患，确保商业银行的健康和可持续发展。

（二）战略风险识别基本方法

项目	内容
内部方面	（1）宏观战略层面。董事会和最高管理层必须全面、深入地评估商业银行长期战略决策中可能潜藏的战略风险。 （2）中观管理层面。业务领域负责人应当严格遵循商业银行的整体战略规划，最大限度地避免投资策略、业务拓展等涉及短期利益的经营/管理活动存在战略风险。 （3）微观执行层面。全体员工必须严格遵守相关业务岗位的操作规程，同时具备正确的风险管理意识。
外部方面	（1）行业风险。外部经济周期或者阶段性政策变化可能会导致商业银行出现收益下降、产能过剩、恶性竞争等现象。 （2）竞争对手风险。非银行类金融机构发展越来越快，在填补空白市场的同时，也在逐步侵蚀商业银行原有的市场份额。 （3）品牌风险。行业竞争激烈容易形成优胜劣汰，产品或服务的品牌管理质量直接影响商业银行的盈利能力和发展空间。 （4）技术风险。商业银行必须确保所采用的核心业务和风险管理信息系统具有高度的适用性、安全性和前瞻性。 （5）项目风险。商业银行同样面临着产品研发失败、兼并或收购失败、进入新市场失败等风险。 （6）其他外部风险。政治动荡、经济恶化等外部环境的变化，也会对商业银行的管理质量、竞争能力和可持续发展造成影响。

典型真题

【多选题】商业银行的战略风险主要体现在（　　）。

A. 商业银行战略目标缺乏整体兼容性

B. 整个战略实施过程的质量难以保证

C. 实现战略目标所需要的资源匮乏

D. 政治、经济和社会环境发生变化

E. 为实现战略目标而制定的经营战略存在缺陷

【答案】ABCE【解析】商业银行的战略风险主要体现在四个方面。①商业银行战略目标缺乏整体兼容性；②为实现战略目标而制定的经营策略存在缺陷；③为实现战略目标所需要的资源匮乏；④整个战略实施过程的质量难以保证。故选项 A、选项 B、选项 C、选项 E 符合题意。

二、战略风险评估（了解）

真考解读较少考查，考生了解即可。

（一）业内实践

项目	内容
外部环境评估	（1）外部经济环境：未来 3 年整体宏观经济景气状况是否发生重大变化。 （2）政策环境：未来 3 年产业政策、区域政策、财政政策、货币政策、监管政策或其他相关经济金融政策是否发生重大变动预期。
行业因素评估	（1）行业景气程度：未来 3 年银行战略涉及行业和地区的景气情况。 （2）市场竞争环境：未来 3 年银行战略业务涉及行业及地区的市场竞争环境。 （3）行业技术变革：未来 3 年本行对于行业技术变化的应对情况。
银行管理因素评估	（1）战略全局性：未来 3 年战略风险管理是否立足于银行改革发展全局。 （2）银行资源利用：未来 3 年银行应对新战略资源和条件。 （3）战略匹配：未来 3 年战略是否围绕银行统一的风险偏好，是否与全面风险管理的政策和程序保持一致。 （4）战略执行：未来 3 年战略执行是否得到有效落实，是否将战略风险发生的可能性及可能损失降到最低。
决策者因素评估	决策管理能力：未来 3 年对于银行发展战略的决策管理能力。

续 表

项目	内容
其他相关 因素评估	（1）结果监测评估机制：各风险部门是否对战略风险发展演化情况进行跟踪监测与分析，并及时调整战略风险评估结果。 （2）战略修订机制：未来 3 年中在外部环境发生重大变化或重大战略风险事件时，本行是否有灵活完善的战略修订机制。

解读3 国外实践
此处列举的是美国货币监理署（OCC）对战略风险评估的三个维度。

（二）国外实践^{解读3}

评估项目	内容
战略因素	（1）现有公司使命、目标、文化、价值观或风险承受能力的变化幅度。 （2）与银行长短期目标相关的财务目标。 （3）市场情况，包括产品、客户数和地理位置等维度。 （4）产品、区域、客户的多样化。 （5）采用创新或未经证实产品、服务或技术的风险。 （6）兼并收购方案和机会。 （7）潜在或计划涉入新业务、产品线或交付渠道或实行新制度的情况。
外部因素	（1）经济、产业和市场条件的影响。 （2）立法和监管变化。 （3）技术进步和竞争环境。
管理、 流程和制度	（1）高级管理人员的专业知识和董事会的效率。 （2）人才、技术、资源分配与战略举措的匹配性。 （3）新产品流程的适当性。 （4）新产品或服务推出以及潜在、已完成收购交易评估。 （5）管理层传达、实施和修改战略规划方法的有效性，以及与相关风险承受能力和政策的一致性。 （6）用于监控业务决策的控制措施的充分性和独立性。 （7）绩效管理和薪酬计划的适当性。

真考解读 较少考查，考生了解即可。

三、战略风险监测和报告 （了解）

（1）商业银行通常采用定期自我评估的方法来检验战略风险的有效性。
①董事会和高级管理层定期审视和讨论战略风险的分析/监测报告。

②内部审计部门定期审核商业银行的战略风险管理流程。

（2）定期自我评估的作用。

①有利于商业银行清醒地认识市场变化和运营状况的改变。

②有利于商业银行明确各业务领域为实现整体经营目标所承受的风险。

四、战略风险控制与缓释 （掌握）

真考解读 属于常考点，一般会考1道题。

（一）采取恰当的战略风险管理方法

管理方法	内容
制定以风险为导向的战略规划，定期进行修正	（1）战略规划应当清晰阐述实施方案中所涉及的风险因素、潜在收益以及可接受的风险水平，并且尽可能地将预期风险损失和财务分析包含在内。 （2）战略规划必须建立在商业银行当前的实际情况和未来的发展潜力基础之上，反映商业银行的经营特色。 （3）战略规划始于宏观战略层面，但最终必须深入贯彻并落实到中观管理层面和微观执行层面。
经济资本配置	（1）经济资本配置可以有效控制每个业务领域所承受的风险规模。 （2）商业银行应当参照各业务部门的经风险调整的收益率，审核和批准业务计划以及相应的资本分配方案。 （3）经济资本配置对商业银行的积极作用体现在两个方面。 ①有助于商业银行提高风险管理水平。 ②有助于商业银行制定科学的业绩评估体系。

（二）董事会和高级管理层的责任

（1）负责制定商业银行的战略风险管理政策和操作流程，并在其直接领导下，独立设置战略风险管理规划部门。

（2）负责识别、评估、监测和控制战略风险。

（3）负责制定商业银行最高级别的战略规划，并将其作为商业银行未来发展的行动指南。

（4）董事会和高级管理层对战略风险管理的结果负有最终责任。董事会和高级管理层制定战略规划时，为了使商业银行所有员工理解战略规划的内容和意义并确保与日常工作协调一致，应当首先征询最大多数员工的意见和建议。

✏️ **章节练习**

一、单选题（以下各小题所给出的四个选项中，只有一项符合题目要求，请选择相应选项，不选、错选均不得分）

1. 以下关于声誉风险管理的最佳实践操作的说法，正确的是（　　）。

①推行全面风险管理理念，改善公司治理，并预先做好防范危机的准备

②确保各类风险被正确识别、优先排序，并得到有效管理

③建立严密的声誉风险管理制度，主要以基层工作人员的良好执行为基础

 A. 只有①   B. 只有②

 C. ①和②   D. ①、②、③

2. 商业银行有必要对（　　）做好事前准备，建立有效的沟通预案，制定有效的危机应对措施，并及时调动内外部资源以缓解致命风险的冲击。

 A. 危机管理的政策和流程   B. 声誉管理措施

 C. 声誉管理计划   D. 风险承受能力

3. 下列对商业银行战略风险管理的认识，最恰当的是（　　）。

 A. 战略风险管理短期内没有益处

 B. 战略风险管理不需要配置资本

 C. 战略风险管理是一项长期性的战略投资，实施效果短期不能显现

 D. 战略风险可能引发流动性风险、信用风险、市场风险

二、多选题（以下各小题所给出的五个选项中，有两项或两项以上符合题目的要求，请选择相应选项，多选、少选、错选均不得分）

 战略风险识别可以从（　　）入手。

 A. 宏观战略层面   B. 技术层面

 C. 中观管理层面   D. 微观执行层面

 E. 市场层面

三、判断题（请对以下各项描述做出判断，正确的为 A，错误的为 B）

1. 因为声誉是无形的，所以恰当评估商业银行经营管理方面的变化可能造成的声誉风险相当困难。（　　）

 A. 正确   B. 错误

2. 战略风险管理能够最大限度地避免经济损失，持久维护和提高商业银行的声誉和股东价值。（　　）

 A. 正确   B. 错误

➡️ **答案详解**

一、单选题

1. C【解析】截至目前，国内外金融机构尚未开发出有效的声誉风险管理量化技术，但普遍认

为声誉风险管理的最佳实践操作是：推行全面风险管理理念，改善公司治理，并预先做好防范危机的准备；确保各类风险被正确识别、优先排序，并得到有效管理。故选C。

2．A【解析】商业银行有必要对危机管理的政策和流程做好事前准备，建立有效的沟通预案，制定有效的危机应对措施，并及时调动内外部资源以缓解致命风险的冲击。故选A。

3．D【解析】战略风险管理通常被认为是一项长期性的战略投资，实质上，商业银行可以在短期内体会到战略风险管理的诸多益处。商业银行应当充分评估战略风险可能给银行带来的损失和影响，并视情况对战略风险配置资本。战略风险与市场风险、信用风险、流动性风险相互影响，是一种多维风险。故选D。

二、多选题

ACD【解析】战略风险识别可以从宏观战略层面、中观管理层面、微观执行层面入手。故选项A、选项C、选项D符合题意。

三、判断题

1．A【解析】因为声誉是无形的，所以恰当评估商业银行经营管理方面的变化可能造成的声誉风险相当困难。

2．A【解析】战略风险管理能够最大限度地避免经济损失、持久维护和提高商业银行的声誉和股东价值。

第十章　其他风险管理

　　本章主要介绍了与商业银行相关的其他风险管理内容，包括交叉性金融风险管理、资产管理业务风险管理、新产品（业务）风险管理、行为风险管理以及气候风险管理五个方面的内容。本章在考试中涉及的分值约为3分。本章考试的重点是交叉性金融风险管理措施的内容。本章内容在考试中多为直接考查，难度不大，多以记忆为主。

思维导图

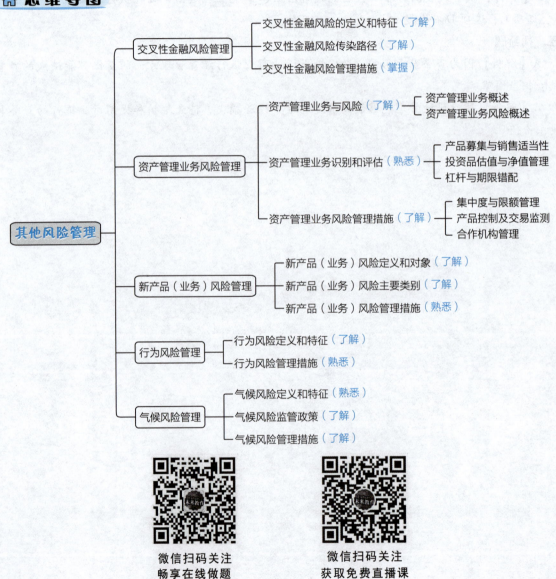

微信扫码关注　　　　　　微信扫码关注
畅享在线做题　　　　　　获取免费直播课

📖 知识精讲

第一节 交叉性金融风险管理

视频讲解 微信扫描

一、交叉性金融风险的定义和特征（了解）

真考解读 较少考查，考生了解即可。

项目	内容
定义	交叉性金融风险是指由于金融机构发起、投资、销售交叉性金融产品而引起的跨风险类型与跨市场的金融风险[解读1]。
特征	（1）涉及面广。分散于表内投资、表外理财、委托贷款和代理销售等多个业务项下。 （2）交易结构多变。资金来源、通道、资产运用任何一端发生变动，都会产生一种新的模式。 （3）交易主体繁多，风险类型复杂。 （4）传染性高。产品层层嵌套，交易链条过长，不同参与主体间风险传染性高。 （5）风险管理相对比较薄弱，多头管理问题突出。

解读1 交叉性金融风险主要集中于新兴业务领域和金融及准金融机构中。

二、交叉性金融风险传染路径（了解）

真考解读 较少考查，考生了解即可。

路径	内容
直接传染路径	（1）通过业务直接传染[解读2]。 （2）通过交易对手/合作机构直接传染。
间接传染路径	（1）通过市场价格波动进行传染。 （2）通过流动性进行传染。 （3）通过市场预期进行传染。

解读2 交叉性金融业务的链式特征决定其本质上具有较强的风险传染性。

三、交叉性金融风险管理措施（掌握）

真考解读 属于常考点，一般会考1道题。

项目	内容
加强市场层面	（1）建立跨市场交叉性风险识别、预警和报告体系。 （2）建立跨市场交叉性风险监控平台重点关注和监测。 （3）建立跨市场交叉性金融产品（业务）准入和限额管理体系。

续 表

项目	内容
加强客户与交易对手层面	（1）建立以客户为中心的统一视图[解读3]。 （2）加强客户与交易对手准入管理。 （3）实行客户与交易对手的交叉性风险限额管理。
加强产品（业务）层面	（1）针对产品的设计、审批和使用，建立交叉性风险识别机制。 （2）建立交叉性金融产品（业务）、准入与授权管理体系。 （3）建立产品层面交叉性风险的评估体系。 （4）限额管理。 （5）加强产品的交叉风险监测和报告。

解读3 以客户为中心，有利于实现对客户业务信心的一体化管理，防范系统性风险发生。

第二节　资产管理业务风险管理

一、资产管理业务与风险（了解）

（一）资产管理业务概述

真考解读 较少考查，考生了解即可。

项目	内容
含义	资产管理业务是指银行、信托、证券、基金、期货等金融机构接受投资者委托，对受托的投资者财产进行投资和管理的金融服务。
资产管理业务的产品端	（1）从认购和赎回方式看，资产管理产品分为封闭式产品和开放式产品。 　　①封闭式产品是指有确定到期日，且自产品成立日至终止日期间，产品份额总额固定不变。 　　②开放式产品是指自产品成立日至终止日期间，产品份额总额不固定，投资者可以按照协议约定的开放日和场所，进行认购或者赎回的资产管理产品。 　　（2）从约定的投资范围看，资产管理产品分为固定收益类产品[解读1]、权益类产品、商品及金融衍生品类产品和混合类产品。
资产管理业务的投资端	（1）按照业务性质不同，资产管理业务分为非标准化理财投资业务和标准化理财投资业务。 　　（2）按照投资模式不同，资产管理业务分为自主投资模式和委外投资模式。

解读1 固定收益类产品投资于存款、债券等债权类资产的比例不低于80%。

（二）资产管理业务风险概述

项目	内容
业务风险种类	资产管理业务涉及的风险包括但不限于信用风险、市场风险、操作风险、流动性风险、声誉风险、集中度风险以及合规风险等。 　　（1）产品端，风险主要来源于合规风险和流动性风险。主要表现在产品募集和销售的合规性，是否"向上"穿透资金来源，客户风险承受能力是否与产品风险匹配，产品按合同兑付或定期开放的流动性是否充足，期限错配或者加杠杆融资是否存在流动性风险。 　　（2）投资端，风险主要来源于市场风险和集中度风险。主要表现在投资较为集中的市场、行业、领域、单一投资品的市值大幅下降，出现投资亏损。
风险管理要点	（1）制度建设方面。建立包括准入管理、销售管理、投资管理、估值核算、限额管理、产品控制、交易监督、合作机构管理等各类风险管理制度并及时更新。 　　（2）系统数据方面。建立支持风险管理事前准入、事中控制、事后监测的信息系统，完善资产管理业务风险管理所需的数据基础。

二、资产管理业务识别和评估（熟悉）

（一）产品募集与销售适当性

1. 募集方式：公募与私募

项目	公募产品	私募产品
含义	面向不特定社会公众公开发行。	面向合格投资者通过非公开方式发行。
投资范围	投资标准化债权类资产、上市交易的股票、商品及金融衍生品，不得投资未上市企业股权。	投资范围由合同约定，一般包括债权类资产、上市或挂牌交易的股票、未上市企业股权（含债转股）和受益权。
销售起点	单一投资者销售起点不得低于1万元人民币。	合格投资者[解读2]投资于单只固定收益类理财产品的金额不得低于30万元人民币；单只混合类理财产品的金额不得低于40万元人民币；单只权益类理财产品、单只商品及金融衍生品类理财产品的金融不得低于100万元人民币。

真考解读考查相对较少，考生熟悉即可。

解读2 合格投资者是指最近1年末净资产不低于1000万元的法人单位以及具有2年以上投资经历，且满足家庭金融净资产不低于300万元，或者家庭金融资产不低于500万元，或者近3年本人年均收入不低于40万元的自然人。

2. 产品风险等级和客户风险承受能力

风险等级	风险程度	评级说明	目标客户
PR1 解读3	很低	保障本金，且预期收益受风险因素影响较小；不保本但本金和预期收益受影响很小，有较高流动性	保守型、稳健型、平衡型、成长型、进取型的有投资经验和无投资经验的客户
PR2	较低	不保本但本金和预期收益受影响较小；承诺保本但收益有较大不确定性的结构性存款	稳健型、平衡型、成长型、进取型的有投资经验和无投资经验的客户
PR3	适中	不保本，风险因素可能对本金和预期收益产生一定影响	平衡型、成长型、进取型的有投资经验的客户
PR4	较高	不保本，风险因素可能对本金产生较大影响，产品结构存在一定复杂性	成长型、进取型的有投资经验的客户
PR5	高	不保本，风险因素可能对本金造成重大损失，产品结构较为复杂，可使用杠杆运作	进取型的有投资经验的客户

解读3 资产管理产品按照风险等级的不同，由低到高分为一级至五级（PR1、PR2、PR3、PR4、PR5）。

（二）投资品估值与净值管理 解读4

项目	内容
公允价值计量	金融资产坚持公允价值计量原则，鼓励使用市值计量。符合下列条件之一的，可用摊余成本进行计量： （1）资产管理产品为封闭式产品，且所投金融资产以收取合同现金流量为目的的并持有到期。 （2）资产管理产品为封闭式产品，且所投金融资产暂不具备活跃交易市场，或者在活跃市场中没有报价、也不能采用估值技术可靠计量公允价值。
非标投资品估值方法探索	（1）实际业务运行中多以摊余成本法计量，但无法及时反映非标资产最新的风险状况。 （2）对于非标准化股权，风险估值探索方向为借鉴国际成熟私募股权基金的估值技术，结合上市公司股票IPO估值定价模型，进行估值尝试。
压力测试	（1）每只公募产品的压力测试至少每季度出现一次，出现市场剧烈波动等情况，应当提高压力测试频率。 （2）专门团队负责压力测试的实施与评估，该团队应当保持相对独立。

解读4 金融机构应向投资者传递"卖者尽责、买者自负"的理念，打破刚性兑付。

（三）杠杆与期限错配

（1）资产管理产品的杠杆水平可用总资产与净资产的比值来衡量，杠杆水平越高，表明产品总资产中有越高的比例是通过融资的方式获得。

（2）分级资产管理产品一般具有较强的杠杆属性，固定收益类产品的分级比例不得超过 3∶1，权益类产品的分级比例不得超过 1∶1，商品及金融衍生品类产品、混合类产品的分级比例不得超过 2∶1。

（3）封闭式资产管理期限不得低于 90 天。

（4）每只开放式公募产品的总资产不得超过该产品净资产的 140%，每只封闭公募产品、每只私募产品的总资产不得超过该产品净资产的 200%。

三、资产管理业务风险管理措施（了解）

真考解读较少考查，考生了解即可。

（一）集中度与限额管理

项目	内容
风险限额的定义	风险限额是指按照监管规定及管理人业务发展战略、业务特点和风险偏好，设定的针对资产管理业务风险总量及结构的控制上下限。
风险限额管理的原则	（1）一致性原则。（2）全面性原则。（3）差异性原则。（4）动态性原则。
风险限额管理机制	（1）资管业务风险限额应当由风险管理部门牵头组织核定，经高管层或相关风险管理委员会审议通过后执行。 （2）风险限额的调整应当由限额核定部门发起，经有权人审批后生效。

（二）产品控制及交易监测[解读5]

（1）非因商业银行主观因素导致突破产品资产投资比例限制的，商业银行应在流动性受限资产可出售、可转让或恢复交易的 15 个交易日内调整至符合要求。

（2）商业银行资管产品不得直接投资于信贷资产不得直接或间接投资于本行信贷资产，不得直接或间接投资于本行或其他银行业金融机构发行的理财产品，不得直接或间接投资于本行发行的次级档信贷资产支持证券。

（3）商业银行面向非机构投资者发行的理财产品不得直接或间接投资于不良资产、不良资产支持证券，另有规定的除外。

（4）商业银行不得以理财资金与关联方进行不正当交易、利益输送、内幕交易和操纵市场，包括但不限于投资于关联方虚假项目、与关联方共同收购上市公司、向本行注资。

（5）金融机构应当针对资产管理业务的投资交易建立全流程的产品控制体系，包括事前管理、事中控制、事后监测。

解读5金融机构运用受托资金进行投资，应当遵守审慎经营规则，开展产品控制和交易监测，有效防范和控制风险。

（三）合作机构管理

项目	内容
合作机构的类型	（1）从职能看，合作机构包括但不限于管理人所投资的其他资产管理产品的发行机构、接受管理人委托从事投资运作的专业机构、投资顾问等。 （2）从类型看，合作机构涵盖信托公司、证券公司及其资产管理子公司、基金公司及其资产管理子公司、保险公司及其资产管理子公司、期货公司及其资产管理子公司、私募证券投资管理机构以及私募股权投资机构等。
合作机构的管理	（1）管理人应当建立完善的合作机构管理制度体系，明确规定合作机构的准入标准和程序、责任与义务、存续期管理、利益冲突防范机制、信息披露义务及退出机制等。 （2）公募资产管理产品的受托机构应当为金融机构，私募资产管理产品的受托机构可以为私募基金管理人。受托机构应当切实履行主动管理职责，不得进行转委托，不得再投资公募证券投资基金以外的资产管理产品。

第三节　新产品（业务）风险管理

一、新产品（业务）风险定义和对象（了解）

真考解读 较少考查，考生了解即可。

项目	内容
定义	新产品（业务）风险管理指商业银行产品主管部门在新产品（业务）立项申请、需求设计、技术开发、测试投产等各环节，运用定量或定性方法对新产品进行风险识别、评估和控制，并由风险管理等部门进行风险审查和监督的过程。 【提示】新产品（业务）风险识别是指商业银行的产品主管部门在新产品（业务）研发和投产过程中结合产品线的风险类型和风险点，对潜在风险事项或因素进行全面分析和识别并查找出风险原因的过程。
对象	包括商业银行依托软件开发的新产品（业务）、通过产品属性参数配置的新产品和通过业务研发的新产品。

二、新产品（业务）风险主要类别（了解）

真考解读 较少考查，考生了解即可。

类别	含义
信用风险	信用风险指新产品（业务）因借款人或交易对手未按照约定履行义务从而可能使商业银行发生损失的风险。
市场风险	市场风险指新产品（业务）因市场价格（利率、汇率、股票价格、商品价格和期权价格）的不利变动而可能使商业银行发生损失的风险。
操作风险	操作风险指新产品（业务）因不完善或有问题的内部程序、员工和信息科技系统，以及外部事件可能造成损失的风险，包括法律风险。
声誉风险	声誉风险指由新产品（业务）引发，因经营、管理或其他行为或外部事件可能导致利益相关方对商业银行产生负面评价，从而产生的风险。
合规风险	合规风险指新产品（业务）因没有遵循规则和准则可能受到监管处罚、重大财务损失或声誉损失的风险。

三、新产品（业务）风险管理措施（熟悉）

真考解读 考查相对较少，考生熟悉风险管理原则即可。

项目	内容
风险管理原则	（1）统一性原则。风险管理在商业银行统一的风险管理框架下进行。 （2）全面性原则。研发和投产过程中要全面防范和控制各类潜在风险。 （3）适应性原则。采用适合本专业的方法，有针对性地制定风险防控措施。 （4）有效性原则。全面落实各项风险防控措施，在新产品（业务）投产前和投产后消除风险隐患，确保风险管理实效。 （5）统筹性原则。统筹兼顾风险控制与作业效率、内部管理与客户体验、资源投入与效益产出之间的关系。
风险管理流程	（1）风险识别。（2）风险评估。（3）风险控制。
风险管理方法	（1）风险评级。根据同类风险的各个风险点的最高等级，确定该类型产品/业务的风险等级。 （2）制定风险防控措施。 （3）新产品风险管理评价。

典型真题

【多选题】新产品（业务）风险管理原则包括(   )。

A. 统一性   B. 公开性   C. 全面性

D. 时效性   E. 统筹性

【答案】ACE【解析】新产品（业务）风险管理原则包括统一性、全面性、适应性、有效性以及统筹性。故选项A、选项C、选项E符合题意。

第四节 行为风险管理

一、行为风险定义和特征 （了解）

项目	内容
定义	金融机构零售业务行为给消费者带来不良后果的风险，如误导性广告、强行销售、泄露客户个人信息等。
特征	（1）把消费者利益放在了核心位置，体现了"以客户为核心"的风险理念。 （2）涉及的风险问题主要集中于消费者保护、市场诚信和公平竞争等领域。 （3）产生行为风险的银行或其从业者，其行为本身可能并不一定违法，但违背了职业上的行为操守和道德。

典型真题

【单选题】行为风险把(   )放在了核心位置，体现了(   )的风险管理理念。

A. 金融机构利益；以金融机构为核心

B. 金融机构利益；以客户为核心

C. 消费者利益；以金融机构为核心

D. 消费者利益，以客户为核心

【答案】D【解析】行为风险把消费者利益放在了核心位置，体现了"以客户为核心"的风险理念。故选D。

二、行为风险管理措施 （熟悉）

（1）在银行内部明确行为风险的定义和内涵。

（2）强化行为风险治理。

（3）构建良好的行为风险文化。

（4）基于"三道防线"强化行为风险管理和控制。

（5）建立行为风险事前、事中、事后全流程管控机制。

（6）探索和构建行为风险的有效管理工具：可以借鉴操作风险的管理工具，如关键风险指标中的客户投诉率等可以直接应用于零售市场行为风险监测。

（7）培养行为风险管理人才队伍。

第五节　气候风险管理

一、气候风险定义和特征（熟悉）

真考解读考查相对较少，考生熟悉即可。

项目	内容
定义	气候风险是指极端天气、自然灾害、全球变暖等及社会向可持续发展转型对经济金融活动带来的潜在不确定性。气候风险分为物理风险和转型风险两类。 （1）物理风险指由极端天气、自然灾害及相关事件导致财产损失的风险。 （2）转型风险指社会向可持续发展转型的过程中，气候政策转向、技术革新和市场情绪变化等因素导致银行发生损失的风险。
特征	（1）高度不确定性。 （2）更长的时间跨度和长期影响。 （3）非线性。 （4）全局性和系统性。

二、气候风险监管政策（了解）

真考解读较少考查，考生了解即可。

（1）2021年2月，国务院发布《关于加快建立健全绿色低碳循环发展经济体系的指导意见》，从生产、流通、消费、基础设施、绿色技术、法律法规政策六个方面对绿色低碳循环发展作出了部署安排。

（2）针对气候风险的举措包括：①推动能源体系绿色低碳转型；②推动完善应对气候变化等方面法律法规制度；③推动气候投融资工作；④健全碳排放交易机制；⑤积极参与和引领全球气候治理等。

三、气候风险管理措施（了解）

真考解读较少考查，考生了解即可。

（1）将应对气候风险纳入公司战略，建立全面的气候风险管理体系。

（2）优化和调整信贷资产结构。

（3）加强情景分析和压力测试，加强气候风险信息披露。

章节练习

一、**单选题**（以下各小题所给出的四个选项中，只有一项符合题目要求，请选择相应选项，不选、错选均不得分）

1. 新产品（业务）风险管理方法不包括（　　）。

   A. 风险识别　　　　　　　　　　　B. 风险评级

   C. 制定风险防控措施　　　　　　　D. 新产品风险管理评价

2. 商业银行在新产品（业务）研发和投产过程中要全面防范和控制各类潜在风险，因此要遵循（　　）。

   A. 全面性原则　　　B. 统一性原则　　　C. 统筹性原则　　　D. 适应性原则

二、**多选题**（以下各小题所给出的五个选项中，有两项或两项以上符合题目的要求，请选择相应选项，多选、少选、错选均不得分）

   新产品（业务）主要风险包括（　　）。

   A. 市场风险　　　　B. 合规风险　　　　C. 信用风险

   D. 操作风险　　　　E. 流动性风险

三、**判断题**（请对以下各项描述做出判断，正确的为 A，错误的为 B）

   商业银行的产品主管部门在新产品（业务）研发和投产过程对潜在风险事项或因素进行全面分析和识别并查找出风险原因的过程是新产品（业务）风险评估。（　　）

   A. 正确　　　　　　　　　　　　　B. 错误

答案详解

一、**单选题**

1. A【解析】新产品（业务）风险管理方法包括风险评级、制定风险防控措施、新产品风险管理评价。故选 A。

2. A【解析】全面性原则是指商业银行在新产品（业务）研发和投产过程中要全面防范和控制信用风险、市场风险、操作风险、声誉风险、合规风险等各类潜在风险，深入识别各个风险点，有针对地逐项制定风险防控措施。故选 A。

二、**多选题**

ABCD【解析】新产品（业务）主要风险包括五个：①信用风险；②市场风险；③操作风险；④声誉风险；⑤合规风险。故选项 A、选项 B、选项 C、选项 D 符合题意。

三、**判断题**

B【解析】新产品（业务）风险识别是指商业银行的产品主管部门在新产品（业务）研发和投产过程中结合产品线的风险类型和风险点，对潜在风险事项或因素进行全面分析和识别并查找出风险原因的过程。

第十一章 压力测试

🔍 **应试分析**

本章主要介绍了商业银行压力测试相关知识，包括压力测试概述、压力测试情景、压力测试方法、压力测试报告及应用四个方面的内容。本章在考试中涉及的分值约为 4 分。本章内容在考试中多为直接考查，难度不大，以记忆为主。考生可以参考每个知识点的应试分析有侧重点地进行学习。

🏠 思维导图

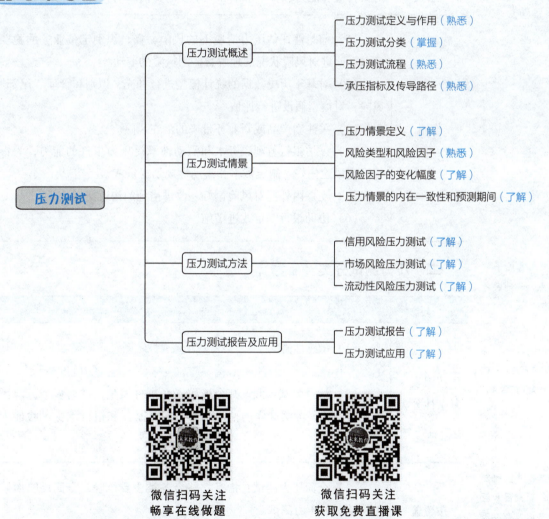

微信扫码关注
畅享在线做题

微信扫码关注
获取免费直播课

知识精讲

第一节　压力测试概述

视频讲解　微信扫描

一、压力测试定义与作用（熟悉）

真考解读 考查相对较少，考生熟悉即可。

项目	内容
定义	一种风险管理工具，分析假定的、极端但可能发生的不利情景对银行盈利能力、资本水平和流动性的负面影响。
作用	（1）前瞻性评估压力情境下的风险暴露，识别定位业务的脆弱环节，改进对风险状况的理解，监测风险的变动。 （2）对基于历史数据的统计模型进行补充，识别和管理"尾部"风险，对模型假设进行评估。 （3）关注新产品或新业务带来的潜在风险。 （4）评估银行盈利、资本和流动性承受压力事件的能力，为银行设定风险偏好、制定资本和流动性规划提供依据。 （5）支持内外部对风险偏好和改进措施的沟通交流。 （6）协助银行制定改进措施。

二、压力测试分类（掌握）

真考解读 属于常考点，一般会考1道题。

解读1 常考点：敏感性测试的含义。

解读2 对快速发展的新产品和新业务以及存在潜在重大风险的业务领域，可以进行专项压力测试。

项目	内容
按因素复杂性分类	（1）敏感性测试：旨在测量单个重要风险因素或少数几项关系密切的因素由于假设变动对银行风险暴露和银行承受风险能力的影响[解读1]。 （2）情景测试：假设某个极端不利事件发生，推动多个风险因素同时变化，考察这样的情景对银行风险暴露和银行承受风险能力的影响。
按覆盖范围分类	（1）全面压力测试：指有效整合各类主要风险，全面反映风险整体情况的压力测试。 （2）专项压力测试：指对特定业务领域进行的压力测试，可以识别特定风险领域的潜在风险[解读2]。

典 型 真 题

【单选题】（　　）旨在测量单个重要风险因素或少数几项关系密切的因素由于假设变动对银行风险暴露和银行承受风险能力的影响。

A. 敏感性测试
B. 情景分析
C. 情景测试
D. 敏感性分析

【答案】A【解析】敏感性测试旨在测量单个重要风险因素或少数几项关系密切的因素由于假设变动对银行风险暴露和银行承受风险能力的影响。故选 A。

三、压力测试流程（熟悉）

主要包括以下步骤：定义测试目标、确定风险因素、设计压力情景、收集测试数据、设定假设条件、确定测试方法、进行压力测试、分析测试结果、确定潜在风险和脆弱环节、汇报测试结果、采取改进措施。

真考解读 考查相对较少，考生熟悉即可。

四、承压指标及传导路径（熟悉）

真考解读 考查相对较少，考生熟悉传导路径即可。

项目	内容
承压指标	（1）承压指标是压力测试中反映压力测试结果和对银行稳健程度影响的指标。 （2）常用承压指标：资产价值、资产质量、会计利润、经济利润、监管资本、经济资本和有关流动性指标。
传导路径	（1）采用定量和定性相结合的方式开展。 （2）压力测试定量分析的核心技术是在压力情景和承压指标确定后，建立风险因子与承压指标（模型自变量和因变量）之间的传导机制。

第二节　压力测试情景

一、压力情景定义（了解）

压力情景是指压力测试所设定的，假设在未来期限内发生，会带来损失的不利情况或事件。压力情景一般分为轻度压力、中度压力及重度压力。

真考解读 较少考查，考生了解即可。

真考解读 考查相对较少，考生熟悉这部分内容即可。

二、风险类型和风险因子（熟悉）

风险类型	风险因子
信用风险 压力情景	国内及国际主要经济体宏观经济增长下滑，房地产价格出现较大幅度向下波动，贷款质量和抵押品质量恶化，授信较为集中的企业和主要交易对手信用等级下降乃至违约，部分行业出现集中违约，部分国际业务敞口面临国别风险或转移风险。
市场风险 压力情景	利率重新定价，基准利率不同步及收益率曲线出现大幅变动，期权行使带来的损失，主要货币汇率出现大的变化，信用价差出现不利走势，商品价格出现大幅波动，股票市场大幅下跌及货币市场大幅波动。
流动性风险 压力情景	流动性资产变现能力大幅下降，批发和零售存款大量流失，批发和零售融资的可获得性下降^{解读}，交易对手要求追加抵押品或减少融资余额，主要交易对手违约或破产，信用评级下调或声誉风险上升，市场流动性状况出现重大不利变化，表外业务/复杂产品和交易对流动性造成耗损，银行支付清算系统突然中断运行。
操作风险 压力情景	内部欺诈、外部欺诈、就业制度和工作场所安全事件、客户/产品和业务活动事件、实物资产的损坏、信息科技系统事件、执行/交割和流程管理事件等。
战略风险 压力情景	战略设置目标与实际情况偏差较大、战略实施措施难以完成、战略的时间规划出现较大失误。
声誉风险 压力情景	新闻媒体大规模负面报道、社会影响巨大的负面网络舆情。

解读 此处为可能出题的考点。

典型真题

【单选题】商业银行批发和零售存款大量流失，属于（　　）。

A. 信用风险　　B. 流动性风险　C. 市场风险　　D. 操作风险

【答案】B【解析】商业银行针对流动性风险的压力情景包括但不限于以下内容：流动性资产变现能力大幅下降，批发和零售存款大量流失，批发和零售融资的可获得性下降，交易对手要求追加抵押品或减少融资余额，主要交易对手违约或破产，信用评级下调或声誉风险上升，市场流动性状况出现重大不利变化，表外业务/复杂产品和交易对流动性造成耗损，银行支付清算系统突然中断运行。故选B。

三、风险因子的变化幅度 （了解）

真考解读 较少考查，考生了解即可。

项目	内容
基本原则	压力测试的成功，很大程度上取决于压力情景中风险因子变化幅度的客观公正性。 （1）描绘各风险因子间动态关系的模型是否准确客观。 （2）风险因子变化幅度的大小是否合适客观。
极端情景设置	客观评定极端压力情景发生的可能性，包括以下3方面。 （1）与当前经济和市场情况的统一性。 （2）与同行的对比性。 （3）与业务的有机集合。

四、压力情景的内在一致性和预测期间 （了解）

真考解读 较少考查，考生了解即可。

项目	内容
内在一致性	不同的压力情景是对不同状态下宏观经济和金融市场情况的抽象描绘，被描绘的风险因子变化和相互关系，必须保持内在的一致性，避免设计出矛盾的情景。
预测期间	（1）预测期长短取决于面临的风险类型、资产组合的期限和变换难易程度，以及风险传导和应对措施产生效果的速度等。 （2）针对信用风险的压力情景一般以年为单位。 （3）针对市场风险和流动性风险的压力情景一般以天或周为单位。

第三节 压力测试方法

视频讲解 微信扫描

一、信用风险压力测试 （了解）

真考解读 较少考查，考生了解即可。

项目	内容
主要方法	（1）若有较为清晰的压力传导关系和明确的压力指标，可以使用指标分析方法。 （2）若压力指标和承压对象之间关系比较复杂，可以使用线性回归、时间序列等统计计量模型。

项目	内容
示例	（1）对于采用权重法的银行。计算压力情景下不良贷款升高，经由贷款损失减值拨备对银行盈利和风险加权资产的影响。 （2）对于采用内评法的银行。通过施压于违约概率和违约损失率来计算预期损失、贷款损失拨备及对银行利润和资本金的影响。

真考解读 较少考查，考生了解即可。

二、市场风险压力测试（了解）

项目	内容
主要目标	弥补 VaR 模型缺陷和强化风险管理。
分类	交易账簿下市场风险压力测试和银行账簿下市场风险压力测试。
风险计量方法	（1）基于统计分布的方法计量结果同时具有概率属性，即给定结果出现的可能性，风险价值模型属于此方法。 （2）基于情景的方法给出的结果没有概率属性，压力测试属于此方法。

真考解读 较少考查，考生了解即可。

三、流动性风险压力测试（了解）

项目	内容
特点	（1）流动性风险压力测试的承压指标与其他压力测试不同。 ①信用风险或市场风险：银行盈利或亏损，及亏损对银行资本的影响。 ②流动性风险：银行的支付能力。 （2）流动性压力测试在情景模拟过程中使用的是现金流模拟而不是损益模拟。 ①实践中往往转化为生存期指标，即银行在压力情境下维持现金头寸为正的时间。 ②银保监会在监管办法中要求流动性压力测试的生存期不得低于30天。

续　表

项目	内容
情景设计	（1）分为自上而下和自下而上。 （2）流动性危机情景。 ①单个银行危机情景：由于银行自身经营问题导致流动性危机。 ②市场流动性危机情景：由于外部市场出现危机，而非银行自身经营出现问题的情景。 ③混合情景。 ◆短期情景：时间长度7天。 ◆中期情景：时间长度30天。
假设管理	（1）外部市场假设和银行整体假设：间接影响银行现金流。 （2）产品行为假设：直接影响银行现金流。

第四节　压力测试报告及应用

视频讲解 微信扫描

一、压力测试报告（了解）

压力测试完成后应撰写压力测试报告，报告一般包括：背景分析、压力测试目标与数据的说明、压力情景及阈值的设置、传导模型的说明、测试结果与分析、改进措施等。

真考解读 较少考查，考生了解即可。

二、压力测试应用（了解）

（1）管理应用是压力测试专业化、精细化发展的原动力，也是压力测试的目的所在。

（2）应用范围包括但不限于制定战略性业务决策、编制经营规划、设定风险偏好、调整风险限额、开展内部资本充足和流动性评估、实施风险改进措施及应急计划等。

真考解读 较少考查，考生了解即可。

✏️ **章节练习**

一、单选题（以下各小题所给出的四个选项中，只有一项符合题目要求，请选择相应选项，不选、错选均不得分）

1. 针对信用风险的压力情景一般以（   ）为单位。
    A. 月   B. 周   C. 年   D. 季度
2. 流动性危机情景的分类不包括（   ）。
    A. 单个银行危机情景   B. 多个银行危机情景
    C. 市场流动性危机情景   D. 混合情景

二、多选题（以下各小题所给出的五个选项中，有两项或两项以上符合题目的要求，请选择相应选项，多选、少选、错选均不得分）

针对流动性风险的压力情景包括（   ）。
    A. 表外业务、复杂产品和交易对流动性造成损耗
    B. 基准利率不同步以及收益率曲线出现大幅变动
    C. 批发和零售融资的可获得性下降
    D. 信用评级下调或声誉风险上升
    E. 流动性资产变现能力大幅下降

三、判断题（请对以下各项描述做出判断，正确的为 A，错误的为 B）

1. 压力情景描绘时，被描绘的风险因子变化和相互关系，必须保持内在的一致性，避免设计出矛盾的情景。（   ）
    A. 正确   B. 错误
2. 市场风险压力测试主要目标在于弥补 VaR 模型缺陷和强化风险管理。（   ）
    A. 正确   B. 错误

➡️ **答案详解**

一、单选题

1. C【解析】对于信用风险而言，虽然不排除突发信用风险的可能，但大多数信用风险的发生、传导、产生实质影响以及实施应对调整措施，都有一段时间，通常达数月或几年，因此针对信用风险的压力情景一般以年为单位。故选 C。

2. B【解析】流动性危机情景可以分为单个银行危机情景、市场流动性危机情景以及混合情景三大类。故选 B。

二、多选题

ACDE【解析】针对流动性风险的压力情景包括但不限于以下内容：流动性资产变现能力大幅下降，批发和零售存款大量流失，批发和零售融资的可获得性下降，交易对手要求追加抵（质）押品或减少融资金额，主要交易对手违约或破产，信用评级下调或声誉风险上升，市场流动性状况出现重大不利变化，表外业务、复杂产品和交易对流动性造成损耗，银行支付清算系统突然中断运行等。故选项 A、选项 C、选项 D、选项 E 符合题意。

三、判断题

1. B【解析】不同的压力情景是对不同状态下宏观经济和金融市场情况的抽象描绘，而被描绘的风险因子变化和相互关系，必须保持内在的一致性，避免设计出矛盾的情景。

2. A【解析】市场风险压力测试主要目标在于弥补 VaR 模型缺陷和强化风险管理。

第十二章 风险评估与资本评估

🔍 应试分析

本章主要介绍了商业银行风险评估与资本评估的相关知识，包括总体要求、风险评估、资本规划、内部资本充足评估报告以及恢复与处置计划五个方面的内容。本章在考试中涉及的分值约为4分。本章内容在考试中多为直接考查，难度不大，以记忆为主，考生应注意学习，不要丢分。

🏠 思维导图

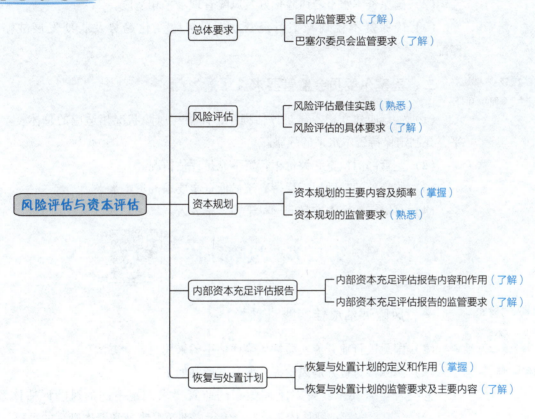

知识精讲

第一节　总体要求

一、国内监管要求 （了解）

《商业银行资本管理办法（试行）》规定，商业银行内部资本充足评估程序应实现以下目标：

（1）确保主要风险得到识别、计量或评估、监测和报告。

（2）确保资本水平与风险偏好及风险管理水平相适应。

（3）确保资本规划与银行经营状况、风险变化趋势及长期发展战略相匹配。

二、巴塞尔委员会监管要求 （了解）

（1）银行应建立资本充足评估程序，评估与风险状况相适应的总体资本水平，并制定保持资本水平的战略。

（2）监管部门检查和评价银行资本充足评估情况。

（3）监管部门鼓励银行保持高于最低资本要求的资本水平。

（4）对银行的资本充足问题早干预、早介入。

第二节　风险评估

一、风险评估最佳实践 （熟悉）

（1）国际银行业开展实质性风险评估主要采用打分卡方法。

（2）国际银行业开展风险评估的基本原则如下：

①符合监管要求：针对不同国家的监管要求制定不同的风险评估体系。

②符合银行实际：评估体系要符合银行内部风险管理和资本管理的需要，充分考虑银行风险管理的组织分工和管理流程，结合银行的风险文化确定相应的评估内容。

③保证一定的前瞻性。

真考解读 较少考查，考生了解即可。

真考解读 较少考查，考生了解即可。

真考解读 考查相对较少，考生熟悉开展风险评估的基本原则即可。

典型真题

【单选题】（　　）指的是评估体系要符合银行内部风险管理和资本管理的需要，充分考虑银行风险管理的组织分工和管理流程，结合银行的风险文化确定相应的评估内容。

A. 符合监管要求
B. 保证一定的收益性
C. 符合银行实际
D. 保证一定的前瞻性

【答案】C【解析】在建立风险评估体系时，一般要坚持三个基本原则：符合监管要求、符合银行实际、保证一定的前瞻性。其中符合银行实际指评估体系要符合银行内部风险管理和资本管理的需要，充分考虑银行风险管理的组织分工和管理流程，结合银行的风险文化确定相应的评估内容。故选C。

二、风险评估的具体要求（了解）

真考解读 较少考查，考生了解即可。

（1）对全面风险管理框架的评估。

①主要对公司治理、风险政策流程和限额及信息系统的评估。

②全面风险管理框架应当包括以下要素：有效的董事会和高级管理层监督；适当的政策、程序和限额；全面、及时地识别、计量、监测、缓释和控制风险；良好的管理信息系统；全面的内部控制。

（2）实质性风险评估。

①商业银行应当有效评估和管理。

②对信用风险、市场风险和操作风险的评估要求主要是定性评估要求，是对第一支柱监管要求的补充。

③对集中度风险、银行账户利率风险、流动性风险、声誉风险、战略风险和资产证券化风险等其他风险的评估。其他风险在第二支柱的实质性风险评估中有详细的监管要求，也给商业银行的实质性风险评估提供一定参考。

第三节　资本规划

一、资本规划的主要内容及频率（掌握）

真考解读 属于常考点，一般会考1道题。

项目	内容
主要内容	（1）含义：资本规划是对正常和压力情景下的资本充足率进行预测，并将预测资本水平与目标资本充足率比较，相应调整财务规划和业务规划，使银行资本充足水平、业务规划和财务规划达到动态平衡。

续 表

项目	内容
主要内容	（2）资本规划的核心是预测未来的资本充足率^{解读1}。 ①分子（监管资本）：核心一级资本、其他一级资本和二级资本。 ②分母（风险加权资产）：信用风险、市场风险和操作风险加权资产的总和。
资本规划的频率^{解读2}	资本规划采用滚动预测的方式，即每年重新开展一次对未来3或5年的规划。

解读1 常考点：资本规划的核心。

解读2 由于经营战略的实施影响的时间较长，所以在资本规划中考虑未来3年甚至5年对于管理层了解战略的长远影响至关重要。

典型真题

【多选题】监管资本的预测需要对（　　）分别进行预测。

A. 附属资本
B. 核心一级资本
C. 其他一级资本
D. 二级资本
E. 经济资本

【答案】BCD【解析】资本规划的核心是预测未来的资本充足率，预测资本充足率需要对分子监管资本以及分母风险加权资产进行正常情景和压力情景的预测。监管资本的预测需要对核心一级资本、其他一级资本和二级资本分别进行预测。故选项B、选项C、选项D符合题意。

二、资本规划的监管要求（熟悉）

真考解读 考查相对较少，考生熟悉即可。

（1）商业银行制定资本规划，应当综合考虑风险评估结果、未来资本需求、资本监管要求和资本可获得性，确保资本水平持续满足监管要求。资本规划应至少设定内部资本充足率3年目标。

（2）商业银行制定资本规划，应确保目标资本水平与业务发展战略、风险偏好、风险管理水平和外部经营环境相适应，兼顾短期和长期资本需求，并考虑各种资本补充来源的长期可持续性。

（3）商业银行制定资本规划，应当审慎估计资产质量、利润增长及资本市场的波动性，充分考虑对银行资本水平可能产生重大负面影响的因素，包括或有风险暴露，严重且长期的市场衰退，以及突破风险承受能力的其他事件。

（4）商业银行应优先考虑补充核心一级资本增强内部资本积累能力，完善资本结构，提高资本质量。

（5）商业银行应当通过严格和前瞻性的压力测试，测算不同压力条件下的资本需求和资本可获得性，并制定资本应急预案以满足计划外的资本需求，确保银行具备充足资本应对不利的市场条件变化。

（6）对于重度压力测试结果，银行应在应急预案中明确相应的资本补充政策安排和应对措施，并充分考虑融资市场流动性变化，合理设计资本补充渠道。

（7）商业银行高级管理层应当充分理解压力条件下商业银行所面临的风险及风险间的相互作用、资本工具吸收损失和支持业务持续运营的能力，并判断资本管理目标、资本补充政策安排和应对措施的合理性。

第四节　内部资本充足评估报告

一、内部资本充足评估报告内容和作用 （了解）

项目	内容
含义	内部资本充足评估报告是整个内部资本充足评估的总结性报告。
主要内容	（1）涵盖内部资本充足评估的主要内容，即风险评估、资本规划和压力测试。 （2）根据内部资本充足评估的结果，对银行整体的资本充足情况进行说明。
作用	（1）内部资本充足评估报告是银行自我评估过程和结论的书面报告，可以作为内部完善风险管理体系和控制机制，实现资本管理与风险管理密切结合的重要参考文件。 （2）内部资本充足评估报告作为银行提交的监管机构的合规文件，当监管机构在评估后认为银行的 ICAAP 报告^{解读}程序符合监管要求时，监管机构可基于银行自行评估的内部资本水平来确，定监管资本要求。

二、内部资本充足评估报告的监管要求 （了解）

商业银行应当建立内部资本充足评估程序的报告体系，定期监测和报告银行资本水平和主要影响因素的变化趋势。报告应至少包括以下内容：

（1）评估主要风险状况及发展趋势、战略目标和外部环境对资本水平的影响。

（2）评估实际持有的资本是否足以抵御主要风险。

（3）提出确保资本能够充分覆盖主要风险的建议。

第五节 恢复与处置计划

一、恢复与处置计划的定义和作用 （掌握）

真考解读 属于常考点，一般会考1道题。

项目	内容
恢复计划	（1）恢复计划是系统重要性金融机构根据银行经营特点、风险及管理状况，在集团层面制定的当金融机构陷入困境时能够使集团整体恢复到正常经营状态的行动方案。本质上看，恢复计划是银行为应对严重压力情景，事前对经营、资本、流动性作出的一系列安排[解读1]。 （2）银行除了要采取一些常规的措施外，还需要采取一些对银行的架构和经营格局产生长远影响的非常规措施，包括出售机构、剥离业务条线、债权转股权等。
处置计划	（1）处置计划是系统重要性金融机构根据银行的法人治理结构、运营管理模式等基本情况，在集团层面制定的当金融机构濒临破产而尚未进入法定破产程序之前，对银行整体或局部进行有序处置的行动方案[解读2]。 （2）在恢复计划未能成功挽救金融机构，或重大灾难性事故导致银行无法持续经营的情况下，确保银行处置（解体）工作可以有序进行的计划。 （3）旨在促进处置机构有效运用处置权力，对问题机构开展可行的处置。 （4）处置计划的目标主要包括：①确保关键经济功能的连续性；②保护金融和经济稳定性；③保障纳税人资金安全；④保护存款人；⑤保护资产价值。

解读1 恢复计划比一般的管理措施更具有战略性影响。

解读2 常考点：处置计划的含义。

典型真题

【多选题】处置计划是系统重要性金融机构根据银行的（　　）等基本情况，在集团层面制定的当金融机构濒临破产而尚未进入法定破产程序之前，对银行整体或局部进行有序处置的行动方案。

A. 法人治理结构　　　　　　B. 运营管理模式

C. 经营特点　　　　　　　　D. 风险及管理状况

E. 收益情况

【答案】AB【解析】处置计划是系统重要性金融机构根据银行的法人治理结构、运营管理模式等基本情况，在集团层面制定的当金融机构濒临破产而尚未进入法定破产程序之前，对银行整体或局部进行有序处置的行动方案。故选项A、选项B符合题意。

二、恢复与处置计划的监管要求及主要内容（了解）

真考解读 较少考查，考生了解即可。

项目	内容
恢复计划基本要素	（1）根据金融稳定理事会的要求，恢复计划应当至少包括以下内容： ①金融机构在面临个体性及市场性压力情景时可采取的具体应对措施。 ②情景应当能够涵盖资本短缺及流动性压力情景。 ③在压力情景下及时实施恢复措施的流程安排解读3。 （2）恢复措施的范围包括： ①增强资本状况的行动，如遭受重大损失后的资本重组，采取暂停发放股息和浮动薪酬等资本留存措施。 ②出售子公司或出让某些业务单元。 ③在可能的情况下，通过债转股对负债进行重组。 ④在确保资金来源的多样性和担保品在数量和质量方面的充分可用性的前提下，获得充足资金的措施，也可适当考虑在集团内部转移流动性和资产。
处置计划基本要素	（1）根据金融稳定理事会的要求，处置计划应当至少包括以下内容： ①对关键经济功能、核心业务条线、关键共享服务以及重要实体的分析。 ②保留上述关键经济功能的处置措施，或对金融机构进行有序关停的处置措施。 ③金融机构的运营、实体以及系统性重要功能的相关数据。 ④实施有效处置措施的障碍及解决建议。 ⑤退出处置流程的路径选择。 （2）处置当局应确认潜在处置策略，评估其实施的必要前提条件和操作要求，包括跨境协作安排。

解读3 金融机构应确保其具有适当的应变安排，以便可以在实施恢复措施时维持运营。

章节练习

一、单选题（以下各小题所给出的四个选项中，只有一项符合题目要求，请选择相应选项，不选、错选均不得分）

1. 全面风险管理框架不包括的要素是（　　）。

   A. 有效的监事会的监督

   B. 适当的政策、程序和限额

   C. 全面、及时地识别、计量、监测、缓释和控制风险

   D. 良好的管理信息系统

2. 商业银行制定资本规划，应当综合考虑的内容不包括（　　）。

   A. 风险评估结果 　　　　　　　　　B. 未来资本需求

   C. 资本监管要求 　　　　　　　　　D. 资本不可获得性

3. 内部资本充足评估报告的作用不包括（　　）。

   A. 可以作为内部完善风险管理体系和控制机制

   B. 实现资本管理与风险管理密切结合的重要参考文件

   C. ICAAP 报告可以作为银行提交给监管机构的合规文件

   D. 监管机构不可以基于银行自行评估的内部资本水平来确定监管资本要求

二、多选题（以下各小题所给出的五个选项中，有两项或两项以上符合题目的要求，请选择相应选项，多选、少选、错选均不得分）

1. 商业银行制定资本规划，应当充分考虑对银行资本水平可能产生重大负面影响的因素，包括（　　）。

   A. 或有风险暴露 　　　　　　　　　B. 严重且长期的市场衰退

   C. 突破风险承受能力的其他事件 　　D. 风险事件

   E. 外部事件

2. 根据金融稳定理事会的要求，处置计划应当至少包括以下（　　）内容。

   A. 对关键经济功能、核心业务条线、关键共享服务以及重要实体的分析

   B. 对金融机构进行有序关停的处置措施

   C. 金融机构的运营、实体以及系统性重要功能的相关数据

   D. 实施有效处置措施的障碍及解决建议

   E. 退出处置流程的路径选择

三、判断题（请对以下各项描述做出判断，正确的为 A，错误的为 B）

1. 由于经营战略的实施影响的时间较短，因此在资本规划中考虑未来 3 年甚至 5 年对于管理层了解战略的短期影响至关重要。（　　）

   A. 正确 　　　　　　　　　　　　　B. 错误

2. 商业银行制定资本规划，应当确保目标资本水平与业务发展战略、风险偏好、风险管理水平和外部经营环境相适应，兼顾短期和长期资本需求，并考虑各种资本补充来源的短期可持续性。（　　）

A. 正确　　　　　　　　　　　　　　B. 错误

答案详解

一、单选题

1. A【解析】全面风险管理框架应当包括以下要素：有效的董事会和高级管理层监督；适当的政策、程序和限额；全面、及时地识别、计量、监测、缓释和控制风险；良好的管理信息系统；全面的内部控制。故选 A。

2. D【解析】商业银行制定资本规划，应当综合考虑风险评估结果、未来资本需求、资本监管要求和资本可获得性，确保资本水平持续满足监管要求。故选 D。

3. D【解析】内部资本充足评估报告有两方面的作用，一方面，作为银行的自我评估过程和结论的书面报告，可以作为内部完善风险管理体系和控制机制，实现资本管理与风险管理密切结合的重要参考文件。另一方面，内部资本充足评估报告作为银行提交给监管机构的合规文件，当监管机构在评估后认为银行的内部资本充足评估报告程序符合监管要求时，监管机构可以基于银行自行评估的内部资本水平来确定监管资本要求。故选 D。

二、多选题

1. ABC【解析】商业银行制定资本规划，应当审慎估计资产质量、利润增长及资本市场的波动性，充分考虑对银行资本水平可能产生重大负面影响的因素，包括或有风险暴露，严重且长期的市场衰退，以及突破风险承受能力的其他事件。故选项 A、选项 B、选项 C 符合题意。

2. ABCDE【解析】根据金融稳定理事会的要求，处置计划应当至少包括以下内容：①对关键经济功能、核心业务条线、关键共享服务以及重要实体的分析；②保留上述关键经济功能的处置措施，或对金融机构进行有序关停的处置措施；③金融机构的运营、实体以及系统性重要功能的相关数据；④实施有效处置措施的障碍及解决建议；⑤退出处置流程的路径选择。

三、判断题

1. B【解析】由于经营战略的实施影响的时间较长，因此在资本规划中考虑未来 3 年甚至 5 年对于管理层了解战略的长远影响至关重要。

2. B【解析】商业银行制定资本规划，应当确保目标资本水平与业务发展战略、风险偏好、风险管理水平和外部经营环境相适应，兼顾短期和长期资本需求，并考虑各种资本补充来源的长期可持续性。

第十三章　银行监管与市场约束

应试分析

　　本章主要包括两节内容，第一节是银行监管，主要介绍了银行监管的定义和必要性以及目标、理念、原则和标准等；第二节是市场约束，主要介绍了市场约束机制的定义和参与方、信息披露以及外部审计的相关知识。本章在考试中涉及的分值约为 3 分，考生应多加关注，认真学习。

思维导图

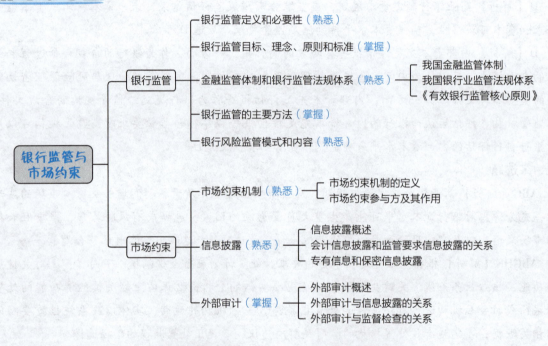

微信扫码关注
畅享在线做题

微信扫码关注
获取免费直播课

知识精讲

第一节 银行监管

一、银行监管定义和必要性（熟悉）

项目	内容
定义	银行监管是由政府主导、实施的对银行业金融机构的监督管理行为，监管部门通过制定法律、制度和规则，实施监督检查，促进金融体系的安全和稳定，有效保护存款人利益。
必要性	（1）银行是一种特殊的企业，银行业^{解读1}在一国国民经济中具有非常重要的地位。 （2）银行机构通过经营风险获得收益，风险是银行体系不可消除的内生因素。 （3）银行往往比存款人或金融消费者占有绝对信息优势。 （4）银行普遍存在通过扩大资产规模增加利润的发展冲动。 （5）银行业先天存在垄断与竞争的悖论。

二、银行监管目标、理念、原则和标准（掌握）

项目	内容
目标	（1）总体目标：促进银行业的合法、稳健运行，维护公众对银行业的信心^{解读2}。 （2）具体目标：①通过审慎有效的监管，保护广大存款人和金融消费者的利益；②通过审慎有效的监管，增进市场信心；③通过相关金融知识的宣传教育工作和相关信息的披露，增进公众对现代金融的了解；④努力减少金融犯罪，维护金融稳定。
理念	（1）管法人：实施法人监管，注重对银行业金融机构总体风险的把握、防范和化解。 （2）管风险：以风险作为银行监管的重点，围绕信用、市场、操作等风险的识别、计量、监测和控制。 （3）管内控：银行业金融机构自身要建立有效的内部管控机制，在此基础上，监管者负责监督其不断完善内控制度，提高风险管控能力。 （4）提高透明度：要求银行业金融机构披露相关信息，提高信息披露质量；同时监管部门应提高履行职责的透明度。

真考解读 考查相对较少，考生熟悉即可。

解读1 银行业是高杠杆、高风险的行业，对其进行监管对维护货币供给体系稳定运行具有重要意义。

真考解读 属于常考点，一般会考1道题。

解读2 常考点：银行监管的总体目标。

续　表

项目	内容
原则	(1) 依法原则。(2) 公开原则。(3) 公正原则。(4) 效率原则。
标准	(1) 促进金融稳定和金融创新共同发展^{解读3}。 (2) 努力提升我国银行业在国际金融服务中的竞争力。 (3) 对各类监管设限科学合理，有所为，有所不为，减少一切不必要的限制。 (4) 鼓励公平竞争，反对无序竞争。 (5) 对监管者和被监管者都要实施严格、明确的问责制。 (6) 高效、节约地使用一切监管资源。

解读3 良好的监管标准是规范和检验银行监管工作的标杆。

典型真题

【单选题】我国银行业监管的总体目标是促进银行业合法、稳健运行和（　　　）。

A. 维护金融体系的安全和稳定

B. 维护市场的正常秩序

C. 维护公众对银行业的信心

D. 保护债权人利益

【答案】C【解析】《中华人民共和国银行业监督管理法》明确我国银行业监督管理的总体目标是：促进银行业的合法、稳健运行，维护公众对银行业的信心。同时，提出银行业监督管理应当保证银行业公平竞争，提高银行业竞争力。故选 C。

三、金融监管体制和银行监管法规体系　（熟悉）

真考解读 考查相对较少，考生熟悉即可。

（一）我国金融监管体制

项目	内容
统一监管阶段	1984 年 1 月 1 日起，中国人民银行开始专门行使中央银行职能，这一阶段，中国人民银行对金融业采取统一监管的模式。
"一行两会"阶段	(1) 1992 年 12 月，国务院将证券监管职能从中央银行分离，成立国务院证券委员会和中国证券监督管理委员会，我国金融监管向分业监管迈进。 (2) 1998 年 4 月，国务院证券委员会和中国证券监督管理委员会合并。

续 表

项目	内容
"一行两会"阶段	（3）1998年11月，中国保险监督管理委员会成立，我国分业监管体制基本形成。
"一行三会"阶段	2003年3月，中国银行业监督管理委员会成立，原由中国人民银行行使的银行监督职能交由中国银行业监督管理委员会行使。
"一委一行两会"阶段	2018年3月，中国银行监督管理委员会与中国保险监督管理委员会合并，组建中国银行保险监督管理委员会，负责对银行业和保险业统一监督管理。

（二）我国银行业监管法规体系解读4

项目	内容
按法律效力等级划分	（1）法律。法律是银行监管法律框架最基本组成部分，效力等级最高。 （2）行政法规。行政法规有国务院依法制定，以国务院令的形式发布的各种有关活动的法律规范，其效力低于法律。 （3）规章。规章是银行监督管理部门根据法律和行政法规，在权限范围内制定的规范性文件，这些文件构成当前监管部门实施监督管理的主要依据。
按风险类别划分	（1）信用风险管理领域。 《贷款通则》《银行贷款损失准备计提指引》《商业银行不良资产监测和考核暂行办法》《项目融资业务指引》等相关文件构成的制度框架是指导商业银行规范管理信用风险的主要依据。 （2）市场风险管理领域。 《商业银行资本管理办法（试行）》和《商业银行市场风险管理指引》等相关文件是指导商业银行规范管理市场风险的主要依据。 （3）操作风险管理领域。《商业银行操作风险管理指引》《中国银行业监督管理委员会关于加大防范操作风险工作力度的通知》等从不同层面提出对操作风险的管理要求。 （4）其他风险管理领域。包括《商业银行资本管理办法（试行）》《商业银行声誉风险管理指引》等相关制度，来逐步加强和引导银行业全面风险管理体系的建设。

（三）《有效银行监管核心原则》

（1）《有效银行监管核心原则》是巴塞尔委员会在总结国际银行监管实践与经验的基础上，归纳提出有效银行监管的最低标准，而不是最高要求或规范做法。

解读4 除表格中法规，我国还有行业自律性规范、司法解释、行政解释和国际金融条约四个部分作为法律框架的有效补充。

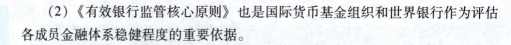

（2）《有效银行监管核心原则》也是国际货币基金组织和世界银行作为评估各成员金融体系稳健程度的重要依据。

四、银行监管的主要方法（掌握）

真考解读 属于常考点，一般会考1道题。

项目	内容
市场准入	（1）市场准入的分类。 ①机构准入：批准银行机构法人或其分支机构的设立。 ②业务准入：批准银行机构业务范围和开办新业务。 ③高级管理人员准入：对银行机构高管人员任职资格的核准或认可。 （2）市场准入的原则。 市场准入应遵循公开、公平、公正、效率及便民的原则。 （3）市场准入的目标^{解读5}。 ①保证注册银行具有良好品质，防止不稳定机构进入银行体系。 ②维护银行市场秩序。 ③保护存款者利益。
现场检查	（1）现场检查的重点内容^{解读6}。 现场检查的重点内容包括业务经营的合法合规性、风险状况和资本充足性、资产质量、流动性、盈利能力、管理水平和内部控制、市场风险敏感度。 （2）现场检查的作用。 现场检查对银行风险管理的作用包括发现和识别风险、保护和促进作用、反馈和建议作用、评价和指导作用。
非现场监管	（1）非现场监管的定义。 非现场监管是非现场监管人员按照风险为本的监管理念，全面持续地收集、检测和分析被监管机构的风险信息，针对风险隐患制定监管计划，合理配置监管资源。 （2）非现场监管与现场检查的关系。 相互补充、互为依据。
风险处置纠纷	（1）风险纠正。 ①正常或基本正常的银行业机构：建议性或参考性措施。 ②存在潜在风险隐患的关注类机构：带有一定强制性或监控性的措施。 （2）风险救助。针对有问题的银行机构采取的救助性措施。

解读5 常考点：市场准入的目标。

解读6 常考点：现场检查的重点内容。

续 表

项目	内容
风险处置纠纷	（3）市场退出^{解读7}。 ①市场退出分为法人机构整体退出和分支机构退出。 ②退出方式分为自愿退出和强制退出。

解读7 由于银行机构的特殊性，即使是自愿退出，也需依法经监管部门批准，并进行清算清偿后，实施退出。

典型真题

【单选题】银行业监督管理机构现场检查的重点不包括（　　）。

A. 市场竞争状况　　　　　　B. 业务经营的合法合规性

C. 资本充足性　　　　　　　D. 风险状况

【答案】A【解析】银行业监督管理机构现场检查的重点内容包括：业务经营的合法合规性、风险状况和资本充足性、资产质量、流动性、盈利能力、管理水平和内部控制、市场风险敏感度。故选A。

五、银行风险监管模式和内容（熟悉）

真考解读 考查相对较少，考生熟悉即可。

项目	内容
风险监管的定义	风险监管是指通过识别银行固有的风险种类，进而对其经营管理所涉及的各类风险进行评估，并按照评级标准，系统、全面、持续地评价一家银行经营管理状况的监管模式。
风险监管的作用	（1）能更好地了解机构的风险状况和管理素质，及早识别出即将形成的风险，具有前瞻性。 （2）通过事前的风险识别，按每个机构的风险特点设计、检查和监管方案，更有计划性、灵活性和针对性。 （3）明确监管的风险导向，提高银行管理层对风险管理的关注程度。 （4）更多借鉴内部管理和审计的结果，减少低风险业务的测试量和重复劳动，减轻检查负担，节省监管资源，提高现场工作效率。 （5）把监管重心转移到银行风险管理和内部控制质量的评估上，明确各自的职责，对管理层的风险管理责任提出了更高的期望。 （6）明确非现场监管和现场检查的职责，使其分工清晰、结合紧密。
风险监管的步骤	了解机构→风险评估^{解读8}→规划监管行动→准备风险为本的现场检查→实施风险为本的现场检查→监管措施、效果评价和持续的非现场监测。

解读8 风险评估是风险为本监管最为核心的步骤。

项目	内容
风险监管指标体系	（1）风险水平类指标。 ①衡量商业银行的风险状况。 ②以时点数据为基础，属于静态指标。 ③包括信用风险、市场风险、操作风险和流动性风险指标。 （2）风险迁徙类指标。 ①衡量商业银行风险变化的程度。 ②属于动态指标。 ③包括正常贷款迁徙率和不良贷款迁徙率。 （3）风险抵补类指标。 ①衡量商业银行抵补风险损失的能力。 ②包括盈利能力、准备金充足程度和资本充足程度3个方面。
风险监管主要内容	（1）建立银行风险的识别、计量、评价和预警机制，建立风险评价的指标体系。 （2）建立高风险银行类金融机构的判断和救助体系。 （3）建立应对支付危机的处置体系。 （4）建立银行类金融机构市场退出机制及金融安全网。

第二节　市场约束

一、市场约束机制（熟悉）

（一）市场约束机制的定义

市场约束机制是通过建立银行业金融机构信息披露要求，提高其经营管理透明度，使市场参与者能够用及时、可靠的信息对银行业务及内在风险进行评估，通过奖励有效管理风险、经营效益良好的银行，惩戒风险管理不善或效率低下的银行等方式，发挥外部监督作用，推动银行业金融机构持续改进经营管理，提高经营效益，降低经营风险。

（二）市场约束参与方及其作用 解读1

参与方	作用
监管部门（核心）	（1）制定信息披露标准和指南，提高信息的可靠性和可比性。 （2）实施惩戒，建立有效的监督检查制度，确保政策执行和有效信息披露。 （3）引导其他市场参与者改进做法、强化监督。 （4）建立风险处置和退出机制，促进市场约束机制最终发挥作用。

真考解读 考查相对较少，考生熟悉即可。

解读1 审计机构通过专业审计与董事会、高级管理层、监督机构的沟通，也可以实现对银行机构经营活动机构的监管。

续　表

参与方	作用
公众存款人	（1）存款人通过提取存款或把存款转入其他银行，增加银行竞争压力。 （2）银行吸收更多存款必然要考虑存款人利益，提高银行经营管理水平，有效控制风险。
股东	股东通过行使权利给银行经营者施加经营压力，有利于银行改善治理，实现对银行的市场约束。
其他债权人	债权持有人通过债券的购买和赎回，对银行的资金调度施加压力，督促银行改善经营，控制风险。
外部中介机构	（1）评级机构能够对银行进行客观公正的评级，为投资者和债权人提供有关资金安全的风险信息，引导公众选择资金安全性高的金融机构，并起到市场监督的作用。 （2）评级机构为监管部门及市场参与者提供关于金融机构目前状况的信息。
其他参与方	（1）银行业协会通过制定自律性行业原则，在稳健做法方面达成一致并公布，促使银行机构规范开展经营活动。 （2）银行员工通过举报违法或违反职业道德的做法，实现对银行业机构的实市场约束。

典型真题

【单选题】下列关于市场约束参与方的作用，错误的是（　　）。

A. 监管机构制定信息披露标准和指南，提高信息的可靠性和可比性

B. 存款人通过选择银行，增加单家银行的竞争压力，银行为了吸收更多的存款必然要照顾存款人的利益，提高银行经营管理水平，有效控制风险

C. 评级机构能够引导公众选择与资金安全性高的金融机构开展业务，并起到市场监督的作用

D. 股东通过股票的购买和赎回，对银行的资金调度施加压力，督促银行改善经营，控制风险

【答案】D【解析】选项D，债权人通过债券的购买和赎回，对银行的资金调度施加压力，督促银行改善经营，控制风险。故选D。

真考解读 考查相对较少，考生熟悉即可。

二、信息披露（熟悉）

（一）信息披露概述

解读2 银行机构的信息披露主要分为会计信息披露和监管要求的信息披露两大类。

项目	内容
含义	信息披露[解读2]指公众公司以招股说明书、上市公告书，以及定期报告和临时报告等形式，把公司及与公司相关的信息，向投资者和社会公众进行披露的行为。
目的	（1）从监管角度来看：配合监管机构、强化银行外部监督。 （2）从银行自身角度看：促使银行更为有效且合理地分配资金和控制风险，保持充足的资本水平，提升银行自身资本管理和风险管理水平。 （3）从投资者等利益相关方角度看：提高了银行信息的透明度，有利于利益相关方作出决策并保障它们的利益。
原则	侧重披露总量指标，谨慎披露结构指标，暂不披露机密指标。
制度要求	（1）董事会负责本行资本充足率的信息披露，未设立董事会的，由行长负责。 （2）对于涉及商业机密而无法披露的项目，商业银行应披露项目的总体情况，并解释项目无法披露的原因。 （3）在信息披露不充分的条件下，为了达到有效银行监管的目的，监管当局须强化信息披露监控机制，包括：日常监督机制、惩罚机制、监管当局责任。

（二）会计信息披露和监管要求信息披露的关系

项目	披露内容	披露方式	披露要求
会计信息披露	各种经济活动的历史信息	披露各种经济活动的历史信息指定的公众新闻媒体、网站；置备于公司主要营业场所、证券交易所；指定的网站、本公司网站	需经过外部审计
监管要求信息披露	整体经营状况	可与会计信息披露同步，也可通过其他方式单独披露	不要求必须经过外部审计

（三）专有信息和保密信息披露

（1）专有信息的特点如果与竞争者共享某些关于消费者、产品或系统的信息，会导致银行在这些产品和系统的投资效益下降，进而削弱其竞争地位。

（2）银行可以不披露专有信息的具体项目，但必须对要求披露的信息进行一般性披露，并解释某些项目未对外披露的事实和原因。

（3）有限的披露免除，不能与会计准则的披露要求产生冲突。

三、外部审计（掌握）

（一）外部审计概述

真考解读 属于常考点，一般会考1道题。

项目	内容
定义	外部审计是一种外部监督机制，依据审计准则，实施必要、规范的审计程序，运用专门的审计方法，对银行的财务状况和风险状况进行审查。
内容	（1）评估其从商业银行收到报告的准确性。 （2）评价商业银行总体经营情况。 （3）评价商业银行各项风险管理制度。 （4）评价银行各项资产组合的质量和准备金的充足程度。 （5）评价管理层的能力。 （6）评价商业银行会计和管理信息系统的完善程度。 （7）商业银行遵守有关合规经营的情况。 （8）其他历次监管中发现的问题。
作用	（1）发现银行管理的缺陷。 （2）引导投资者、公众对银行经营水平和财务状况进行分析、判断。 （3）约束银行不当经营和管理行为。 【提示】外部审计已经成为银行监管的重要补充，但是不会取代商业银行内部审计的功能。

（二）外部审计与信息披露的关系

（1）外部审计有利于提高信息披露质量。

（2）信息披露有利于提高审计效率、降低审计风险。

①消除信息不对称及降低代理成本的最有效途径。

②降低审计人员发表不恰当审计意见的可能性。

③强化外部市场对经营者行为的约束。

④揭示企业的经营状况及企业经营者的行为，能够促进经营者形成有效的自我约束。

⑤使得投资、债券等市场运行基础更加稳固。

解读3 常考点：外部审计与监督检查的关系。

（三）外部审计与监督检查的关系 解读3

项目	内容
外部审计与监督检查的联系	（1）外部审计报告是银行监管的重要资料，银行监管政策、相关标准和准则点也是外部审计所依据和关注的重点，二者互相配合并形成合力是加强风险监管，防范金融危机的有效保证。 （2）银行监管政策、相关标准和准则是实施外部审计所依据和关注的重点。 （3）都采用现场检查的方式，都将审查银行会计信息、管理信息以及相关记录，促进和保障银行经营管理信息的真实、准确、合规作为其基本目标之一。 （4）外部审计和监管意见共同成为市场主体关注、评价、选择银行的重要依据。 【提示】外部审计意见和监管意见同样作为信息披露的内容，具有相对独立、客观、公正的立场。
外部审计与监督检查的区别	（1）银行监管侧重于金融机构合规管理与风险控制的分析和评价。 （2）外部审计则侧重于财务报表审计，关注财务信息的完整性、准确性、可靠性适度发挥外部审计对银行的监督作用，有利于降低监管成本，提高监管效率。

典型真题

【多选题】关于外部审计和监督检查的关系，下列说法正确的有（　　）。

A. 外部审计侧重于金融机构风险和合规性的分析，银行监管侧重于财务报表审计

B. 外部审计和银行监管统一采用非现场检查

C. 外部审计和银行监管都将审查银行会计信息、管理信息以及相关记录

D. 外部审计意见和监管意见同样作为信息披露的内容，具有相对独立、客观、公正的立场

E. 外部审计报告是银行监管的重要资料，银行监管政策、相关标准和准则点也是外部审计所依据和关注的重点，二者的互相配合并形成合力是加强风险监管，防范金融危机的有效保证

【答案】CDE　【解析】选项A，银行监管侧重于金融机构合规管理与风险控制的分析和评价，外部审计侧重于财务报表审计；选项B，外部审计和银行监管都采用现场检查的方式。故选项C、选项D、选项E符合题意。

章节练习

一、单选题（以下各小题所给出的四个选项中，只有一项符合题目要求，请选择相应选项，不选、错选均不得分）

1. 下列风险管理领域相关制度指引中，（   ）不属于信用风险管理领域相关制度指引。

   A.《贷款通则》

   B.《商业银行不良资产监测和考核暂行办法》

   C.《商业银行风险监管核心指标（试行）》

   D.《项目融资业务指引》

2. 风险监管的核心步骤是（   ）。

   A. 了解机构　　　　　　　　　　　B. 规划监管行动

   C. 风险评估　　　　　　　　　　　D. 风险衡量

3. 信息披露的形式不包括公众公司的（   ）。

   A. 招股说明书　　　B. 信息公示　　　C. 上市公告书　　　D. 定期报告

4. 为了确保银行的财务报告公允地反映公司的财务状况以及公司在各重要方面的表现，董事会和高级管理层可使用外部审计师，下列关于外部审计目的的表述错误的是（   ）。

   A. 评估从商业银行收到报告的精确性

   B. 评价商业银行总体经营情况

   C. 评价商业银行各项风险管理制度

   D. 评价银行各项资产组合的质量和风险暴露程度

二、多选题（以下各小题所给出的五个选项中，有两项或两项以上符合题目的要求，请选择相应选项，多选、少选、错选均不得分）

1. 下列关于银行监管必要性原理的论述正确的有（   ）。

   A. 银行机构通过经营风险获得收益，风险是银行体系不可消除的内生因素

   B. 银行普遍存在通过扩大其资产规模而增加利润的发展冲动

   C. 银行往往比存款人或金融消费者占有绝对信息优势

   D. 银行业先天存在垄断与竞争的悖论

   E. 为提高效率，可以通过市场机制实现资本的自由准入与退出

2. 市场约束参与方主要包括（   ）。

   A. 监管部门　　　B. 存款人　　　C. 评级机构

   D. 债权人　　　　E. 股东

三、判断题（请对以下各项描述做出判断，正确的为 A，错误的为 B）

1. 效率原则，是指中国银保监会在进行监管活动中要合理配置和利用监管资源。（   ）

   A. 正确　　　　　　　　　　　　　B. 错误

2. 随着外部审计的不断完善和壮大，将会逐渐取代商业银行的内部审计的功能。（　　）

  A. 正确　　　　　　　　　　　　　　　　B. 错误

答案详解

一、单选题

1. C【解析】选项C《商业银行风险监管核心指标（试行)》属于其他风险管理领域相关制度指引。故选C。

2. C【解析】风险评估是风险为本监管最为核心的步骤，其作用是认识和把握机构所面临的风险种类、风险水平和演变方向以及风险管理能力。故选C。

3. B【解析】信息披露指公众公司以招股说明书、上市公告书，以及定期报告和临时报告等形式，把公司及与公司相关的信息，向投资者和社会公众进行披露的行为。故选B。

4. D【解析】选项D，评价银行各项资产组合的质量和准备金的充足程度。故选D。

二、多选题

1. ABCD【解析】选项E，银行业具有内在的垄断和过度竞争的发展趋势，难以靠市场调节自动达到适度竞争的均衡状态，也难以通过市场机制实现资本的自由准入与退出。故选项A、选项B、选项C、选项D符合题意。

2. ABCDE【解析】市场约束参与方主要有：监管部门、公众存款人、股东、其他债权人、外部中介机构（评级机构）和其他参与方。故所有选项均符合题意。

三、判断题

1. A【解析】效率原则是指中国银保监会在进行监管活动中要合理配置和利用监管资源，提高监管效率，既要保证全面履行监管职责，确保监管目标实现，又要努力降低监管成本，不给纳税人、被监管对象带来负担。

2. B【解析】外部审计已经成为银行监管的重要补充，不会取代商业银行内部审计的功能。